天下文化

BELIEVE IN READING

破浪者哲學

船王趙錫成與夫人朱木蘭的人生智慧

蕭容慧、周慧玲＿＿＿＿著

目次

第3部 破浪

序

在逆境中大膽行動的決心與韌性

勞倫斯．巴科（Lawrence Bacow）哈佛大學校長

二〇一六年，哈佛商學院的「趙朱木蘭中心」落成，我與哈佛大學校董委員會成員一同坐在台下，專注聆聽著朱木蘭女士卓越一生中的精采故事。當陽光灑落在齊聚一堂的眾人身上，我望著趙錫成博士與愛妻共創的非凡家庭，深感正是那些他們獨自或共同做出的各種決定，讓這一刻成為可能，更提醒了我決心與韌性能發揮多大力量。

透過此書，我們有機會更全面的了解和欣賞這位傑出華裔美國家庭的大家長。即便夫妻倆歷經亂世與苦難，面對各種難以跨越的阻礙，承受常人無法想像的損失，趙錫成博士和朱木蘭女士依然奮力求取知識，追尋成功，在美國為家人、也為自己打造出屬於他們的人生。兩人建立起的創業典範與創新精神，激勵著來自世界各地的人。

關係構築了世界。哈佛大學非常幸運的能夠遇見趙博士一家，哈佛校園在許多方面都受益於他們對教育、對我們的承諾，他們的慷慨持續推動著來自全球的學子與教職員去追求想望，並為遠比今日所想更緊密且複雜的未來培養領袖。對於趙博士支持哈佛使命的遠見，我們深表感謝。

現在，去享受這鼓舞人心和充滿挑戰的故事吧，它激起人們在逆境中大膽行動的心，並呈現了一種讓世界變得更好的深切願望。這是關於一個卓越人士——也是學識淵博的好友——趙錫成博士，以及朱木蘭女士與趙家的故事。

HARVARD UNIVERSITY

OFFICE OF THE PRESIDENT
(617) 495-1502

MASSACHUSETTS HALL
CAMBRIDGE, MASSACHUSETTS 02138

FOREWORD

When Harvard Business School dedicated the Ruth Mulan Chu Chao Center in 2016, I sat in the audience among my fellow Harvard Corporation members and listened intently to many wonderful stories of her remarkable life. As the sun shone down on those assembled, I looked to Dr. James S. C. Chao and to the extraordinary family that he and his beloved wife had created. The choices they had made—as individuals and as partners—made that moment possible. It was a poignant reminder to me of the power of determination and resilience.

With this book, we have an opportunity to understand and appreciate more fully the patriarch of one of our nation's most outstanding Chinese American families. Though he and his beloved wife witnessed destruction and suffering, faced insurmountable obstacles, and endured unimaginable loss, Dr. James S. C. Chao and Mrs. Ruth Mulan Chu Chao were not deterred in their efforts to seek knowledge, to pursue success, and to build a life for themselves and their family in the United States. They went on to establish a legacy of entrepreneurship and innovation that continues to inspire individuals across the globe.

Relationships build the world. Harvard University is tremendously fortunate to have crossed the path of Dr. James S. C. Chao and family. Our community has benefited in many ways from their commitment to education and to the promise it holds for all of us. Their generosity continues to fuel the pursuits of students and faculty from around the world, and to develop leaders for a future more connected and more complex than the one we can imagine today. We remain deeply grateful for his foresight in supporting our mission.

Now, enjoy a story that inspires and challenges, that stirs the heart to act boldly in the face of adversity, that speaks to a deep desire to leave the world better than one found it. This is the story of a great man—and a great friend of learning—Dr. James S. C. Chao, as well as his beloved wife, Mrs. Ruth Mulan Chu Chao, and their family.

Lawrence S. Bacow

Lawrence S. Bacow
President, Harvard University

祝賀信

致趙錫成

喬治・沃克・布希（George W. Bush）美國第四十三任總統

親愛的James（趙錫成）：

回顧您長遠而足為楷模的人生，您展現了人性中最美好的一面。您與Ruth（朱木蘭）的婚姻，正是愛情亙久不移的最佳示範。六個女兒都是如此堅強可靠，皆源自您們給予的愛；其中一位女兒Elaine（趙小蘭），她在我的內閣團隊中更是表現出色。您秉持著虔誠信仰，讓生命活得更有價值。

您的人生旅程象徵著美國的美妙之處。孑然一身踏上美國岸土，您唯一擁有的，便是希冀成功與養家的意志。藉自由市場經濟之力，您開創了強大的企業；也願將這些成功，慷慨的拿來幫助他人，為我國帶來了深遠影響。

您的愛國之心、動力與信念令人敬佩。蘿拉（Laura Welch Bush）與我獻上最好的祝福。

GEORGE W. BUSH

March 1, 2022

Dr. James S. C. Chao
New York, New York

Dear James,

I was reflecting on your long and exemplary life. You represent the best of humanity. Your marriage to Ruth was a beautiful example of steadfast love. Your family of six girls is strong and stable because of your parental love. I have gotten to know your daughter, Elaine, who admirably served in my Administration. You have lived a life of values based on your deep faith in God.

Your life's journey represents what is wonderful about America. You came to our shores with nothing except the will to succeed and provide for your family. You took advantage of free enterprise to build a strong company. And, as a result of those successes, you were most generous to help others. Your gifts have had a lasting impact on our country.

I respect your patriotism, drive, and faith. Laura and I send our very best wishes.

Sincerely,

George W. Bush

前言

歲月積累的生命智慧

二〇二一年三月二十九日，萬里無雲，碧空清朗。

這一天，惠風和暢，正是停泊在日本九州大島港的福茂新船「珍梅號」舉行命名和下水儀式的良辰吉日。以往輪船熱鬧的命名和下水典禮，如今因新冠肺炎疫情改為線上舉行，規模看似簡約，仍不失隆重，空氣中瀰漫著愉悅的氣氛。

美國福茂集團委託日本船業公司製造了十條新船，「珍梅號」是最後一艘。福茂的大家長趙錫成打著喜氣的紅領帶，開心的致謝詞，嵩壽九十五歲的老人家原本還興致勃勃、計劃親自飛往日本參加典禮呢。

歲月悠悠，流年暗中偷換，趙錫成一路走來，對衷心熱愛的輪船事業不懈的努力奮鬥，衣帶漸寬終不悔。從一個偏鄉孩子，蛻變成國立吳淞商

| 趙錫成一路走來，對衷心熱愛的輪船事業不懈的努力奮鬥，衣帶漸寬終不悔。

船專科學校（今海事大學）學生，再從二副做起，白手起家，歷任船副，爾後晉升為最年輕的船長之一，最後躍升為船業大亨。

他的船駛聘橫渡全球各大洋，一艘艘題著中英文名字：「心梅號」、「德梅號」、「吉梅號」、「富梅號」……，「梅」是趙父字號，也是中國的國花，不僅代表他對祖先、父母、家鄉的心心念念，更象徵對「根」的無限珍視與感恩。

將世界連結在一起

是日，群賢畢至、嘉賓雲集，有來自美國、英國、中國大陸、台灣、挪威、德國、日本……各地的好友，在螢幕上展露笑顏，齊聲祝賀。

繼承衣缽的現任福茂董事長趙安吉說：「讓我們將世界連結在一起！」三聲汽笛長鳴響徹雲霄，在繽紛飛舞的彩紙中，「珍梅號」滿載著歡欣和眾人的祝福，緩緩駛向浩瀚無垠的汪洋。它將直航到澳洲裝貨，再運至目的地。

五月三十一日，上海外高橋造船廠舉行「朋梅號」的命名和下水儀式，現場與線上的嘉賓熱烈鼓掌，祝福它「一帆風順，前程似錦，乘風破浪，吉祥平安」。

平安險中求

中國有句諺語：「富貴險中求。」意謂成功需要付出極多風險，殊不知，這簡單的「平安」二字，也須戮力自險中求得。

海上行船，亟求平安，在趙錫成所經歷的動盪時代、烽火歲月中，「平安」更是黎民百姓最基本也是最奢侈的想望。

從一個偏僻農村的小青年，浪跡天涯避難、成家、留學、創業，他屢次化險為夷，平安度過難關，變身為今日立足紐約、放眼天下的航運船王和慈善家。趙錫成生活樸實無華，他笑稱自己早年剛來美國就穿GUCCI皮鞋，此鞋牌非彼名牌，只因穿這舊鞋在走路時會發出「咕唧、咕唧」的震耳聲響，故謂其名。雖然目前趙家經濟狀況良好，但家裡客廳的絲料窗

一九八三年，趙小蘭當選白宮學者後首次接受電視媒體採訪，適逢叔叔嬸嬸趙以忠夫婦訪美，於是一同在趙宅前院草坪合影，共享喜樂。前排左至右：趙以忠夫婦、趙小蘭、記者劉墉、趙安吉；後排左至右：朱木蘭、趙小婷、趙錫成、趙小美。

簾是絕對不能動的，由於歷史太久又從未換新過，感覺稍微輕輕一拉就會碎掉……。他們家不用奢侈品，寧願儉省生活上點點滴滴的消費，挪來布施，投入公益。

為教育奉獻心力

眾所周知，趙錫成是美國第一位在政壇嶄露頭角、多次入閣的華裔部長趙小蘭之父。二〇一〇年，美國華人博物館（Museum of Chinese in America, MOCA）頒發「傑出家庭傳承獎」（Inaugural Outstanding Lifetime Achievement Award）給趙家，這是美國華人博物館創館三十多年以來，首次頒發此項榮譽給整個家族，太多人渴望窺知他們夫妻教育孩子的心法與祕訣。

二〇一四年，家中出了四位哈佛校友的趙錫成，捐贈哈佛大學四千萬美元，除了設立獎學金資助優秀的華裔學生，更興建了一棟以夫人朱木蘭命名的教育中心，創哈佛三百多年來建築物首次以女性及華裔命名之始。

二〇一六年六月，哈佛大學「趙朱木蘭中心」落成，師生使用頻繁，欣然穿梭其間。

以「愛」匯聚一生的「傳承」

趙錫成在移民社會與專業領域上獲獎無數，是海內外近十所大學的榮譽博士及榮譽獎章得主，他的一生有太多精采的故事可以與人分享。他根本不必穿名牌，他本身就是名牌！

在本書中，將精選、歸納趙氏夫妻獨樹一格的生命智慧，和讀者分享他們令人欽佩和值得效法的特質，例如：他們以何種原則與方法營造幸福家庭、培育下一代；信仰如何影響趙家人的待人處事方式。

趙錫成更以他獨特的「阿楨哲學」，成為積極樂觀的利他主義者，也因一生受恩，對生命中每個緊要關頭出現的貴人都由衷致謝。

本書也會談到，他如何堅持原則及固守本位，發展出特殊的企業經營之道；怎樣慧眼獨具，對船運事業展開恢宏的長期布局；其中更有著他對未來海洋教育的深遠期許，及投身慈善公益活動的初心、成果與啟發。

最重要的是，這本書既是趙錫成船長因「愛」縱橫四海的「船程」，也是趙錫成博士以「愛」匯聚一生的「傳承」。他畢生無懼困難、破浪前行，無論是少時經歷、航行海上或是在異鄉打拚，近一世紀以來積累了令人折服的處世哲學。《破浪者哲學》一書勾勒趙家夫婦生命的智慧結晶，期供後人參考與見證。

楔子

勇敢逐夢，不被時代決定命運

一九二七年年底，趙錫成誕生在中國偏僻的農村。趙氏家族於清朝從安徽遷到江蘇嘉定馬陸的公孫鄉，這是一座淳樸、寧靜的小村莊，芳草鮮美，落英繽紛，村民自給自足，安居樂業，猶如世外桃源。

趙錫成的祖父是懸壺濟世的仁醫，精通內外科，且常常不收窮困患者的醫藥費和診金。

由於趙家祖父母注重教育，將趙錫成的父親趙以仁送到私塾去念書。趙以仁讀了初中，最後自師範學校畢業，教了一輩子的書，也是當地唯一小學的校長，收入不差。趙錫成的叔叔趙以忠，則在外商的商船上工作，薪資依國際標準計發，待遇頗佳。

「我記得，當尋常人家一無所有時，我們家還有一百多銀元的現金，這在附近鄉里可是獨一無二的高收入家庭，」趙錫成回憶道。

然而，這樣的太平盛世並不是永恆；但在風雨欲來之前，老百姓仍踏實認真的過日子。

擔任校長的趙以仁，理所當然成了趙錫成的啟蒙老師，也因為是家中獨子，父母特別注重他的教育。

一般鄉下農村，生產勞動力非常重要，子弟多半幹農活以幫忙生計，很少人上學。趙錫成的父母想法與眾不同，他們認為「教育可以改變人生」，因此，極力鼓勵並栽培他上學念書。

教育可以改變人生

同時，趙父還推己及人，到各村苦口婆心向家家戶戶解釋教育的重要，力勸戶長們送孩子進學校讀書。如果對方經濟困難，他就免收學費，而且盡可能提供各方面的協助。也因此，繳不起學費的農民，每逢收成好，就會送雞鴨和自家農產品當謝禮。由於趙父身高約一百九十公分，溫文儒雅、儀表堂堂，居民都尊稱他為「趙先」，對他非常崇敬。

樂善好施、慷慨助人的特質，似乎是趙家人血液中的DNA。

「即使家中米缸不滿，父親只要看到沒吃飯的親友來訪，總是會招待他們一起吃飯。次數一多，媽媽沒有辦法只好向鄰居借米，其實鄰居經濟情況也不太好。好不容易才借到米，結果父親又邀了兩位朋友來家裡吃飯……」趙錫成嘆口氣：「大家在飯廳談笑風生，等著用餐，媽媽卻在廚房發愁，不知道何時才能把米全數還清。」

趙母的克勤克儉、通情達理，讓趙錫成自小體悟母親的賢淑、溫暖與包容。

趙家雖然僻居於上海大都市的偏遠郊外，趙以仁仍不時帶著兒子到上海訪友、四處參觀，見見世面。

「小時候，父親只要有空外出就會帶我同行，我在一旁靜靜聽他和朋友寒暄討論，這些閱歷讓我變得更成熟，」因此在同齡的孩子中，趙錫成顯得落落大方、見多識廣，且懂得應對進退之道，自然而然成為朋友之間的意見領袖，無形中也增加了他的自信。

三思而行，勇於認錯

趙錫成天性活潑好動，喜歡開玩笑，加上是同齡孩子的小頭目，經常呼朋引伴帶隊玩遊戲，有時難免玩得過火。有一次，因為他實在太皮了，被欺負的玩伴氣呼呼的跑去告狀。趙父知情後一言不發，取下皮帶，狠狠打他的腳和屁股。父親下手不輕、傷痕累累，可是倔強的兒子不肯流一滴眼淚。他被罰面壁思過，這一站就是幾個鐘頭。

媽媽於心不忍，急急敦請祖父出面解危。祖父語重心長的開導孫子：「人有三種，一種是犟到底，二是馬上投降，三則是三思而行。你要選一或二都可以，但我覺得應該選第三！」

雖然趙錫成當時年紀還小，爺爺的這番話卻戳中了他的心。

「老實說，我很會為其他人著想，我會思考，為什麼爸爸要打我？我會努力想出理由，找到正確的答案。如果是我的錯誤，就應勇於承認並悔改。這種思考，對我未來做人做事，都有很大的幫助，」他強調。

一九三七年，趙錫成剛完成小學四年級課業之際，日軍侵華，大地風雲變色，七月七日在盧溝橋發動「七七事變」。他的家鄉首當其衝，遭日軍砲火摧毀建築物，校舍亦無法倖免。八月十三日，日本陸海軍沿上海發動全面進攻，中國軍民奮勇抵抗，史稱「八一三事變」。因中國政府實施「焦土政策」，破壞了對敵軍有用的一切，農作物毀於一旦，樹木、屋舍全倒，人人顛沛流離，無家可歸。

趙錫成（右二）一輩子感念父母的恩澤。由於雙親極度重視教育，排除萬難讓他接受高等教育，才得以在動盪的大時代安身立命。圖為母親許月琴（左一）、父親趙以仁（左二）、堂兄趙錫福（右一）。

日軍波波攻進，國軍節節撤退，兵敗如山倒，老百姓連逃難都來不及。趙家對戰爭束手無策，也不知道該逃往何處。

「我的大舅因為做販糧生意，擁有一條運糧的大木船，就臨時用來逃難。雖然船艙能防雨，但空間不到九平方公尺，擠進父母家族共十三人，擁擠不堪，」趙錫成問：「最重要的是，能逃到哪裡去呢？」

日本軍隊從東方而來，他們只有往西方而去，大木船只能以木槳划水，就靠大舅及三舅兩個大人輪流划，又能划多久呢？

划了一天多，總算到了他縣村莊「趙屯邨」。那時人民生活窮苦，趙屯邨有十幾戶人家，只有一家人有空房，願意收容趙家一行人，房東非常慷慨，尤其顧念到趙家一行人逃難時遭受的艱困及折磨，故不收房租。

在趙屯邨，趙錫成常隨叔叔到附近鎮上的圖書館閱讀書報。但當時日本軍機地毯式按鎮轟炸，遇到人多的地方，更用機關槍掃射，老百姓手無寸鐵，只能四處慌忙躲逃，他就跟著叔叔東奔西跑和日本飛機捉迷藏。

趙屯邨附近，是一個中國舊式的普通小鎮，只有一條主街，包括一家雜貨店、米糧行及藥店，在鎮的東邊另有一家中藥鋪，老闆得知趙家祖父精通內外科，特地請他去坐堂看診。趙家祖父常帶著幫忙拎皮包的趙錫成去免費義診，有的老百姓會送雞鴨以示感謝，趙家方能趁機打打牙祭。

刻苦克難，重返校園

一九三七年至一九三八年那段苦日子，炸彈可能隨時從天上掉下來。有次趙錫成離炸彈不到一百公尺，僥倖逃過了死劫，事後回想驚魂未定，戰慄不已。後來日軍轟炸，把小鎮炸成廢墟，幸運的是，東邊這個趙家祖父義診的藥鋪毫髮無傷，祖父以「積善之家，必有餘慶」形容這個奇蹟。

幾個月後，日本軍隊已經橫掃過趙錫成一家人暫棲之地，繼續向南京推進，他們實在無路可走，不得不回家。歸鄉路上，大家手臂上都綁著一塊「歡迎日本人」的紅布，以保命避難。但在回程的河面上屢見受害浮屍，慘不忍睹，在趙錫成幼小的心靈烙下難以抹滅的陰影。

回到公孫鄉，只見滿目瘡痍，廢墟遍野，連樹木都焚燒殆盡。家鄉的村民多半沒逃難，也不敢耕種，非常時期一動不如一靜，大家聽天由命。由於物資有限，村民生活十分艱難，吃了上頓就沒有下頓。

老家已是斷垣殘壁，趙家父母就靠原來停放祖父母棺材的一間小屋，再搭了一座草棚充當廚房應急。還堪用的磚頭就堆存起來，等待日後改建新屋再利用。

「這是我祖父母專用的墓室，在鄉村裡很少見，是我父母親跟叔叔的孝心。哪裡曉得戰爭時家毀了，這個屋子剛巧在火線後面而倖存，便成為我們後來的住所，」趙錫成指出，那時候祖母已逝，祖父仍健在。爾後趙家為了優先讓兒子受教育，一直沒蓋成新屋，儲放的磚塊也從來沒動過。等趙家人陸續離開後，鄰居私下挪借此處養豬，變成了豬圈。

這段日子，趙錫成除了躲避日軍的騷擾外，也和許多孩子一樣整天閒晃，無所事事。父母親對此深感不妥，想盡辦法讓兒子上學。經多方打聽，上海位於法租界有一所上海市棉業公會創辦的私立振興義務小學，口碑甚佳。一九三九年，趙錫成終於得以借讀，但因城鄉差距，課程進度不同，他仍在四年級就讀。

鄉下來的小孩，因衣著非常土氣，遭到同學的歧視。趙錫成很不服氣，常和同學爭吵，甚至動手打架。卻沒想到他人瘦小力氣大，同學們只好冷戰以對。

「我想這樣不是辦法，所以就帶他們一起玩小皮球，跟他們和好，而且逐漸成為他們的首領，有人還請我到家裡吃飯呢。事後回想，良好的人際關係，真是一生最寶貴的資產，」趙錫成心有所感。

在上海上學，儘管學雜費全免，他的食宿生活費仍是家裡不小的負擔，所以不到半年還是返回家鄉。

莊敬自強，弦歌不輟

就在此際，趙以仁已聘請了剛自師專畢業的教師趙炳江，復辦西封小學，不僅解決了全鄉小學生之需，也讓兒子能繼續讀書。

時逢抗戰期間，校舍都已遭摧毀，一切從簡，校方借用位於倪家宅橋、屬於趙靜夫的兩間民房當教室。這房子正好處在焦土政策規劃區的後方而能倖存，屋主慷慨好施，自己只留下廚房，將原客房及廂房的兩個房間出借給學校，還有一塊戰爭中遺留下來的破舊黑板，桌子和長凳則全由學生家長提供。學校安插了六個年級、大概一百名左右的學生，門前用來曬稻的廣場，就充當上體育課的操場。

當時好心的屋主免費出借教室，以助弦歌不輟，唯一的收入來源，就是靠全校師生的大小便所製成的肥料。他唯一的兒子趙志成與趙錫成同級同班，也因此得以上學。

由於趙父辦學認真，教學方法新穎富創意，兒子也因此打下小學階段的良好基礎。一九四一年，趙錫成在小六畢業後，報考縣城內在戰爭期間創辦的勤業中學，名列前茅，趙父居功厥偉，走路有風，備受縣城教育界誇讚。此外，因趙父辦學認真，吸引了附近石崗鎮上的學生轉學來此，趙錫成記得當時和從石岡鎮上來的張乃衡、嚴謹于、馬文英、馬文霞姊妹倆及陳利民、陳利嘉堂兄弟等同學時常在一起上課、遊玩，感情非常融洽。

「我在這裡完成了在中國最好的基本教育，雖然冬天酷寒硯墨結冰，夏天蚊蟲飛舞叮咬，不過每次考試我總是名列前茅。父親露出一口缺牙跟親友報喜說：『阿楨』又楨到了，學校又錄取他了。他笑得那麼開懷，我也很高興，」趙錫成回憶。

趙錫成解釋，父母都叫他「楨徒」、「阿楨」，意思就是「傻瓜」，因為他愛做吃力不討好的事，喜歡幫人家的忙，但不計回報。趙錫成剛開始聽到被人叫為「阿楨」，內心覺得很害羞，但久而久之習慣成自然，也就不在乎了，只要大家開心，他也很高興。

初中三年初期，趙錫成因罹患寄生蟲病，曠課不少。父母鼓勵他注重運動，改善體質。他擅長打籃球、足球及乒乓球，由於表現出色，被推選為隊長。他領軍的球隊在縣際間東征西討，攻無不克，戰無不勝。

趙錫成猶記得，當時父親常步行一、兩個小時趕到賽場，為他加油打氣。但只要他稍稍面露傲色，趙父就會挫挫兒子的傲氣，循循善誘一番：「父親強調團隊精神的重要，要我勝不驕、敗不餒，如有好成績應與團隊共享。」

強身健體奠根基

這段強身鍛鍊的過程，彌足珍貴，為趙錫成的體質奠下穩固的根基，也讓他日後同時兼三份工作時仍能精神奕奕。

一九四三年趙錫成自勤業中學畢業後，轉往上海繼續就讀，跳升一級，就讀自強學院附中高二。其間，教務主任兼國文老師沈咫天對趙錫成格外看重，除了為他加強國文程度，還爭取到學膳費全免、再發贈零用金。學期修畢後，抗戰勝利，他再跳一級，同時錄取了大同大學電機系及復旦大學土木系（當時復旦尚無電機系）。但趙父堅持要他按部就班，千萬不要急功近利，因此改往大同附中讀高三。

話說回來，為了跳級，趙錫成早就預習過高三課程，所以學習態度略見鬆懈，但他經常思考未來的出路。那段期間他花了相當的時間和精力琢磨乒乓球技，後來上了大學，出戰乒乓球比賽，常常拿錦標。

趙錫成初中時就到了縣城，高中直到大學都在上海。因為趙家經濟拮据，因此一到開學前，父母就會忙著到處借錢、籌措學費。

當時國難臨頭，年輕人熱血沸騰，殫思極慮報效國家，很多趙錫成的同學都志願投入軍旅，他也是其中之一。

可趙錫成是獨子，父母堅決反對他進軍校，他對心中的第一志願只好斷念。趙父建議：以他的背景，最好選擇技術性的學科，比較實際，有了一技之長，在畢業後不必求人。因此他在一九四六年考上交通大學駕駛科，後來歸併到國立吳淞商船專科學校，改名為航海科。

「我們所穿的校服、戴的大寬帽，跟海軍官員服很相似，感覺萬一有需要就可入伍為國效勞，」趙錫成很是得意。

巧遇佳人，一見鍾情

一九四八年冬，為了增加歷練以期早日應考二副執照，趙錫成在「永灤輪」上實習。當時船停泊在高雄，他突然接獲好友吳祥蓀的來信，通報嘉定來了兩位自南京遷來的時髦小姐，借住在他們常往來的同學陳樂善家中。兩位佳人在縣城造成一時轟動，同學們有意幫趙錫成撮合其中一位。

當年中國的婚嫁講究門當戶對，趙錫成自忖出身偏鄉農村，很難被大都市的家庭接受。本想等到出了社會、經濟情況穩定後，再思考交友和婚事，所以也沒特別放在心上。但他天生極具好奇心，船一返上海港便立即拜訪陳家，見到了朱木蘭。她明眸皓齒、氣質出眾，穿著一襲陰丹士林藍的旗袍，典雅婉約，因害羞而滿臉通紅。趙錫成一見鍾情，將之前的想法完全拋到九霄雲外：「她把我的心像磁鐵般完全吸引了去，真可謂一見傾心。」

儘管朱木蘭的家世不同尋常，但她樸素清純、進退有節，不同於典型嬌貴的富家千金。「木蘭」之名，來自父母對女兒的深切期許，冀望她像古時代父從軍的女英雄花木蘭一樣智勇雙全。

朱木蘭八歲時，父親自安徽滁州市來安縣老家赴南京司法院就任新職，全家老少隨行。但一大家子在南京的開銷很大，父親的公職薪俸不敷使用，只能回老家拿錢。然而抗戰時期，往返兩地途中形勢險惡，關卡重重，可能遇砲火突襲，或盜匪覬覦。朱父考量幾個子女的條件，判斷以木蘭的篤定和聰慧，最適合擔當大任。

於是木蘭受命記下路線圖和錢財藏匿處，隨管家穿越重重封鎖線，往返老家，長涉百餘里，順利取回了救命錢。她小小年紀就能冷靜冒險，成功完成父親交代的任務，後來成為家鄉鄰里的美談。

聽說了朱木蘭的背景，有人奉勸趙錫成「癩蛤蟆別想吃天鵝肉」，但身邊的長輩好友仍然鼎力促成。早在兩人見面之前，同學們已將趙錫成的諸多優點通盤告訴朱木蘭：此人樂觀豪氣、彬彬有禮、品學兼優、勤儉認真……，幫趙錫成加了不少分。在趙錫成休假時，他倆常一起出遊聚會，彼此情愫漸生。兩人個性一動一靜，卻意外的契合。

腹有詩書氣自華

在交往期間，有回趙錫成見朱木蘭在讀英翻中的小說《飄》（*Gone With the Wind*），著實把他嚇了一跳：「那麼厚的一本書，要花幾年才能看完呀？我怎麼跟得上她？」

木蘭看到他驚訝的模樣，趕緊推薦一本描述清光緒皇帝生平的翻譯小說《瀛台泣血記》（*Son of Heaven*）給他，算是解圍。書本很薄，卻讓趙錫成足足看了一個月。為了證明自己很用功，他甚至能背誦書中細節，讓木蘭刮目相看。腹有詩書氣自華，他才想通原來木蘭的氣質和喜歡閱讀密切相關。

一九四九年五月中，趙錫成修完學科，此時國共內戰更熾，他登上叔叔擔任船長的「天平輪」實習，希望期滿後盡快獲頒畢業證書。

誰知時局丕變，解放軍先攻入嘉定，後又占領上海，上海港口既被封鎖，天平輪無法靠岸，只能倉皇避逃，還在船上的趙錫成與父母就此離散。趙錫成回憶出航前父親專程來送行，還不忘籌錢給他零花，沒想到竟成父子永遠的訣別。起初他還以為與父親只是短暫分離，豈料這一別，念去去，千里煙波，成為他終身最刻骨銘心的傷痛。

趙錫成隨天平輪駛往華南，伴著浪濤的洶湧起伏和嗚咽悲吟，最後抵達台灣。當時兩百多萬軍民撤到台灣，社會百廢待舉，人心惶惶。遠離雙親家人，趙錫成雖感失落，卻幸運獲得了「有慶輪」代理二副的職務。

這艘輪船肩負特殊任務，專駛台灣到金門馬祖前線，因航程頻遭砲火攻擊，風險極大，所以待遇特別高。趙錫成選擇這個工作最主要的原因是，船在台灣基隆、高雄停泊的機會多、時間長，才能趁機尋找不告而別的佳人。

眾里尋她千百度

白天他在現實生活中奮鬥，夜裡對下落不明的朱木蘭念念不忘，才恍然領悟「弱水三千，只取一瓢飲」的真義。他推測在時局緊張、上海面臨解放之際，依朱木蘭的家庭背景，全家必然設法離開中國大陸，前來台灣避難。趙錫成開始以跑馬拉松的精神，在台展開地毯式大搜尋。

歷經一年多的尋覓奔波，總算皇天不負苦心人，趙錫成終於在一九五〇年與朱木蘭重逢。她穿著一襲淡藍旗袍，清麗依舊，神色驚喜的看著眼前的他。男主角的苦心和誠意深深打動女主角，他們因了解而相愛，對未來充滿信心與共識，進而論及婚嫁。

在流離的亂世，牢不可摧的門戶之見瞬間崩毀瓦解了，冥冥之中，烽火成全了這對佳偶的姻緣。

「我這個楨徒是有福的，我一定要好好愛護她，終身愛她，讓她終身快樂！」趙錫成在心中立誓。

他謹記母親早年的叮囑，身為獨子，婚禮宜隆重，婚宴也該辦得風光熱鬧些。所以即便那時適值台灣「克難」時期，全民厲行生活節約，他仍在一家著名飯店席開十餘桌，慎重辦了盛大的婚禮喜宴，讓老丈人和丈母娘欣慰寬心，對這位女婿讚許有加。

不過在新婚第二天，趙錫成馬上回歸崗位，照常準時上班，沒敢請婚假，「那時民眾生活普遍辛苦，能有一份好工作相當不容易，所以我兢兢業業，非常珍惜這

歷經一年多的尋覓，趙錫成（右）終於在一九五〇年與朱木蘭（左）重逢。他的苦心和誠意深深打動了朱木蘭，他們因了解而相愛，對未來充滿信心與共識，進而論及婚嫁。

個機會。」

新婚燕爾，聚少離多

婚後，趙錫成原先服務的「有慶輪」繼續往來台灣與金馬前線，由於航行中仍常遇砲火攻擊，妻子對此牽腸掛肚，深感不安，他決定改走遠洋航線。他轉到「慈雲輪」後仍然擔任二副，因表現出色，不久即受船長器重，升任大副。在輪船實際服務總資歷僅兩年半就出任大副，可謂升遷神速。

轉至遠洋航線工作，趙錫成一年有九到十個月出海，夫妻聚少離多，朱木蘭常常望穿秋水。一九五三年大女兒小蘭出世前，趙錫成緊張的護送即將臨盆的木蘭到婦產科診所，匆匆交代丈母娘幾句之後，便急急忙忙趕著上船出海。一個多月後他返家，新生娃娃小蘭居然被這名陌生男子嚇得嚎啕大哭。

由於趙錫成在船上工作認真，勝任愉快，且多次化解危機，順利完成任務，因此升遷快速，在一九五七年即升任為代理船長。有一次他出航到新加坡，一位資深的英籍領港員上船對前來接待的趙錫成說：「我要找船長。」趙錫成回答：「我就是。」對方先是懷疑、驚訝，之後寓意深遠的勸他：「如果這麼年輕就當了船長，你未來應繼續深造。」

後來他想了一想，與木蘭商議，先參加船長考試，完成階段性的目標後，再計劃另覓新途，早日結束聚少離多的生活。

一九五八年，趙錫成參加台灣考試院舉辦的甲級船長特種考試，成績卓越，甚至打破了歷年的紀錄，被譽為「狀元船長」，政府特別批准他赴美深造。這絕對是千載難逢的好機會，在此重要的轉折點，多虧了幾位貴人相助，最後才能順利成行。

趙錫成一直記得父母強調教育的重要性，而夫妻倆共同的認知是：若想再上一層樓，就必須出國進修。當時他們的日子已過得不錯，在台北市信義路有自己的房子，如斷然捨棄既有的舒適圈，選擇艱難的路，注定加倍辛苦，但未來可期。

尋夢的冒險家

美國是一個充滿夢想與機會的國度，早年被描繪為「遍地是黃金」，幾世紀以來，吸引了全世界的移民前仆後繼赴美尋夢。紐約的自由女神像在波光粼粼的海上莊嚴矗立、高舉火炬，歡迎全球的冒險家到夢土接受挑戰。

締結良緣的趙錫成（右二）和朱木蘭（左一），婚後陸續迎來兩個粉嫩小公主：長女趙小蘭（右一）和次女趙小琴（左二）。一九五三年趙小蘭出生時，趙錫成因公務出航缺席，無法陪伴，對朱木蘭深感抱歉。因此他在趙小琴出生時，特地請假親自洗手做羹湯，照顧太太坐月子。

一九五八年十二月二十六日，趙錫成（中）搭飛機到東京，再換乘貨輪「瑞興輪」前往美國留學，船長吳志寬（左三）等同事皆來送行。雖然前途未卜，但在太太朱木蘭的鼓勵與支持之下，他矢志開創新局。

夫妻分別時，趙家老三小美還在媽媽肚子裡，只有七個月大。承載著全家人的期望，趙錫成一到紐約就面臨巨大的文化衝擊，語言不通，加上舉目無親，人生地不熟，覺悟一切必須從零開始。最大的困境是，因為戰亂，他沒有大學的成績單或畢業證書，美國學校拒絕受理他研究所的入學申請。

他在大學念了三年，修業完成後，再到船上實習兩年，總共需要花上五年才能拿到畢業證書。那時除了畢業證書，原本還可以拿到海軍準尉證書和海員二副執業證書，總共三張證書。「但因內戰的關係，最後連一張都沒有拿到，」趙錫成無奈表示。

除了入學不順，趙錫成還有經濟的壓力。

出國前，他把大部分積蓄留給太太養家，自己身上沒帶多少錢。好不容易在「招商局」（陽明海運前身）紐約代表處找到基層雇員的工作，薪水卻因故被打折扣。為了生活，他也在餐館裡兼差當侍者，沒想到一出場就緊張得摔碎了盤子，老闆差點趕人，但因他勇於承擔責任，最後被留下來繼續工作。基於省錢，他和幾個人合租公寓，選擇住租金最低廉的客廳。有一次他在超市挑了超級便宜的餅乾，因為太難吃了不禁起疑，室友才告知那其實是狗糧。

在台灣，獨自照顧三個幼女的朱木蘭也不輕鬆，雖然十分辛勞但淡定從容，氣勢穩若泰山，把家裡打點得很好。有一次颱風，風雨猛烈，孩子都很害怕，「媽媽帶我們到日式房子的中央躲雨，她非常冷靜勇敢，」趙小蘭回顧當年，至今難忘：「媽媽為我們創造了一個富有安全感的家，所以我們並未感受到爸爸不在的遺憾。」

稚子不知道的是，每當夜深人靜時，母親潸然流著思念夫君的淚水，常常濕透了枕巾。

失怙之痛，刻骨銘心

趙錫成一邊打工，一邊在大學旁聽，期望能早日正式入學，但過程屢遭挫折，他只覺前途茫茫，困難重重，尤其輾轉聽聞父親在中國逝世的噩耗，打擊實在太大，竟在大街上昏了過去。他熱淚盈眶，哀戚悲慟，再也不願相信「人定勝天」這句話。他信心全失，一度想離開美國返台，幸虧木蘭意志堅定，一直寫信安撫鼓勵他，隔空陪伴他度過困境。另一方面，他也因信仰獲得了內心深處的平靜。

幸好，他數度遇見貴人，找到了與船務密切相關的工作，半工半讀，在一九六一年將妻子及三個女兒小蘭、小琴及小美接來紐約團聚。在船上的三十七天航程中，兩歲多的小美因發高燒病況危急，幸經木蘭鎮靜以對，為女兒夜以繼日不

一九六一年，朱木蘭（上圖右二）與三個女兒趙小蘭（上圖中）、趙小琴（上圖左一）及趙小美（上圖右一）渡海抵達美國，和趙錫成（上圖左二）於紐約團聚。這是他們在紐約皇后區居住的第一所公寓。

斷用酒精擦拭，甚至抱著女兒，將她浸入浴缸內降溫，三天以後才度過難關。

趙錫成拎著便宜的塑膠花，興高采烈的迎接妻女。在朱木蘭下船前，船長、也是趙錫成的學長徐際雲特地對他致意：「Captain Chao，嫂夫人的精神，真是巾幗英雄花木蘭的精神啊，值得欽佩！」船長豎起大拇指讚道。

全家終於團圓，即使五口擠在只有一房一廳、沒冷氣機的簡陋小公寓裡，仍然充滿歡笑。

「那麼長的時間，我們一直在通信，因為我們有希望，好多苦就變成我們的樂趣了，因為有了很多分離，我們才有重逢的快樂，」多年後朱木蘭在接受鳳凰衛視的採訪時娓娓道來。

全家團圓，吃苦亦樂

當年朱木蘭勤儉持家，善用有限的資源，把清水變雞湯，用西方材料做出東方菜餚，餵飽全家大小，每個月還能存下五十美元，以防不時之需。她自己有語言不通、文化不適應的問題，但為母則強，全心全力守護著孩子們。

古有言：「天將降大任於斯人也，必先苦其心志，勞其筋骨……增益其所不

趙錫成夫婦重視家庭生活和親子互動，常帶著女兒遊山玩水，圖為一家四口在新店烏來瀑布前，換上原住民傳統服飾的留影。後來趙家旅遊的足跡遍及全球，女兒們個個見多識廣，深具世界觀。

能。」趙錫成有了家小的陪伴，雖身兼三份差事，從早忙到晚，仍然充滿活力和鬥志。不管多忙多累，每逢週末一定帶著全家到免費的博物館、植物園、公園玩耍。盡責的父親同時幫孩子克服語文問題，不懂英文的小蘭，每天把老師寫在黑板上的字依樣畫葫蘆，回家後再由爸爸逐字翻譯，協助她完成學校作業，因而快速的步上軌道。

在招商局大約四年期間，趙錫成身為小雇員，除了接待工作，還幫忙創辦中美定期航線，學了很多有關船務、業務及財務的專業技能。

家庭團圓之後，趙錫成內心也變得安穩篤定，妻子清楚他的個性，鼓勵他開創事業。

此外，趙錫成幸運獲得聖約翰大學（Saint John's University）工商管理學院院長約翰．克拉克（John Clark）之助，正式入學，於一九六四年得償夙願，獲頒聖約翰大學工商管理學碩士學位，同年創立福茂航運公司。

早年到美國的華人並不多，其中多半是台灣及南洋的華僑，來自中國的移民極少。華僑在美國的人口如今已經超過七％，那時還不到一％。來美國尋夢的華人，除了移工苦力，有不少人是當船員時趁機「跳船」來的。由於教育程度較低，只能從事廚師、裁縫、理髮師幾種所謂「三把刀」的職業；其餘則是留學生，畢業後定居美國就業，他們多在學術界工作，少有創業者。華人創業人數極少，而且是後來才漸漸發展出來的。

本來趙錫成打工的餐廳老闆覺得他很可靠，曾希望他幫忙開分店，並願意分一半股份給他入乾股。朱木蘭卻以「來美國的目的並不是開餐廳啊」，婉轉的讓他打消念頭。

因緣際會，創業有成

接掌福茂，一方面是因緣際會，另一方面與趙錫成的為人處事有關。

原來福茂開辦後，船運業務鼎盛，備受業界矚目。然而趙錫成只是為人作嫁的經理，公司實權操控在香港、台灣的五位船東手中。直到一九六九年，公司旗下一艘輪船出了重大事故，可能面臨天價賠償，五位船東為了避免後續糾紛，快刀斬亂麻，每人以一美元的價格，把手中的股份轉讓給趙錫成。

趙錫成毅然承擔風險，沉著應對。官司訴訟了一年，峰迴路轉，福茂終於勝訴，獲賠二十八萬美元。於情於理，他都可以留下這筆錢自用，但最後仍決定全數交還五位船東。

趙錫成說，「一九七〇年代初的二十八萬美元，不是小數目，可是，我還是規規矩矩全數交出。對我而言，是做了一件非常值得自豪的事，這也是木蘭鼓勵、囑咐我這麼做的。」趙錫成的厚道大器，背後有妻子對他的全然支持與信任。

於是，「趙船長」順利的回歸、主導與「船」有關的航運事業，正式成為「趙老闆」。

一九七〇年代，他又與友人合作，開始在日本建造新輪，公司經營得法，事業蒸蒸日上。他寧願捨棄厚利，選擇長期而可靠的租家，細水長流，比較不受景氣興衰影響。

克勤克儉，從基本學起

一九七三年，趙家么女出生，趙錫成夫婦膝下已擁有六千金：小蘭、小琴、小美、小甫、小婷、安吉，連木蘭在內，總共是「七仙女」。家境也逐漸富裕，一家八口，其樂融融。

在中國大陸開放後的一九七九年，趙錫成夫婦回中國省親，其實他於一九七二年美國總統尼克森（Richard Nixon）親自訪問中國大陸後，即以「四郎探母」方式回家探親，巧喻其中的曲折與艱難。他們還專程拜訪當年促成兩人美事的媒人群，誠摯致謝。翌年，接回母親到紐約奉養。

年輕時的朱木蘭因戰爭中斷學業，一直覺得心願未了，待女兒們長大後，她在一九八一年，時逢五十一歲之際重返校園，至紐約聖約翰大學攻讀亞洲文學和歷史碩士學位。她每週三次開車往返住家和學校之間，不但沒缺過任何一堂課，甚至從未遲到。有天紐約正值暴風雪肆虐，全教室只有教授和朱木蘭兩人出席，師生不禁莞爾對視。

母親終身學習的上進心和毅力，激勵女兒起而效法，人人品學兼優。實際上，趙家女兒堪稱個個是「學霸」，畢業自哈佛、哥倫比亞大學等常春藤盟校，大家萬分好奇趙家的教育方法。趙錫成推崇妻子「按時施糧」、「因材施教」、「相信男女平等」的智慧和教育原則，敦促孩子養成了自信、獨立、樸實、孝順、堅毅等人格特質。值得一提是最知易行難的「放手」哲學，讓女兒順著各人的天賦志趣，走自己想走的路。

「爸爸媽媽總是告訴我們，能做男孩子可以做的任何一件事，」趙家女兒們異口同聲說道。

最聞名的「鐵血」訓練是：嚴格遵守門禁、用錢要報帳、自己洗衣服、整理內

一九九四年六月九日，有意繼承衣缽的小女兒趙安吉以三年時間及特優成績自哈佛大學畢業，典禮之後和父母、姊姊們開心合影。自左至右：趙錫成、趙小婷、趙安吉、朱木蘭、趙小蘭、趙小美。

務，外加和姊妹合力油漆房屋、打掃庭院、清洗泳池，不過其中最讓親朋好友津津樂道的還是：父女聯手鋪設了住家周圍長達兩百七十四公尺的柏油路面。

「當時是一九七四年，那時候還不太流行建造新屋，我們搬來此處做為新居是件大事，大家都認為我『飛黃騰達』了。我認為情況不妙，所以和木蘭商量，將新鋪柏油路面一事做為讓孩子們鍛鍊體力及能力、磨練吃苦耐勞心性的學習良機。想不到此舉後來博得名作家劉墉先生的賞識，特地寫了文章稱頌，在華人圈廣為流傳，成為美談，」趙錫成悠悠細說當年。

然而，女孩們並非天生就欣然接受這些差事，而是經過父親動之以情、說之以理，期望女兒深刻了解勞動的價值與團隊合作的重要，其實父親用心良苦，其中蘊含的意義深長。迄今趙家女兒們若聚在一起，常樂於回味這段苦中帶甜、趣味無窮的共同回憶。

趙家老么安吉在童年時就是爸爸修理東西的小助手，她常拿著手電筒，幫爸爸照亮水管或其他物品，有時拿久了手發麻，光線歪掉了，爸爸便會正色告訴她「做事要專心」。日子一久，安吉也學會了十八般武藝。她離家獨立後在紐約擁有的第一個公寓，浴室很多裝修工作都是自己搞定的。

趙家經常宴客，女兒們自小就負責招待客人、服侍茶水，起初她們只能用耳朵

長女趙小蘭（後右）為父母創辦的福茂公司締造傲人業績，打下江山；么女趙安吉（後左）傳承父親的事業，繼而發揚光大。兩人都想以實力證明：「女兒與兒子相同，一樣可以擔任重責，開創新局。」

聽賓客的談話，年紀再大一點，才能和客人交談。

「爸媽希望我們不要因家裡環境優渥而受到不良影響，因此有許多地方都要求我們克勤克儉、腳踏實地，從基本學起，」趙家女兒們說。

「特殊」的家庭教育

作家劉墉是趙家四十年的好友，他曾在文章中指出：「沒有那樣成功的家庭教育，很難有趙小蘭今天的成就。」他認為趙小蘭立足華府高層，一身不亢不卑、帶著適度矜持與華裔尊榮的氣質，必定來自她「特殊」的家庭教育。

「我用『特殊』一詞是絕不為過的，因為在美國的中國家庭，能有她家那樣完整而嚴格訓練的已經太少了！即使在中國，我相信也不多，」劉墉寫道。

家庭溫馨和樂，趙錫成的事業格局也愈見恢宏開闊。一九八〇年代初，趙錫成獨力自購舊輪經營，非常成功。面對複雜的人際關係和商場競爭，他善用東方謙沖圓融的處事態度因應。

一九八〇年代末開始，趙錫成在日本及中國建造新輪，屢獲佳譽。期間難免有波濤洶湧的危機，幸而都平安度過。他獨到的經營模式與服務理念，也使福茂在航運界享有盛名。

一九八八年，趙錫成與中國船舶工業總公司簽署協議，向江南造船廠訂購兩艘巴拿馬型散裝貨輪，襄助中國打開出口美國市場的大門。

二〇〇〇年後，公司開始循序汰舊換新，每年再多造四、五艘新輪，特別注重船齡與品質，並加強環保節能的材質設備，成為業界先鋒。這前瞻的視野，必須伴隨執行力，二〇〇四年福茂委託中國造船廠打造出第一艘取得美國驗船協會（American Bureau of Shipping, ABS）「綠色船舶護照」的「德梅號」。

其間，趙氏夫婦曾於一九八四年中國大陸開放初期，一同至中國洽公，看到很多親友家的後輩，因環境所致沒機會向學。

木蘭洞識人世的艱難，想到《聖經》曾提及，耶穌見一位窮寡婦在聖殿投了兩枚小錢，說：「她所投的比眾人更多。」因為眾人都是拿有餘的來捐獻，這寡婦卻傾其一生所有。朱木蘭身為虔誠的基督徒，從年輕開始就撙節生活開支，用來濟貧布施。她堅信窮寡婦捐獻的兩枚錢，意義更為深遠，所以建議丈夫成立助學獎學金，因為「教育可以改變人生」，而趙錫成就是最佳的見證。

二〇〇六年，「上海木蘭教育基金會」成立，設立「木蘭獎學金」。趙氏夫妻低調的默默付出，靜水流深，連身邊的至親好友都不曉得獎學金之事。

身為華裔和亞裔，趙小蘭打破了美國政壇的玻璃天花板，是美國政治史上任職最久的部長，也是美國職務最高的華裔政務官。二〇〇一年，趙小蘭（左三）在白宮宣示就任勞工部部長，趙錫成夫婦（右一、三）獲邀觀禮，分享女兒的喜悅與榮耀。

上圖為二〇一三年，趙小蘭（右二）偕同父親趙錫成（右一），與柯林頓總統夫婦在喬治·H·W·布希總統圖書館暨博物館前合影；下圖為二〇一五年，趙家父女（右一、二）出席美國總統歐巴馬（左二）設於白宮的晚宴，當天的主客是時任中國國家主席習近平伉儷。

多年來，海峽兩岸和美國等地受惠學子已超過五千多人，如今枝繁葉茂，繼續開花結果中。

除了回饋家鄉，他們還積極參與僑社與校友會，大方支持與奉獻。

生死聚散兩依依

二〇〇七年八月，朱木蘭在罹癌奮戰七年後不幸逝世。「我們為她解脱人間苦楚與主同在而祝福，但在世俗上仍悲痛不已，恨不得與她同去，」趙錫成想到兩人一生共享的悲歡離合，和愛妻長年的等待——從早年等他從海上飄泊回家，之後等他每天帶著勞累回家，每每悲從中來，有無限的遺憾及虧欠。只要任何人提到木蘭，他總是鼻酸落淚。

十幾年來，每個週末，他風雨無阻探訪木蘭長眠的墓室，沉思或説説知心話，並仔細在留言簿上寫下感想，多年來從未間斷。離愁別緒，彷彿已漸漸平息。他靠虔誠的信仰勉力振作精神，樂觀前望。

最近一年多因為疫情關係，家人不許趙錫成出門，於是他請特助張卉璇代轉手稿，謄寫在墓室的留言簿上。特助想，這樣一個字一個字的謄寫速度太慢，不是辦

在趙家早年窩居的紐約皇后區公寓裡，朱木蘭穿著雅致的旗袍，婀娜多姿，就在客廳這個角落開心的講電話，一口吳儂軟語，神采飛揚。

法，後來她總事先把老闆的「情書」謄在便利貼上，到墓室後就可以迅速黏在留言簿上，傳達老先生對夫人的愛意與思念。

年少行船浪跡天涯的時候，趙錫成望著無垠的海洋，仰觀宇宙之大，常常感嘆人類的渺小。然而有種光和熱，似乎可以超越時空，永遠持續綿延下去。他相信上帝留他在世間，是要傳承妻子的信念，繼續從事慈善公益，使其發揚光大。「她雖走了，仍然像活著！」

在《淡定自在》的新書介紹影片中，趙錫成回到早年窩居的紐約皇后區小公寓，在狹窄的一房一廳裡追憶往事。「我們全家以前就睡在這兒，」他若有所思的介紹著，環顧周遭，再緩緩走到客廳，像發現什麼似的手指著牆壁輕聲驚呼：「咦，以前這裡明明有一條電話線的……」他語帶哽咽的說。

繼而鏡頭畫面一轉，浮現了當年朱木蘭年輕的身影，她穿著雅致的旗袍，婀娜多姿，就在客廳這個角落開心的講電話，一口吳儂軟語，神采飛揚。

依然，明目盼兮，巧笑倩兮……

第1部

揚帆

01

愛情，是所有幸福的開端

二〇二一年四月初，台灣上映一部改編自韓國愛情片的電影《當男人戀愛時》，小兵立大功，低成本卻衝出亮麗成績。影片敘述一位討債流氓愛上負債女孩的愛情故事，既甜蜜又揪心，贏得觀眾的歡笑和熱淚。早在七十多年前，在海峽兩岸也有一個「當男人戀愛時之一九四九年」版本，故事比電影更曲折精采，且有美滿的結局。

於台灣上映的改編電影《當男人戀愛時》，根據統計，票房在短短四十一天內便打破新台幣四億元，挺進台灣影史票房紀錄前十名。二〇二一年六月上旬，該片在中國放映時，短短十九天竟創下大約新台幣八億元的票房，可謂近來海峽兩岸最「火」的愛情電影。

影片中有一首由獨立樂團「茄子蛋」創作的閩南語主題曲〈愛情你比我想的閣較偉大〉，意即「愛情你比我想得更偉大」，因為詞曲旋律接地氣，目前已經成為台灣流行歌曲排行榜的金曲，連許多不諳閩南語的年輕人，也使勁的學習咬字腔調，奮力唱出它豪邁又深情的氣韻。歌詞裡一句「愛你愛甲白目眉」（愛妳愛到眉毛都變白），是男人獻給佳人「愛妳愛到老」的帥氣宣言。

話說回來，感人至深的愛情，哪有年代之分呢？

早在七十多年前，在海峽兩岸也有一個「當男人戀愛時之一九四九年」版本，故事比電影更曲折精采，且有美滿的結局。但男女主角換成了背景懸殊的富家千金朱木蘭和來自農村的清寒小夥子趙錫成，是另一個「愛情你比我想得更偉大」的時代見證。

「我一生最成功的就是我有一位好太太，我想告訴年輕人，選擇一位好的伴侶，是人生非常重要的課題，也是最大的幸福，」在許多場合，「船王」趙錫成總是真摯懇切的傳授他的幸福祕方，也從不吝於表達他對妻子的愛慕之情。

追人也追得很厲害

時間回到中國大陸開放後的一九七九年，已在美國紐約長住約二十年的趙錫成、朱木蘭夫妻，重返故鄉訪問，並探視昔日的親朋好友。有位女同學很好奇的問朱木蘭：「聽說，妳家也是富甲一方，那妳怎麼敢嫁給趙錫成呢？」這不打緊，連當年介紹他們認識的「紅娘」、木蘭的閨密張正都問得直接：「妳怎麼敢嫁給這個趙錫成的？」

同學的問題十分犀利，一點都不拐彎抹角。朱木蘭不以為忤的笑笑，從容回答：「我看錫成非常誠懇，非常努力，跟他在一起總覺得輕鬆愉快，相信他應該是有前途的，」她補充說：「嗯，我想也可能是情人眼中出西施。」最後又加了一句：「他追求我追得很厲害啊。」

> 選擇一位好的伴侶，是人生非常重要的課題，也是最大的幸福。　——趙錫成

趙錫成從小到大，做事認真，就連追求意中人也是既厲害又認真。他們的愛情和婚姻，是親朋好友口中讚嘆連連的傳奇故事。

歷經一九四九年大時代的戰亂流離、從中國大陸避難到台灣，男女主角在茫茫人海中喜相逢；在台灣結縭，兩人常常因丈夫工作聚少離多，後因男主角赴美進修而分隔兩地，飽嘗相思苦；一家五口在美國團聚，夫妻帶著稚女克服新移民尋夢的多種阻礙，互相扶持，從零開始建立船運王國……

一位是名門閨秀，一個是清寒農村子弟，如果以一般人的眼光來衡量，他們的家世背景確實懸殊，顯然門不當戶不對。但是在心靈的層次上，他們具有相似的家風和價值觀：重視教育、克勤克儉、積極樂觀、慈悲喜捨……，種種特質，無疑凌駕了一切世俗的條件。

秀外慧中，足智多謀

朱家以「詩書傳家遠，忠厚濟世長」為家訓，與其說朱木蘭是富家千金，不如以出身書香門第形容更為貼切。

早年朱家曾祖父從皖南徽州東遷到來安小鎮安家落戶，開了一家燒餅店。因經營得法，後來陸續經營小吃行業，再拓展多種生意，包括雜貨、米糧、布匹、染坊等等，占了安徽來安的大部分街道。事業最興旺之際，曾坐擁三百多間房子和多筆土地田產。

聽說，他們的老管家光是騎馬視察一圈自己的家田，就得花三天時間。令人驚訝的是，朱木蘭本人非常勤儉，原來是跟她祖母學來的，自己樸實節儉，待人卻慷慨大方。

朱家曾祖父雖不是讀書人，卻極度重視後輩的教育，家族培育出多位法界菁英。四個兒子中，木蘭的祖父排行老三，育有二子，木蘭的父親朱維謙是次子。木蘭的祖母余太夫人，祖輩曾在清朝為官，後因故被貶至新疆，她的哥哥還是新疆舉人。余太夫人無論持家或照顧生意，裡外都能兼顧，平日慈悲行善，且很難得的具有男女平等的觀念。

朱維謙素有「安徽才子」之譽，畢業於金陵大學法律系，曾先後在安徽省不同縣治出任法官和審判長，遷台後則一直在高等法院擔任法官。朱木蘭的母親田慧英，出身望族，是典型的賢妻良母。

朱家祖父過世後，由幹練的祖母當家，每天家族各商鋪的收入就往她的房間送。這房間遍地都是錢，因此門禁森嚴，但祖母特別疼愛木蘭，也只有她可自由出

朱木蘭出身書香世家，父親朱維謙（前右）素有「安徽才子」之譽，母親朱田慧英（前左）則是典型的賢妻良母。此為兩人在台北與家人合影，後排左至右：朱木蘭弟弟朱明志、姊姊朱子珍、外甥女張梅梅、外甥張弟弟。

入。一九三〇年出生的朱木蘭聰慧乖巧，常被祖母喚來幫忙算帳、記帳。那時買賣少用紙幣，多以銅板銀元交易，數錢要花上很長的時間，木蘭就在祖母身邊當小助手，深得祖母的信任。

朱木蘭有一個啞巴堂哥，鬼靈精怪，非常聰明，約比木蘭大六、七歲，兩人感情很好。他腦筋靈活很會出點子，又愛玩，竟藉著祖母對木蘭的信任，慫恿木蘭從祖母房裡拿錢讓他花用。禁不起堂哥多次的催促，有天木蘭從祖母房間裡拿了一把錢。因為心中慌張，走動時傳出聲響，她心知情況不妙，無比驚恐。

可是，朱家祖母卻當作沒看見沒聽到，也沒刁難小孫女，這事就過去了。祖母的包容，反而讓生性老實的木蘭更感慚愧，不斷自我反省：「我學到了一課，從今以後，我再也不會說謊了，也絕對不做不應該做的事。」當時木蘭約莫六歲，卻將這個教訓記了一輩子。

朱木蘭自奉甚儉、忠厚濟世，應該是受了祖母很大的影響。祖母因家族曾歷經大起大落、人情冷暖，所以特別同情清寒人家的難處，總是欣然伸出援手。不過朱家祖母有一句但書：「我只會幫助那些能夠幫助自己的人，否則我的幫助起不了大作用。」充分展現了她的智慧。

後因為戰亂，時局不穩，加上父親調動頻繁，為求安定，朱木蘭被父母先後送

朱木蘭（左二）的祖母朱余氏（右二）為人能幹明理、慈悲喜捨，對孫女有深遠的影響。這是她們於一九四七年在安徽家鄉老屋前的珍貴合影，右一是妹妹朱佩蘭，左一是朱家么女朱淮北。

到外婆、堂叔所在之地上學。抗戰勝利後，她先回南京跟父母團聚，一九四五年，進入南京明德女中繼續讀初三，次年直升高中。

朱父因博學多聞，被家族視為「活字典」，木蘭受父親影響，除了熱愛閱讀，也深得其教誨，無論是中國的四書五經、詩詞歌賦，或是西方的藝文作品，都滋養了她的內涵和氣度。

明德女中是基督教會辦的私立學校，口碑佳、管教嚴，朱木蘭在此認識了同班又同寢室的張正，兩人成為無話不說、同進同出的閨中密友。

親友暗中撮合

一九四九年，國共內戰正熾，烽火由北向南推進，百姓紛紛南遷以避禍，正就讀高三的朱木蘭在戰亂中隨家人從南京遷往上海。好友張正則到上海近郊的嘉定投靠陳家，並轉學至嘉定第一中學。

張陳兩家原是世交，張正是陳家夫婦視如己出的乾女兒，在陳家得到很好的照顧。陳家是個大家庭，屋舍寬敞，主人又熱情好客，張正勸木蘭也到嘉定一中借讀，徵得乾爹乾媽同意後，一起住在陳府。溫婉有禮、落落大方的木蘭，受到陳家老老少少誠摯的款待。

陳家兒子陳樂善，正是趙錫成從初中到大學的同學，也是好哥兒們，當時一起在國立吳淞商船專科學校讀書。

趙錫成品學兼優、待人有禮，深得陳家長輩歡心，因此常常在陳家走動。「陳伯母總覺得我是一個好孩子，書念得好，可以帶領激勵她的兒子樂善一起努力念書，因此，待我特別好。」

有一天，趙錫成剛結束在船上的實習，心存好奇的回到嘉定，在陳樂善家與朱木蘭相遇。

他們的相遇並非偶然，其後有「紅娘們」的悉心安排。

趙錫成從小活躍風趣，書念得好，運動的表現可圈可點，是學校的風雲人物，喜歡他的女孩、同學很多，莫不期待能進一步交往。「可我有自知之明，我來自清寒的農村，父母常為了讓我上學四處籌錢，她們這些富家女的父母，不會同意的，」趙錫成表示。

那時能夠送女兒進中學和大學讀書的人家，多半是家道殷實者，他們極其在乎兒女婚事的門當戶對。聽聞有些心儀趙錫成的女孩子因遭父母反對，幾乎尋死覓活，已被禁止出門。

一九四八年，一群十八歲、正逢青春年華的閨密們一起攝於嘉定一中。由於在嘉中借讀，朱木蘭才有機緣邂逅一生的伴侶趙錫成。左圖左為張正，是朱木蘭（中）美滿婚姻的「大媒人」，右是陳臻善；右圖為朱木蘭（後排右二）於同年和同學攝於嘉定一中的大門口。

的確有不少女孩因家長勸阻，而改變對趙錫成的心意。戰爭期間，人命如草芥，趙錫成的家園全毀，只能在原址搭棚應急，可謂家徒四壁。有的家長，尤其是母親，因愛女心切，特地親自到趙錫成鄉下家中走訪，觀察實際狀況。

有一次趙母得知兒子女同學的媽媽來訪，內心很興奮，匆匆忙忙從田裡跑回來，汗流浹背，還光著腳。對方一見趙家簡陋的草棚房，發現雙方門第實在相差太懸殊了，也只能嘆息而返。

不因家道中落自慚形穢

「我並沒有因此受到打擊，因為這不是我的錯，」趙錫成悟得很通透：「我們本來也是小康之家，但經歷抗戰及內戰，兩度被摧毀，之後也就蝸居在一個簡陋的草棚裡面，我在此完成了中學、大學。如果家裡窮就要怪父母，那父母也是無辜的，非但無辜，為了能送我上學，他們含辛茹苦。對父母我只有更感激孝順，鞭策自己一定要更努力，希望能夠早點回饋他們。」

中國有句話：「窮苦人家的孩子早出道（當家）。」趙錫成並不嫉妒有錢人，事實上還結交了不少富家子弟，但他明白各人有不同的路要走，只希望自己能夠及

上圖為趙錫成最早的童年照，時約八歲，攝於一九三五年；下圖為同年攝於家鄉農村，趙錫成（左三）和鄰居親戚合影。那是一個物資不算豐裕，但人情和諧溫暖的小村落。

早獨立掙錢。

正因如此，趙錫成當時對交女友或婚姻之事並無計畫，也沒憧憬。但是身邊的長輩同學，仔細觀察了趙錫成和朱木蘭，都認為他們是「絕配」，彼此應該認識。

首先是陳樂善的外婆很喜歡趙錫成，認為他待人接物注重禮儀，每次到家中做客，必定端正儀容，對尊長畢恭畢敬，還施上深深的一鞠躬，怎不叫老人家樂開懷？後來她看到人見人愛的朱木蘭後，便下決心要促成他們的好事。張正也有此意，主動向木蘭「下毛毛雨」，在她面前說了趙錫成許多好話。

學校的豐功偉績成助力

趙錫成從小腦筋好，很會出點子。在自強學院附中讀書期間，因為曾跳級，年紀比同班學生小，但同學們不叫他「小趙」，而稱他「老趙」，有什麼事情都來找他幫忙出主意。除了書讀得好，他的運動表現更是優異，學校裡處處張貼他獲獎的相片及豐功偉績，不想看到也難。張正提供這些良好紀錄供朱木蘭參考，發揮了關鍵性的功效。

趙錫成嚮往海闊天空的職涯，也受身為資深船長叔叔趙以忠的影響，高中畢業後即選擇了航海專業，在國立吳淞商船專科學校就讀，後來商船學校與交通大學合併，所以他也是交通大學的學生。

一九四八年冬，趙錫成利用寒假到「永灤輪」上當實習生，人在台灣高雄。他的摯友吳祥蓀寫信給他報訊，通知陳樂善家來了這麼一位轟動全城的清秀佳人，請他務必盡快一見。陳樂善更自願擔任媒人團的「總幹事」，熱心出面邀約趙錫成到家裡相會。

基於好奇，趙下船後就來到陳家，想瞧瞧朱木蘭究竟是什麼天仙般的女孩？這是一九四九年的二月初。

弱水三千，只取一瓢飲

「那時她只有十八歲，還是很年輕的女孩子，看到我淺淺一笑，突然羞紅了臉。她穿著藍色的旗袍，氣質優雅。我覺得她非常有教養和書卷氣，神韻太動人了，我對她一見鍾情，」真是百聞不如一見，趙錫成從未對異性如此怦然心動，他坦承：「本來無意交女友談戀愛的，一見到木蘭，就在那一瞬間，我的心意就完全改變了。」

聰穎秀慧的朱木蘭，讓本來無心戀愛的趙錫成一見鍾情，展開跨越海峽兩岸的追求。當時為了避開不必要的外界紛擾，他們多半在郊區約會見面。左圖為朱木蘭在一九五〇年留下的倩影，由熱戀中的男友趙錫成親自掌鏡；右圖為同年攝於台北。

一九四九年年初，朱木蘭（左）與同學張正（中）、陳樂善（右）春遊，在嘉定匯龍潭上乘船遊湖，拍攝照片的人正是趙錫成。

趙錫成明白朱父對女兒有很大期許，所以為她取名「木蘭」，「木蘭就是花木蘭啊！我其他事情看不準，但第一次見面就覺得她很獨特，就是一見鍾情。當下我獨生子的個性馬上顯露出來，發誓非她不娶，認定她是我未來的人生伴侶。根本也沒想到她會不會、願不願意嫁給我？但我就是決心追求。」

趙錫成俊朗豪爽、帥氣挺拔，加上先前親友團為他大力背書，木蘭對他留下極好的印象。有緣千里來相會，他們在嘉定的兩個月期間，每個週末總聚在一起。嘉定名勝古蹟雲集，同學們約好一起遊山玩水，刻意製造機會讓兩人相處。

有次朱木蘭去觀賞趙錫成打籃球賽，比賽後，趙錫成說「我要汏汏手」，這是標準上海話「我要洗手」之意，木蘭馬上手指了指，告訴他放洗手盆的地方。

「我們上海人有種怪脾氣，只講上海話，不講國語跟外地話。木蘭平常講國語，聽不懂也不會講上海話。可是，她人非常聰明、領悟特快，」趙錫成說：「我發覺這位小姐真是聰慧，觸類旁通，領悟力強，讓我非常佩服，更增加了追求她的想望。」

尤其知道抗戰期間，當時八、九歲的木蘭，就曾跟隨管家涉險，替父親從南京到安徽老家運回錢財救急，當時腰纏重金，穿過密布的軍事封鎖線，次數還不止一回，他對木蘭自小展現的冷靜智慧更加折服。

兩人感情漸深，三月底，朱木蘭回上海度春假，卻因局勢劇變，戰火燎燒，倉惶中隨著家人緊急搭船離開中國，不告而別。稍後趙錫成回嘉定陳家時，已不見伊人芳蹤，只看到她穿的粉紅外套孤零零的掛在衣架上。

烽火連天傷別離

五月下旬，他到叔叔擔任船長的「天平輪」上實習，輪船出海後三天，上海被解放，港口遭封鎖，輪船無法靠岸，便迅速航向南方以求保命。陰錯陽差之間，雙方就此斷了消息。趙錫成臨行前，父親特來送行，千叮嚀萬囑咐，希望他一路平安，孰料轉身即是天涯，成了父子今生最後一次見面。

一九四九年五月底，解放軍完全占領上海，國軍自吳淞撤往台灣。在船上漂流的趙錫成，已是有家歸不得。

與木蘭分離後，趙錫成對佳人一直惦記在心，朝思暮想，可是時局混亂，也無法可想，只有滿心的無奈。

「但我絕對沒有放棄，判斷以她的家庭一定會跟隨國民政府往華南撤退。所以，只要船停泊在沿途的福建、廣東、海南島或其他港口，我總會到載滿難民的船

一九四九年四月中旬，趙錫成（右二）趁春假和同學們到浙江溪口參觀毛太夫人之墓，適逢蔣經國（左三）全家到訪，一起合影留念。這是蔣經國在家鄉所留下的珍貴照片，最後被收錄於《蔣經國傳》之中。

趙錫成於一九四九年九月，在廣州黃花崗七十二烈士墓前留影，氣宇軒昂。那段期間，他正在「天平輪」上實習。

上去一一尋找她的蹤影，可惜都是滿懷期待而去，傷心而回。」

「天平輪」於十二月初安抵台灣。當時兩百多萬軍民撤至台灣，兵荒馬亂，百業凋敝，加上社會動盪不安，台灣省警備總司令部以「維護治安」為由，宣布戒嚴。趙錫成無家可歸，也失去與父母聯繫的管道，只覺心慌意亂，前途茫茫。幸好叔叔夫婦同船到台灣，成了趙錫成唯一的依靠。

「我僥倖獲得『有慶輪』代理二副職務，因為這艘船專駛台灣、金門、馬祖前線，有戰火的威脅，所以待遇特別高，」趙錫成指出，選擇這項工作還有一個主要的原因是，這艘船在台灣停泊的機會多、時間較長，他才能盡心盡力的尋找朱木蘭。

一般人在局勢稍微穩定之後，都希望成家立業，過安定的生活。趙錫成算是一個「被爭取」的熱門對象，但是，弱水三千，他獨獨取一瓢飲。

對佳人情有獨鍾

「我一生受我父親教誨，學到怎樣看人，我一看這個姑娘特別優秀，因此一見傾心，不管好多其他女孩子喜歡我，我對木蘭情有獨鍾，」趙錫成內心已把朱木蘭視為「私訂的終身伴侶」。

只要人在台灣，他就以運動選手跑馬拉松的精神，進行地毯式搜索。他到處打聽朱木蘭，鍥而不捨。他研判木蘭離開中國時高中還沒畢業，說不定會到學校讀完最後一學期，於是到多所高中逐一探聽有沒有這名學生，但時常吃閉門羹。校方總是正色問趙錫成：「你跟她是什麼關係？」他回答：「她是我的表妹。」

有人懷疑：「你說她是安徽人，是你表妹，可是你一口上海口音，這怎麼可能？」就一把將他推了出去。途中也曾碰過同情趙錫成的人，雖然實質上幫不了忙，還是為他加油打氣。

其間，只要有點蛛絲馬跡的消息，他就直奔可能的地點搜尋，可惜一再失望而返。「此情無計可消除，才下眉頭，卻上心頭」，趙錫成的心就這樣因朱木蘭起起伏伏，魂牽夢縈，填滿了相思的苦澀輕愁。

命運？命運！

一九五〇年七月，有天趙錫成在高雄下船後，專程到台北拜訪叔叔，見到堂弟因為無聊撕著報紙玩，就好聲的勸堂弟：「這報紙恐怕你爸媽還沒有看過，不要再撕了吧。」

以前報紙不是每戶人家都會買或訂的，所以趙錫成只要看到報紙都想讀一讀，了解一下最近的時事。打開報紙，說時遲那時快，他竟然眼尖瞄到報紙上刊登了高中畢業生甄審錄取的名單，其中竟有「朱木蘭」之名。

踏破鐵鞋無覓處，這種機率實在太低了，趙錫成雀躍不已，覺得老天爺暗中相助，興沖沖跑到台灣省教育廳，查詢這位朱木蘭是不是他認識的人。經過千拜萬拜託，居然查到了木蘭兩位保證人的資訊：一位是她的堂哥朱子良，另一位是她的舅舅田建人。

趙錫成喜出望外，馬上去找當時在法院工作的朱子良，並將原委始末娓娓道來。他體諒趙錫成的心情，仔細看了看眼前的人，似乎想確定趙錫成是否為正人君子，才透露：「木蘭目前在幫她的三舅田建人工作。」

朱子良給了趙錫成資訊，田建人當時在市政府戶口科做事。趙錫成深怕碰一鼻子灰，也需要有人壯膽，特地請了學長承觀濤同行。

他找到田建人，解釋原委，對方很爽快，回頭就把朱木蘭領了出來。穿著藍色旗袍的朱木蘭一看到趙錫成，頓時愣住了——應是「驀然回首，那人卻在燈火闌珊處」的悸動。

趙錫成內心波濤洶湧，但按捺住激動，微笑盯著朱木蘭看，她有點羞澀，眼裡閃現熠熠光芒，兩人相對竟一時無言。等心情稍稍平復，他們談了差不多一個鐘頭，感覺時間過得飛快，重逢後的首次會面就這樣戛然而止了。

明明相談甚歡，趙錫成看木蘭也是笑靨如花，可是臨分別時，他伸出手想跟她握手道別，她卻猛然把手縮回去，當下讓他十分尷尬和失望。

在回基隆途中，他百思不得其解，滿心困惑，不曉得哪裡做錯了？承觀濤就婉言勸他：「錫成啊，你的獨生子個性太強了，哪有女孩子如此輕易隨你的便，照你的意思做的？你應該有耐心的好好追求她。這麼理想的對象，怎能輕易放棄呢？那就太傻了吧！」

趙錫成覺得學長所言甚是，回去馬上寫了一封信給木蘭，語帶誠摯及喜悅，娓娓敘述分別之後的遭遇與思念，以及一年多來尋尋覓覓的波折勞頓。再怎麼寫，都感覺紙短情長，無法精確的表達他對木蘭的仰慕。

出乎意料的是，第三天趙錫成就收到了朱木蘭的回信，而且信封上還端正寫了她家的地址。其中象徵太多深意，證明了這個戀愛中的男人不是一廂情願。

「我樂不可抑，欣喜若狂得幾乎跳起來，當時的激動，在七十年後的今天回想起來，仍然記憶猶新，」趙錫成笑道。

此後，兩人常常約見面，因為趙錫成白天工作，只能在晚上見心上人。差不多是九月中，趙錫成借來一輛自行車，載著朱木蘭到台北市中心的植物園。趙錫成因內心緊張，手勢不牢，木蘭坐上後幾乎翻車，所幸他強自鎮靜下來，車子才從搖搖晃晃中逐漸平穩前行。

當日天氣晴朗，月亮分外明亮，他們談得非常開心。可是朱家設有門禁，規定子女十點半以前必須回家，雖然他們相聚的時間不到兩小時，趙錫成只能不捨的送朱木蘭返家。他從窗外看見朱父已正襟危坐在客廳等女兒，慶幸沒遲到，然後匆匆趕上最後一班十一點的火車回基隆。回到船上，趙錫成興奮得睡不著，輾轉反側、左思右想，又爬起來寫情書，打算趁第二天寄出或下回約會當面交給木蘭。

情人眼裡出西施

再次見面時，趙錫成發現朱木蘭抹了一點口紅，很是嫵媚。「莫非是女為悅己者容？」他暗地裡增加不少信心。又見她穿著一件淺紅色的繡花旗袍，問她這麼別致的旗袍，是哪裡買的？

「嗯，是自己做的！」木蘭淺淺一笑：「因為讀的是女校，上過縫紉課，但我以前沒把這門課當回事，現在重溫課業，做得還不錯吧？」

「我非常驚訝，世家出身的小姐竟能自製旗袍，這對我們上海小姐來講，是絕無可能的，」木蘭的賢慧，更加深趙錫成對她的愛慕之心。

兩人在一起的時候，有說不完的話，時常討論價值觀和未來規劃的方向等等，談得非常投契及盡興。趙錫成身為船員，走遍五湖四海，比一般人見多識廣，每當他分享遼闊世界的見聞趣事時，木蘭總是興致盎然的傾聽。

久別重逢，內斂的朱木蘭一開始並不希望旁人、尤其是親友知道和趙錫成交往之事，因此他們經常到郊外如士林、中和一帶約會，環境比較清幽。當年台灣經濟還不發達，士林及中和的樣貌仍和農村一樣，不像今日如此繁華。

由於朱木蘭在學生時代就愛吃花生，所以小倆口也常到重慶南路靠近火車站的一家雜貨店買花生米，邊吃邊聊。

有回買到花生後，朱木蘭在路上先嘗了一顆，真情流露、開心得跳了一下。這麼微小的幸福，能讓她這樣快樂，趙錫成看在眼裡，覺得她童心未泯，可愛極了。

充滿愛意的瑣碎日常

當時一般男生和女朋友約會都是在下午，避開中餐跟晚餐，目的是節省費用。

街上也沒有什麼咖啡店，唯有在西門町開了冰果店及西瓜店。「可是，我們也不能多吃西瓜，因為怕利尿，當時少有公廁，沒有地方如廁，很不方便，」趙錫成說。上海的「三六九」餐館在台北開了一家店，在大門上就貼公告表明廁所不對外開放，這是很普遍的現象。

「我們那個時候，生活就是這麼克難簡約，」但趙錫成和一般男生不同，「因為我的收入很好，當二副常走前線，月薪一百美元，換成台幣約三千多元，當時一個教師的薪水不過十美元左右，所以，我非常大方。」

趙錫成時常請朱木蘭吃中飯和晚飯，他偏愛「三六九」的排骨菜飯。朱木蘭口味較清淡，趙錫成有時帶她去當時知名的「錦江飯店」，有時也嘗嘗日本料理及西餐，他注意到木蘭總是選擇價錢比較不貴的菜餚。

有一次，趙錫成請朱木蘭到基隆他服務的船上參觀，就近在基隆火車站旁邊的鐵路餐廳吃飯。這飯店當時屬於較高檔的餐廳，想不到那天趙錫成身邊沒帶太多現金，內心十分忐忑不安，深怕錢不夠。

「木蘭當然不知道我的窘況，她點的是較便宜的豆腐炒蝦仁跟炒青菜，我帶的錢恰巧夠用。那天她胃口很不錯，竟然吃了兩碗白飯。幸好飯館的白飯買一送一，才能應付，」趙錫成回憶當年的糗事。

那時台北有幾家電影院，朱木蘭非常喜歡看電影，因為小時候受到爸爸的影響，她也愛聽京劇，不過那時除非有特別的節慶，台灣京劇表演的機會不多，一般人多半看電影。

趙錫成有一次跟木蘭相約看電影，是一部外國喜劇片，中文譯名是《吹牛大王歷險記》（*Münchhausen*），看的時候兩人心情輕鬆愉快，哈哈大笑。

「這──真是開玩笑！」趙錫成不禁發表感想。朱木蘭看他把電影看得太認真了，提出她的心得：「我看電影的目的，一是享受，二是體會內容，從某種角度看，這也是在體會人生啊！」

後來朱木蘭發覺趙錫成並不是電影迷，所以替他找小說消遣。那時候她已經在看翻譯小說《飄》，趙錫成一看書那麼厚，嚇了一跳：「對我來說，那真是看一輩子也看不完。」所以她就找了一本比較薄的翻譯小說《瀛台泣血記》，這是趙錫成此生第一次看小說。由於學生時代他熱中運動，比較沒時間看小說，所以不曾培養閱讀的興趣。

> 我看電影的目的，一是享受，二是體會內容，從某種角度看，這也是在體會人生啊！
> ──朱木蘭

接到木蘭推薦的小說，他嚴陣以待，像閱讀教科書一樣認真嚴謹，從頭到尾一字不漏的掃瞄，甚至還能背誦。朱木蘭對他刮目相看，但因深入了解他的偏好，此後不再催促他看閒書。

「我非常感激她對我的體諒，」趙錫成說：「很多人認為木蘭話不多、很安靜，可是我們在一起的時候總是高談闊論，聊世界趣事以及新聞性的事件。」

「四缺」的人可靠嗎？

兩人約會，偶爾還出現一個小小的「電燈泡」，是木蘭的小妹淮北。淮北那時大概念國小三、四年級，和木蘭非常親近，經常跟前跟後。因此，當趙錫成和木蘭談戀愛時，她常夾在他們中間，而且總試圖把兩個人的距離拉開一點。趙錫成尊稱淮北是「副官」，買了花生米一定先給她奉上一包，小姑娘非常高興，對趙錫成也有加分。

朱家雙親知道他們認真交往之事後，木蘭母親不免對趙錫成心存疑慮。她顧慮所謂的「四缺」，包括：第一缺，他是上海人，他們不太喜歡上海人的某些作風及生活習慣；第二缺，趙是獨生子，容易嬌生慣養，他們深恐自己的女兒將來吃虧；

趙錫成的帥氣幽默、溫柔體貼，深深吸引朱木蘭。即使朱家對他有「四缺」的疑慮，兩人仍攜手同心克服困難，終成美眷。

第三缺，以中國傳統習慣來說，為了傳宗接代，獨生子都比較早婚，木蘭母親懷疑像趙錫成這樣看來體面的人，很可能早有家室；第四缺，「撐船」不算是一個好職業，將來回岸上很難找到好工作，而且一般對船員的刻板印象是，年紀輕輕就掙了那麼多錢，可能揮霍或風流成性，有不良習慣。

朱母疑心趙錫成在中國大陸鄉下已有家室，其實猜對了一半，因為他有一個從小就被父母指定的訂婚對象，但因傳統習俗的關係，兩人並不曾往來。戰亂的時局，更沒有後續的可能。

朱木蘭的大姊朱子珍也慎重提醒木蘭：「妳要小心啊，不要當了人家的小太太。趙錫成的職業是跑船的，居無定所，而且船員生活通常比較浪漫，像他這麼活躍的人，妳管得住嗎？」

朱木蘭毫不猶豫的說：「他大學是念航海的，我在嘉定認識他就知道了，據說他的家境比較清寒，這些我都不在乎。我相信他是一個能幹、肯做事的有為青年。而且，愛情是盲目的，我已經陷進去了，所以，只能往好的地方想。謝謝大姊的關心，我會處理的。」

其實朱子珍清楚妹妹對趙錫成的感情，當木蘭得知他東奔西跑四處苦尋她的過程後，這份誠意就已深深的感動了她。每當船到台灣，趙錫成不管是在基隆或高雄，總是會抽空趕來台北與木蘭相聚。如在其他港口停泊，一定上岸寫信給她，也常以英文寫信，並說可以藉此練習英文。而趙錫成對在台灣唯一的親人叔叔趙以忠非常尊敬和孝順，這也讓木蘭更增好感，終於在眾多追求者中選擇了他。

挑中一張績優股

當時趙錫成船上有一個實習生，休閒時到燈紅酒綠之處遊樂，還自我吹噓是船上的二副，因此有人誤傳這個花天酒地之徒是趙錫成。

朱木蘭跟父母說明：「我知道錫成的背景、教育及品行，其中必有誤會，他是一位可以信任的有志青年。」

很難想像，朱木蘭在那麼年輕的年紀，就能夠以慧眼精挑細選了一支日後大漲的「績優股」，不但爆發力十足，也深具續航力。

「重逢以後，相信她也徬徨過一段時間，因為她的親戚朋友對我不太熱心，不敢完全相信，認為我的條件實在太差了，多少也增加了她的困擾，」趙錫成為此事因禍得福，他說：「謝謝木蘭對我有這樣的評價。實際上，她這樣維護我，讓我確定她是愛我的；否則，我還內心犯嘀咕，不曉得她是否真的喜歡我。」

確認朱木蘭的心意後，趙錫成很想早點定下來，但木蘭一直期待繼續升學。在中國大陸局勢緊張時，明德女中規定，學生只要到外面修完高三課業，就可以回學校取得高中畢業證書。朱木蘭在嘉定中學借讀，差一個學期還沒畢業就匆匆逃難到台灣，雖然在台灣取得高中資格甄試通過，但證件寄回中國大陸時，明德女中已不復存在，所以拿不到任何一紙畢業證書。那時，朱木蘭由於高三沒有好好念完，基礎不夠穩，在台灣想進理想中的大學並不容易，普通學校她也不想讀，所以有點高不成低不就，內心始終耿耿於懷。

另一方面，一九五〇年代初期台灣和中國大陸還可以通信時，趙以仁對兒子的婚事非常關心，透過各方管道知道兒子與理想對象正在交往，曾希望他們能早日成婚。趙錫成私心也怕木蘭上了大學被其他人追跑了，風險反而更大，於是跟她商量盡早結婚。

契合的「三觀」

「我誠懇的向她解釋、溝通及求婚。我說，兩個人一起努力，總比一個人強。她有些意外和猶豫不決，但聽了之後很激動，流下了眼淚，」趙錫成對朱木蘭發誓：「我愛妳，我會全心愛妳，我會一輩子愛妳，我終身的希望就是與妳白首偕老，我會全心全力一輩子愛妳、護衛妳，一生以妳為重，讓妳終身幸福快樂。」

朱木蘭聽了趙錫成的甜蜜告白後，一句話也沒說，只是靜靜的望著他，眼中淚光閃爍。

趙錫成強調：「我講的都是實話，不會假的，請妳相信我，」木蘭輕挪腳步向前依偎在他的懷中，以沉默代替千言萬語。

現代的年輕人談戀愛、論婚嫁，講究世界觀、人生觀、價值觀的「三觀」，很難想像六十年前的趙錫成和朱木蘭，早已徹底實踐。他們經常討論使用金錢的原則、未來人生的方向、工作的規劃，和理想中的家庭樣貌等等。

「我和木蘭的金錢觀大致上一開始就是一致的，因為我們結婚以前，經過差不多兩年多的交往，所以彼此了解清楚，」趙錫成說，他們都是樂觀主義者，也承繼家傳「助人為快樂之本」的理念，無論人生觀或價值觀都相當契合。很多年以後，他們的女兒也證明：「爸爸媽媽的出身背景迥異，但他們的價值觀十分相近。」

眼見時機成熟了，朱木蘭邀趙錫成正式拜會她的父母親，他既高興又緊張，事先反覆模擬演練。

「我有一個小毛病，緊張時鼻子會流汗。去見未來岳父岳母時，鼻子一樣不爭氣，大量流汗，我愈想保持鎮靜，汗愈流個不停。我想，哇，這下恐怕搞砸了！」

趙錫成懊惱不已。沒想到朱家雙親的觀念非常開通及豁達，竟然很欣賞他的「緊張」。原來他們事前已從旁打聽，知道趙錫成在船上做事非常認真負責，是船運界十分受歡迎及當紅的二副，隨時可升大副，就是等候時機而已。他們跟木蘭講：「錫成事情做得那麼好，可是見到我們卻那麼緊張，這表示對我們很尊敬，也非常在乎妳，這樣子我們放心了，你們可以好好走下去。」兩人如釋重負。

木蘭父親德高望重，看人向來甚有眼光，他認為這個年輕男子將來可以做出一番事業，最重要的是，趙錫成真心呵護自己的掌上明珠。

「我想，我們對彼此的心意感動了她的家人，也因到了台灣，風雲變色、時局動盪，中國門當戶對的封建思想瞬間淡化了，否則像我這樣清寒的小青年，不太可能高攀一位富家小姐，」趙錫成放下了心中大石。

有情人終成眷屬

一九五一年十一月，他們在台北的王開照相館拍攝結婚照，老闆王開由上海遷來台北創業，在那時是最知名的攝影館。木蘭則由朱家世交王雲五的女兒為她打

一九五一年十一月十二日，朱木蘭與趙錫成有情人終成眷屬。趙錫成遵守雙親的囑咐，以盛大隆重的婚禮迎娶美嬌娘。趙錫成認為若非風雨飄搖的局勢，他可能無法跨越門第差距，成就這樁烽火姻緣。

扮，王小姐是當年的名媛，由她負責妝扮木蘭，實屬榮耀。王小姐對新郎倌說：「錫成呀，你福氣真好！你知道嗎？你的太太是美人胚子呀！」

時局雖不安，諸事宜從簡，可是趙錫成很重視婚禮，他謹記父母的交代，身為獨生子，婚禮千萬要隆重。他還特地請了一個航程、兩個星期的婚假來做準備。他暫住在台北的叔嬸家中，這段期間也在他們家裡吃喝。據説家鄉有個習俗，新郎在結婚前夕必須泡澡，嬸母特地在趙錫成結婚前一天晚上為他準備浴缸泡澡，嬸母的細心周到讓他感激萬分，沒齒難忘。

趙錫成大手筆租下當時最有名的「鹿鳴春」飯店整棟大樓，包場舉辦盛大的婚禮，並邀請航運界、港務界，以及雙方親朋好友約一百多人參加婚宴，場面莊嚴隆重。證婚人則請了國立吳淞商船專科學校的老校長劉永誥將軍擔任，因趙家父母都在中國，所以由趙錫成的叔叔趙以忠擔任男方主婚人。

在當時能做到如此氣派的排場，十分不易，趙錫成也因此深得雙方長輩的肯定和讚許。趙以忠看到侄子能有這樣的魄力，感到非常欣慰。雖然父母親不在場，趙錫成想起父親的話：「我們這個阿楨是有福的」，不禁感恩上蒼的多方眷顧。

那年，趙錫成二十四歲，朱木蘭二十一歲，《詩經》裡「窈窕淑女，君子好逑」意謂美麗又賢淑的女子，是謙謙君子的佳偶，恰似他倆的寫照。趙錫成飄洋渡海，千里迢迢從中國大陸追到台灣，幾經波折，終能娶得如花美眷，修成正果，心中百感交集。掀起新娘子的蓋頭前，他隔著白色薄紗，深情凝視著秀雅的木蘭，兩人眼中滿盈喜悅的淚水……

作家謝材俊在〈守著陽光守著你〉歌詞中寫著：

「讓我執起你的手
在等待的歲月中
我已經學會了不絕望
守候著你　我便守候住一身的陽光

夢境會成為過去
一如黑夜要躲藏
我仍是那最早起的明星
守著朝陽　朝陽下你燦爛的甦醒」

「愛情比什麼都重要！」趙錫成奉「擇我所愛，愛我所擇」為圭臬，愛木蘭一生一世。他堅信愛情，是所有幸福的開端。

「我人生中最美好的事就是愛上木蘭，認識她讓我知道什麼是愛情，我找到了最合適的人，來給予和分享我的愛。」

他們結縭七十年後的今天，朱木蘭的閨密好友張正遙問趙錫成：「我這位紅娘不錯吧？給你介紹了如此好的妻子，你倆真是千里姻緣來相會，連木蘭全家人都說你們的婚姻充滿了傳奇色彩！」

02

用堅毅與樂觀超越苦難

「結婚第二天我就跑船去了，」趙錫成笑稱，「太太沒流淚，流淚的人是我啊！」趙錫成自認從小個性樂觀，然而朱木蘭比他更樂觀，兩人一路從「柴米夫妻」熬成「神仙眷屬」，常常彼此互勉：「命運掌握在自己手上，要保持正面思考，凡事努力，不順時則需忍耐，要相信有志者事竟成。」堅毅樂觀，正是趙錫成與朱木蘭共同的特質，也是趙氏家族今日成為美國華人第一家族的重要關鍵。

唐代詩人孟浩然的〈江上思歸〉寫著「鄉淚客中盡，孤帆天際看」，幽幽訴說離人的思鄉愁緒。早在一八五〇年代左右，有一批華人為了養家活口、追求溫飽，飄洋過海來到全然陌生的國度。他們一邊拚命工作，應付美國大量的勞動需求，一邊強忍離愁，衷心渴望有朝一日能衣錦還鄉。

一八五二年，華工蜂擁直入美國境內，人數高達兩萬左右。這群從中國到海外打拚的廉價契約勞工，被稱為「苦力」、「華工」，他們自嘲為「豬仔」，暗諷生命的無奈和卑賤。

在這之前，美國華人僅有官員、商人和學生等身分，人口寥寥可數。十九世紀中以來，華工從早期集聚在舊金山淘金，後來隨著金礦枯竭，紛紛轉行開洗衣店、中餐館等，或去修築鐵路，部分人則解甲返鄉。亦有難以計數的華工客死他鄉，他們的生卒年月無法顯現在統計數字上。

人在天涯，難逃被異國歧視的命運，種種排除異己的苛刻條款，充滿著敵意。一八六二年美國《反苦力法》（Anti-Coolie Act）生效，向外籍勞工徵收「人頭稅」，且不鼓勵外籍勞工入境。一八八二年國會則通過《排華法案》（Chinese Exclusion Act），禁止華工入境，但官員、商人、學者和學生等則不在此限。其中的難忍委屈和斑斑血淚，美國歷史只輕描淡寫帶過。但基於人力的需求孔急，一九

一九五八年聖誕節前，趙錫成（左）自美國西岸的溫哥華港搭西北航機飛往紐約，同事余順富（右）特來送行。

〇〇年前光是前往加州的中國人就高達三十萬上下。

歲月流轉至一九五〇、一九六〇年代，美國日漸自由開放，願意展開雙臂歡迎移民。聽聞美國「遍地是黃金」，是「機會之國」，新一代矢志留學的華人，後浪推前浪，一波波登上這片充滿夢想的國土。留學生雖非早年的苦力，卻也同樣承受著移民無法避免的風浪，他們面對生存的壓力、語言的障礙、文化的衝擊、精神的孤寂，若沒有十足的膽識與勇氣，無法到新世界從零開始。

美國夢成真

「我們家是美國夢的最佳見證，為了尋求更好的生活，父母一路走來，離開飽受戰火蹂躪的家鄉，飄洋過海，離鄉背井。初到美國的生活很艱難，但父母堅毅樂觀，為了尋覓一塊更肥沃的土地，讓孩子們能茁壯成長，為了家庭能有更美好的明天，他們追逐夢想，」趙家老四趙小甫指出。

一九五八年，台灣仍處於戒嚴時期，「狀元船長」趙錫成幸運獲得政府特許赴美進修，這是絕無僅有的大好機會。

然而，朱木蘭身懷七個月身孕，還帶兩個稚女，趙錫成內心猶豫掙扎，難以決定。當時他必須自費留學，但赴美進修所費不貲，他為此極為徬徨。木蘭果敢的告訴另一半：「假如你有決心，我相信你可以完成志願，不要顧及我，我可以自理。」

就這樣，趙錫成留下安家費，向親友借了八百美元和一件冬大衣，帶著一口皮箱，揮別妻女，乘船橫越太平洋航向美國西岸溫哥華港，爾後乘飛機到紐約，尋覓生命更廣闊的出口。

在三年漫長的離別期間，他們各自堅毅，各自曲折。

或許當時太年輕了，趙錫成不懂得害怕，但是一登陸陌生的土地，立刻面臨難以克服的阻礙。他在哥倫比亞大學研究所選修「水上保險」和「水上交通管理」等專業課程，卻因缺少學歷證明，只能當旁聽生，無法拿到正式學籍。不過他求知若渴，仍非常珍惜這難得的學習機會。

趙錫成原本盤算在昔日東家的船運公司打工，可惜人算不如天算，無法如願。他說：「初到美國，我的目標非常低，就是要能活下去！」

眼看經濟壓力愈來愈大，同學金慰曾幫他買了簡單的炊具和碗筷，建議他自己煮飯才能省錢。趙錫成向來不愛吃麵包，煮飯又覺得不方便，卻不得不爾。請教金同學，才知道他已經吃了一年的雞肉和雞蛋，因為便宜又容易處理，大男人一隻雞可以撐個三、四天。

有一次，趙錫成在超市看到特別便宜的餅乾，買來一嚐發現硬得難以下嚥，後來才知道那是狗糧。同學笑岔了氣：「我應該早告訴你的，我以前也上過這個當。」

不過對趙錫成而言，煮飯實非難事。早年中國大陸農村裡的小孩子，普遍懂得做家務和農活。趙錫成十歲時已能幫母親分憂解勞幹農活，例如除草、採收棉花等，手腳相當麻利，父母稱許：「大家都叫你『阿楨』，你做給他們看了，阿楨是不楨的！」農忙時，母親在田裡指導農工幫手，兒子就在家裡做飯。那時都是以土灶燒柴火炒菜，趙錫成小小年紀已駕輕就熟。

堂堂船長當跑堂

身在紐約，他除了自理三餐，節省各種開銷，還想多賺一點錢，希望早日接家人來美國團聚，於是找到了餐館的兼差工作。

「我在船上當船長，可以拿四百美元的月薪，在美國餐廳當侍應生，一個月還掙不到三百。四百美元在當時的台灣可以生活得十分舒適，三百美元在美國只能糊口而已，可是我有理想，相信這只是過渡時期，我會有前途的。」

凡事起頭難，趙錫成吃足苦頭，從一個摔碎碗盤的生手，華麗轉身為雙手端滿盤子且神色自若的高手；為客人分紅燒魚，咻咻兩三下就把魚刺剔得乾乾淨淨。由於他學歷高、談吐大方、待客殷勤，後來被老闆重用，指派他招待貴賓。

「爸爸就是這樣，無論工作、學習，總是熱情敬業，做得有聲有色。他跟自己說『天無絕人之路』，不管做什麼職位都要盡力而為，」趙小蘭如此形容父親。

大丈夫能屈能伸，也因在餐廳打工碰到了貴人，因緣際會下，趙錫成找到招商局紐約代表處的工作，招商局是今日陽明海運的前身，當時屬國家公務機構。趙錫成雖是基層雇員，但因他認真勤奮、表現突出，後來長官願意幫趙家妻女辦簽證，讓她們到美國團聚，並可搭招商局旗下的貨輪，省下巨額的機票花費。

現在流行「斜槓人生」，早在六十年前，趙錫成已經是典型的「斜槓青年」，讀研究所之外，最忙碌之際同時打三份工，除了招商局、餐廳，還在另一家「復興航運公司」駐美代表處兼職，不怕吃苦。學生時代因為勤於運動鍛鍊出鐵打的身體，是他最大的本錢，再怎麼操勞都面不改色。

雲中誰寄錦書來

無論多累，趙錫成深夜都會給朱木蘭寫信，她收到後也立即回信。家書抵萬

大丈夫能屈能伸，趙錫成身為航運界高高在上的船長，仍孜孜矻矻在紐約餐廳打工多年，為的是早日拿到碩士學位。由於他認真努力、表現傑出，因此遇到許多貴人相助。

金，木蘭講述生活柴米油鹽的字句，化成思念，烙印在趙錫成的心版上。

早年趙錫成仍在日本跑船時，木蘭曾寄給他一份大女兒的「豐功偉績」，必須一提。

趙小蘭在聲譽卓著的再興幼兒園上學時，每逢畢業典禮，校方都會推選一位代表上台演講。不少家長希望自己的子女當選，難免會私下運作，而朱木蘭並不知情、也根本沒有這個念頭，結果小蘭勝出，獲選為代表。當時《中央日報》刊登小蘭演講及跳舞的相片，版面醒目，十分風光。後來兩位老師特地到家裡拜訪，稱讚小蘭表現出色，老師說：「小蘭的長處是上台不會怯場，表現自然可愛、落落大方，且能隨機應變，很討人喜歡。」

朱木蘭很開心，把剪報隨信一起寄給先生。趙錫成如今回想起來仍是感觸良多：「我真感激木蘭能夠培養這麼上進的孩子，實在很歡喜，也非常感謝她。中國有句話『三歲定八十』，小蘭如今仍舊保持著這個優點。」

木蘭分離的時光格外漫長，台北、紐約往返的越洋郵筒拉近了兩地的時空距離，木蘭這樣寫著：

「愛哥，今天真是開心，一共收到你三封來信，一週多來等待的焦急都一掃而

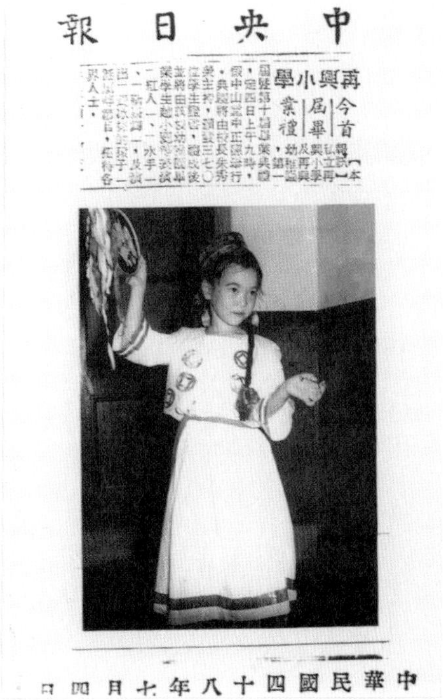
中央日報

再興小學今首屆畢業禮

中華民國四十八年七月四日

一九五四年，朱木蘭與趙錫成懷抱著珠圓玉潤的大女兒趙小蘭拍攝全家福（上圖）。一九五九年，趙小蘭在再興幼兒園上學時，校方會在每年的畢業典禮推派一位代表上台演講，結果趙小蘭勝出獲選。當時《中央日報》刊登趙小蘭演講及跳舞的相片（下圖），版面醒目，十分風光。朱木蘭體貼的把剪報寄給人在異鄉的趙錫成，讓他的心靈獲得極大撫慰。

空了，看著那甜蜜的信我笑了，這是發自內心的真正愉快，真是要感謝主的恩賜。……東西太貴了，生活需要儉省，早上每個孩子一個蛋，就是六元，那我就不吃。孩子多，只有媽媽省著點，雖然說也不在乎那每天多二元，可是做媽媽的就是如此才覺得心安理得，省也只能省媽媽。孩子在成長，需要更多營養，我總是希望孩子多吃點。看著她們吃，心裡覺得很高興，像是她們吃進去，馬上就會長肉似的。看她們愛吃，我的一份當然也分給她們了，唯有如此，才開心快樂！」

「今天好冷，幸好小傢夥都睡著了，我把你的信一遍再一遍的看，就不禁笑了，反正不久可以相聚，希望你不要嫌她們三人太吵就好。她們睡了，家中也安靜，我怕冷，只有在床上寫信，反正老頭子的信沒有關係，難看就難看。同時小美一醒我也可拍拍她，這人一夜中要小兩次便。」

「前幾天小琴一直在感冒發燒，每天去看醫生，昨天才好，實在是忙上加忙。」

「小蘭發成績單，考得不差，第四名，可是健康欄內卻填了『左淋巴腺腫大』，這下我又緊張了，小蘭身體瘦，我一直是最擔心她的，害怕她有什麼怪毛病，心裡真是怕。……今天一早就領她到兒童醫院檢查，說她心臟肺部都很好，我定下了心，最怕便是肺有毛病，我最擔心這。後來醫生說是牙齒不好引起的，沒有什麼關係，吃了藥會下去。」

隻字片語、瑣碎日常，都觸動牽引著趙錫成的心。

「相思始覺海非深」，他多年航行海上，本來以為海洋深邃難測，沒想到如今和木蘭之間的相思太揪心了，讓他開始覺得海其實並不深，真正深的是他們兩人的相思啊！

溫柔而堅定的守護

木蘭的親友曾有機會到美國，聽說趙錫成週末在飯館端盤子，有人則親眼目睹，他們返台後好心催促木蘭勸先生早點回台灣：「錫成在紐約太潦倒了，當一個神神氣氣的船長多好，何必那樣委屈受苦？」

朱木蘭回應：「沒有關係，錫成是去念書的，留學生到餐廳做事很普遍，他知道自己在做什麼，我對他有信心。假以時日，他一定會做出一番事業的。」

當時，連趙錫成的老同學殷楠到了美國，聽說堂堂一位船長跑去端盤子，都不忍約趙錫成見面，怕讓他難堪。

木蘭不動如山，處處捍衛先生，支持他的夢想，她以深明大義和完全信賴，溫柔守護著趙錫成。

在趙錫成接獲父親離世的噩耗時，灰心喪志，衝動之下很想回台灣，也是憑著木蘭一封封撫慰的信，療癒了他的傷口，鼓勵他振作，繼續堅持下去。

「結婚後的十年間，我們聚少離多，對木蘭而言，生活無比艱難，但是我們內心都很樂觀，對未來始終抱著希望。現在看起來，當年所有受過的痛苦，都非常值得懷念，」趙錫成說，當初如果沒有妻子的定力和遠見，他的人生無法更上層樓，路也無法走得這麼遠。

一九六一年七月，朱木蘭帶著三位女兒從台灣啟程抵達美國。睽違三載，全家終於可以團圓了。從台灣出發前，朱木蘭帶著八歲的小蘭、五歲的小琴和牙牙學語的小美，從台北乘夜車到高雄，再搭船赴美。

趙小蘭在火車上，盯著窗外一幕幕閃現、倒退的風景，其中有她生活的美好回憶，十分難捨：「我對從小居住的台北有深刻感情，也喜歡同學和學校，離開台灣我很傷心，我非常珍惜在台灣成長的歲月。」

她對五歲以前的事情其實不復記憶，很多都是靠後來的照片「看圖說故事」才知道的，對爸爸的印象也很模糊，小琴和小美更甭提了。趙小美回想當年，言簡意賅的說：「基本上媽媽獨立養育我們，直到父親把我們接到美國。」

「因為媽媽的堅強淡定，所以安定了整個家，給我們安全感，我們沒有感覺爸爸不在家的遺憾，」趙小蘭說：「媽媽個性沉穩，勇敢帶著三個幼女，在台灣把我們照顧得很好。也許她心裡有波動也有低潮，但從沒表現出來。無論颱風、地震，她都不驚不慌，穩若泰山。」

搶救女兒，為母則強

只有一回，趙小蘭很清楚感受到母親的情緒。那一次，趙錫成已足足出海三個月了，朱木蘭接到船公司的通知，表示隔天趙錫成的船將在高雄港停泊。她興沖沖把當時一歲半的小琴託付娘家，載欣載奔的帶著小蘭從台北搭火車趕到高雄相聚。

到了碼頭，她左顧右盼，卻找不到趙錫成。原來，船公司臨時調派他去支援其他輪船，人早已啟程離開台灣了，但公司來不及聯絡家屬。朱木蘭輕嘆一聲，低著頭默默帶小蘭返回台北，到家之後連一口晚飯都吃不下。很多年之後小蘭懂事了，才領悟媽媽那時候的表情意謂著悵然若失和有口難言。

多年的聚少離多，終於要結束了。但這趟世紀團圓之旅得來不易，當時台灣飛美國的單程機票約一千兩百美元，是趙錫成月薪的四倍，而妻女可免費搭乘招商局自家的貨輪「海明輪」到美國，實屬萬幸。輪船中途繞道日本大阪及橫濱裝貨，然後到洛杉磯加油，最後抵達紐約，航程長達三十七天。

在船上，一切新鮮有趣。趙小蘭欣賞藍天碧海，帶著妹妹興奮的在甲板上跑來跑去，好奇的向船員叔叔問東問西，這段期間她也跟著船長學會了下棋。

船長徐際雲是趙錫成的學長及好友，特別邀趙家母女每天和他同桌吃飯。有一天晚餐供應牛肉湯，趙小蘭先喝完湯，想把寶貴且稀有的牛肉留到最後再吃，沒想到一轉眼碗盤居然被侍者收走了，讓她懊惱不已。

「海明輪」途經巴拿馬運河時，因天氣酷熱，老三小美突然高燒不退，昏迷不醒。那時船上僅有基本簡單的常備藥，壓不住病情。朱木蘭持續以酒精擦拭小美滾燙的身體，可惜無法降溫。全船人都焦急慌亂，卻無計可施。

木蘭處變不驚，把高燒昏迷中的小美放入浴缸中，不停換水，並用冷水毛巾為女兒降溫。她蹲在地板上久久不起身，活像一尊雕像，手托著在水中昏睡的小美，不眠不休的照顧。多年以後，在一個溫馨歡樂的聖誕夜，朱木蘭才含著淚光，首次向全家人傾吐她當時內心其實充滿了恐懼、焦慮與無助。

三天三夜過去，小美的身體好不容易逐漸降溫，她迷迷糊糊的睜開眼睛，清醒了過來，喃喃叫著媽媽。木蘭破涕為笑，她終於把女兒從生死關卡搶了回來。

就在船緩緩經過紐約自由女神像時，趙小蘭抬頭仰望粼粼波光上的女神像和

一九六一年六月，朱木蘭帶著趙小蘭（左）、趙小琴（右）和懷中的趙小美，從台灣搭乘「海明輪」貨輪赴美與趙錫成團聚。母女在海上漂泊三十七天後，才抵達紐約艾利斯島（下圖）。一九六一年七月十七日，朱木蘭和女兒剛抵達紐約，在「海明輪」的船長室，與久別重逢的趙錫成和友人拍下在美國的第一張合照，上圖左至右：輪機長、趙小琴、趙小蘭、趙錫成、朱木蘭、趙小美、船長徐際雲、趙錫成好友潘文淵夫婦。

岸上建築鱗次櫛比的大城市，心裡想著：「這是一個多麼神奇的國家啊。」船抵紐約時，剛巧又碰到濃霧，所以在港外多等了一天。「海明輪」船長徐際雲在木蘭下船前，熱絡對前來迎接的趙錫成說：「Captain Chao，嫂夫人真是巾幗英雄花木蘭啊，實在值得欽佩！」他笑容滿面，豎起大拇指連聲讚道。

歡喜團圓

等了一千多個日子，幾番折騰，一家人終於在美國團聚。「金風玉露一相逢，便勝卻人間無數」，這次相逢，比人間無數次相逢都更珍貴。興奮之餘，這一家人明白，必須盡快各就各位，適應環境。

趙家五口擠在紐約皇后區一房一廳的小公寓裡，夏天酷熱沒冷氣，小孩雜沓細碎的腳步聲常常惹惱樓下的老奶奶，附近環境也不算好，日子過得儉省清樸、錙銖必較。然而「此心安處是吾鄉」，對趙錫成來說，有妻女的地方才是他的心可以安定之處，也就是他的「家鄉」，所以再怎麼苦、再怎麼累，他都甘之如飴。

那時趙錫成白天身兼兩份職務，工作之餘，利用晚上時間攻讀學位，週末還需做些零工來補貼家用，當時近三分之一的收入要交房租，其餘則要應付全家的開

趙錫成與初到美國的妻子、女兒，在紐約皇后區牙買加八十五街租屋，這一房一廳的公寓十分狹小，但只要全家五口能守在一起，就是幸福溫馨的天地。

銷，朱木蘭仍堅持每個月撙節五十美元存款，以防不時之需。

開學日，趙小蘭永遠不會忘記第一天進美國小學，父親特地請假，緊緊牽著她的手，帶她到學校報到。趙錫成除了左叮嚀右囑咐，還細心幫女兒準備書包文具，打理一切。

趙小蘭到美國後繼續念三年級，「台灣的墊板是我最想念的東西！」她念念不忘這種奇妙便利的文具，不懂進步的美國為什麼找不到。

小蘭在台灣一直是非常優秀的學生，喜歡上學，即使下午要離開台北，她上午仍照常上課，因此一到美國也希望盡快入學，儘管當時連一句英語都不通。每天課堂上，她把老師在黑板寫的字依樣畫葫蘆「畫」下來，晚上爸爸再逐字翻譯、解釋，耐心教導她，陪她做功課。

剛到學校，小蘭一遇見老師就一鞠躬，以表敬意，美國學生並不明白這是中國的禮儀，覺得很奇怪，因此嘲笑她。學校裡都是美國人，很少看到東方臉孔，小蘭是唯一的外國人，黑髮黃皮膚又留著兩條長辮子，經常被當成「外星人」戲弄。但她隱忍著，很少跟媽媽抱怨，反而盡可能幫助妹妹們適應環境，暗自承受委屈。有時木蘭約略曉得小蘭被欺負了，既沒動怒，也不會氣憤填膺，只溫婉開導她：「他們做他們的事，妳就做妳的事。」

「有些同學對我們很刻薄，但是姊妹們可以自己玩。全家在一起，爸媽是那麼樂觀，能感受到他們對彼此深深的愛，讓我們感到溫暖有安全感，所以還是覺得很幸福，」趙小蘭說：「美國人的情緒比較外露，直接表達喜怒哀樂。我不記得媽媽曾經生氣尖叫，反而常常微笑。美國人喜歡把愛掛在嘴邊，但媽媽用行動來表現。」

趙錫成聽說女兒在學校的遭遇，鼓勵她：「小蘭啊，妳出生於台灣，在美國不可能當總統，但是妳只要努力，將來可以當部長。」大家都認為爸爸愛開玩笑，沒想到後來她真的成為部長，而且當了三任。

入境隨俗大考驗

入境隨俗，真是個大挑戰。趙家女兒們剛來美國的時候不懂得當地的節日，第一個萬聖節，一波波人潮扮鬼來敲門討糖，個個齜牙咧嘴、血腥恐怖，一開始她們嚇個半死，不敢開門，最後不得不開門應付，還勉強拿麵包打發人家，鬧了不少笑話。第二年萬聖節，小蘭和妹妹已熟門熟路學會了如何要糖，並且把成袋的糖果存了下來，足足吃上半年。姊妹的成長經驗不同，在美國出生的三個妹妹就沒有這種

一九九一年，趙小蘭（右三）時任美國交通部副部長，趙錫成（右二）全家拜會美國總統老布希（左四），並在白宮辦公室合影留念。

經驗，至今姊妹們還常常聊起當年的傻事，笑成一團。

到美國第二年的三月，小蘭過生日，朱木蘭買了美味的蛋糕並邀請同學一起慶生，等了很久，沒有任何一位同學來參加，小蘭非常失望，媽媽安慰道：「不必急，只要妳待人好，人家也會待妳好的。」

小蘭升上四年級時，學校同年級共有四個班，有一天她帶了幾位同學到家中做海報，原來是想競選級長。「這是不是快了一點？畢竟，她轉學來美國只有一年多，」趙錫成提醒木蘭：「妳有沒有跟小蘭說過呀？不要寄望太大，反而變成失望。」木蘭老神在在：「她說一切都有開始，總得先試試看，這次如果成功挺好，不成功下次再來。」

爸爸覺得小蘭年少老成，非常成熟，也就安心了。結果，她真的當選了級長。

「我的父母沒有在課業上催促或要求我，因為媽媽並不懂學校的事情，一切都是要靠我自動自發。有一次紐約大停電的晚上，我堅持要把功課做完，媽媽為我手持蠟燭，讓我有光線寫功課，」第二天上學，趙小蘭是唯一交功課的學生，老師替其他小孩緩頰，說是因為大停電的關係才沒寫作業，情有可原。「可是我還是交了功課啊！」小蘭心想。

由於小蘭的勤奮認真，很快就適應環境，而且一直保持優良的成績。不僅女兒進步神速，媽媽也很努力。

學英文是朱木蘭心中的第一要務。初到美國，她就抽空到公立學校選修專為非英語系國家學生所開的英語課，然而效果似乎不大，她又請不起私人家教，過一陣子就到外國教會參加禮拜，多聽多學。她皮包裡總是帶著一小本英文字典，隨時可以翻閱或背生字。

用智慧過日子

「木蘭剛到美國時經歷了很艱難的階段，語言不通等於既是啞巴又耳聾，」趙錫成指出，後來夫妻倆認識了教會懂中文的牧師和天主教神父，請他們在導讀《聖經》時，順便加強兩人的英語。神職人員非常熱心，很有助益，但關鍵還是得靠自己用功，木蘭把講道都錄音下來反覆聆聽，也同時認真聽英文錄音帶，勤學苦練。

木蘭一點一滴加強英文程度，差不多經過近十年才奠下基礎。老四小甫在讀中學時，還當小老師教媽媽英文，並出作業讓她做。趙錫成說：「木蘭聰明又用功，所以後來的英語還是不錯的。至少，她的發音比我標準。」

趙小甫認為，雖然媽媽剛一開始不會說英語，但是她很樂觀，且運用智慧過日子，例如她要幫孩子買鞋，就先叫大家把腳放在紙上、一一畫出腳型，剪好腳型再帶去商店買鞋，通常萬無一失。

媽媽為了適應環境所做的努力，女兒都看在眼裡。

「當年那麼年輕的媽媽，在語言不通、文化不同，甚至連街道名稱都搞不清楚的情況下，需要多大的勇氣和毅力，才能帶領年幼的我們在異國生存？」趙小蘭回憶到紐約初期，家裡經濟狀況不好，姊妹們接收了很多二手的玩具和衣服。因為小孩吃不慣美國食物，父母要特地去中國城才能買到少數中式醬料食材，媽媽必須以很少的預算，變出營養又美味的菜餚。

「我們物質缺乏，但是精神上快樂，因為全家人在一起，我們對未來充滿希望，」趙小蘭強調。

歡喜做，甘願受

後來隨著經濟環境改善，趙家生活逐漸寬裕。一九七九年趙錫成全家回中國一遊，女兒們才意外發現媽媽的另一面。

「在中國時，感覺媽媽容光煥發，眼神特別亮，她在旅館商店裡，幹練圓融的和人交涉，明快俐落的辦事情，如魚得水，彷彿變成另一個人，」趙小蘭描述。在美國生長的小甫平常和媽媽只說英語，她形容聽媽媽講中文是很奇妙的經驗，「她平常溫柔婉約，但是我看她在中文環境裡，什麼事都搶著處理，說話速度比平日快，極為自信果決。」

兩姊妹都覺得母親和在美國時迥然不同，才恍然大悟：媽媽為了孩子離開原生環境，來到一個非母語、沒有朋友、完全陌生的國家，這是多麼大的犧牲啊。

但女兒的貼心，一直讓朱木蘭「歡喜做、甘願受」，她回想剛從台灣到美國的時候，三個孩子和媽媽一天到晚黏在一起，她不方便獨自出門，後來小蘭功課鬆一點了，就跟她說：「媽媽，這個星期六妳出去玩一玩，輕鬆一下，妹妹我來管。中午不要回來，下午再回來！」

八歲的小蘭這麼體貼、懂得照顧家人，讓木蘭很窩心，感覺再辛苦都值得。

追求自我實現

趙錫成如此看另一半：木蘭結婚後就持家育女，沒再進大學繼續攻讀，一般說來可能會有自卑感，但她畢竟出身書香門第、有大家閨秀的氣質，依舊雍容大方。

孩子長大了，朱木蘭在一九八一年重返校園，至紐約聖約翰大學攻讀亞洲文學和歷史碩士學位，那年她五十一歲。

一九八三年夏，朱木蘭碩士畢業典禮那天，是趙家大喜的日子。她穿著紅色畢業袍，戴著碩士帽，喜上眉梢，家人歡欣的簇擁著她拍照留念，深以母親為傲。趙小婷說，「母親為了自我實現，走出舒適圈，攻讀碩士學位，她對於能夠重返校園求學極為興奮，五十三歲時終於實現了畢生想要深造的夢想。」

而她自己在婚後生了孩子，決定繼續進修，終於拿到哥倫比亞大學人類學博士學位，也是因為受到媽媽的影響。

這段重返學生時代的期間，朱木蘭每週三次開車往返住家和學校之間，不但沒缺過一堂課，甚至從未遲到。有天紐約值暴風雪肆虐，全教室只有教授和朱木蘭兩人出席，師生不禁相視而笑。朱木蘭在家手不釋卷、深夜讀書寫作業，和親友講電話也不能盡興長聊，在苦讀兩年以後，順利拿到了碩士學位。

「起初以為她只是排遣時間的旁聽生，後來看她也緊張兮兮的應付考試，才確定她是正式研究生。她從不缺席，筆記又寫得好，所以溜課的人都找她幫忙，」作家劉墉是媒體人、畫家，也是當年朱木蘭的同學，後來很驚訝的發現她竟是趙小蘭的母親。

在朱木蘭的鼓勵之下，趙錫成終於克服困難波折，在一九六四年六月取得聖約翰大學工商管理碩士學位，也奠下了之後創業的礎石。

朱木蘭的好學精神，是最具說服力的身教。老么趙安吉說，「我很嚮往內在強韌的女性，就像媽媽那樣。我從小就以她為榜樣，學到堅毅、樂觀和勇敢。」

安吉出生時，家中經濟環境已經很不錯，只是父母仍堅持「做事需有毅力」的原則，管教尺度從不放水。安吉小學四年級時，不想跟姊姊們一樣學鋼琴，就請求父母買一把法國號，好讓她參加學校的訓練班。母親正色回應：「只要是妳真心喜歡的正當要求，我們都支持，但一定要持之以恆，不能半途而廢。妳要想好喔，一旦開始，至少要堅持一年。」

為自己的決定負責

安吉豪邁的同意了，終於得到夢寐以求的法國號。殊不知當時她只有十歲，個子嬌小，法國號幾乎跟她同高，又是頗有重量的金屬樂器，她吃力的每週搬到學校參加三次訓練，舉步維艱，更別提要花多大力氣才能吹響它了。

媽媽聳聳肩表示愛莫能助，要安吉自己想辦法。趙小妹雖然幾次想打退堂鼓，但基於當初的承諾，只好硬著頭皮抱著這「燙手山芋」繼續堅持下去。直到整整三百六十五天終於期滿，安吉如釋重負，趕緊把法國號束諸高閣，從此不再聞問。

她扎扎實實得到一個重大教訓——必須為自己的決定負責，且必須堅持，不能半途而廢。

安吉幼年時有扁平足的問題，到了十多歲，她的脊背開始畸形發展，必須盡快矯正。醫生都認為即使矯正，恐怕也很難完全恢復正常，只有朱木蘭相信以女兒的自律，應該可以克服困難。安吉穿上了脊椎側彎矯正衣，在父母的鼓勵之下，加強運動。

趙錫成從小學開始打乒乓球，他認為運動是培養孩子品格絕佳的教育方式之一。運動員除了天賦，還需要有後天的勤練及本身的堅持。能夠持續不斷運動的人，通常也深具堅毅強韌的精神，所以美國一流大學挑選學生，特別喜歡在學業和運動同時有優異表現的孩子。

雖然運動很辛苦，趙安吉很認命的開始學習曲棍球鍛鍊身體，到頭來竟然當了全校的球隊隊長，東征西討，在威斯特徹斯特郡內被譽為常勝軍。

趙錫成分析：「雖然她身材不是很壯，但是頭腦靈活，以

> “人生最快樂的是努力的過程，而不是當你到達目的地的時候。
>
> ——趙錫成、朱木蘭”

智慧來彌補體力的不足。」

趙安吉穿了七、八年矯正衣，身體長期受箝制，悶熱不堪、難以動彈，尤其夏天在沒有冷氣的地方極不舒服，一度很想放棄，她委屈的跟媽媽哭訴。朱木蘭紅了眼，緊握女兒的手說：「如果可以，我真的願意替妳受苦。」

媽媽的話，深深感動了安吉。

「她後來矯正成功，所以我時常說，安吉可以做成任何事，只要她真心想做，」趙錫成驕傲的表示，安吉在哈佛大學只念了三年就以特優成績畢業。像她這樣的孩子，到處都可以工作，而且無論做什麼都能成功。

「爸媽常常說，人生最快樂的是努力的過程，而不是當你到達目的地的時候。在前進的旅程中，你樂觀、充滿希望，這才是真正的快樂，」趙安吉指出。

忍一時之氣，免百日之憂

至於趙家大家長的堅毅樂觀，除了太太木蘭，最清楚的人莫過於年紀最長的女兒小蘭了。

赴美最早的階段，趙錫成沒有人脈，一切靠自己拚命努力，才有機會贏得貴人的賞識而伸出援手。好不容易在招商局紐約代表處找到工作，前後約四年期間待遇微薄，這是他人生養精蓄銳之時，也是忍辱負重的階段。

身為基層雇員，他的主要工作是送往迎來，接待到紐約的訪客，幫他們搬運行李，就是「小郎」之職。有些「達官貴人」趾高氣揚，趙錫成經常得不到起碼的尊重，還要忍受對方的頤指氣使、耀武揚威，但他守住一個「忍」字，忍一時之氣，免百日之憂，眼前的事全都概括承受。他相信每人頭上有一片天，即使受人冷落，他始終不卑不亢。

就連當時不滿十歲的小蘭，都能感受到父親的處境：「爸爸是小職員，受到欺負，被人看不起，因為碰到了很驕傲的長官夫婦，連對我們都不太看得起。但爸媽總是說，只要努力，我們的前途是光明的。」

撐住，不要放棄

趙小蘭長大成人後走入政壇，在辦公桌旁最醒目之處，一直擺著父親江南老家的照片，那是有次全家回中國時拍攝的。農村黃土地上有兩隻瘦弱的小雞，旁邊立著簡陋的草棚。「當我遇到困難時怎麼辦？我看著照片，體會爸爸出身如此寒微，

真正的經驗是從困難中解決關鍵的核心問題，而得到成功。——趙錫成

卻能一路闖關，改寫自己的命運，最後得到成功。我身上流著他的血，如果他在當年那樣艱辛的環境中都能克服困難，我當然也可以。」

另外一張照片，是趙錫成看到家裡的貓咪神色驚惶的吊在一根桿子上，貓爪緊緊抓住桿子，深恐爪子一鬆就從高處掉落。他特別拍照給女兒看，「假如這隻貓不抓緊，掉落下來，一定會摔傷，」趙錫成說：「假如一件事很簡單、很容易解決，那妳非常有運氣，可是不會得到任何經驗，真正的經驗是從困難中解決關鍵的核心問題，而得到成功。年輕時看到困難總會覺得沮喪，殊不知這是成長的好機會。希望妳們遇到困難而必須解決時，一定要hold on，也就是要撐住，不要放棄。」

這張照片讓女兒們都留下了深刻印象，趙小蘭說：「我也經歷過非常艱難的時刻，十分難熬，我必須堅毅有耐力、不屈不撓的面對困難，但一切都值得，這是我從父親身上學到的。」

老四趙小甫也有同感：「有時生活中遇到困難，我總是告訴自己，我有父母的DNA，我一定能挺過去。」

二〇〇五年五月，趙錫成和趙小蘭共同在艾利斯島獲頒「艾利斯島傑出移民獎」，表揚美國移民的傑出表現和貢獻。這是艾利斯島二十五年來首次同時頒獎給父女檔，空前殊榮，全家人都引以為榮。

趙錫成因為講話有家鄉口音，學生時代從老家到上海讀書時，被上海人嫌棄；從台灣到美國留學時，也因講英語有口音，被美國人瞧不起。一路面對橫逆，他還是挺了過來。有次一位美國朋友跟趙錫成開玩笑：「嗯，你的英文有一點口音……」趙錫成不以為忤，自我解嘲：「是啊，我不但英文有口音，我的中文也有口音喔！」

二〇〇五年五月，趙錫成和小蘭在艾利斯島一起獲頒「艾利斯島傑出移民獎」（Ellis Island Medals of Honor），表揚美國移民的傑出表現和貢獻。這是艾利斯島二十五年來首次同時頒獎給父女檔，空前絕後，福斯（Fox）電視台還為此對他們父女做了特別專訪。

逆增上緣

回溯至一九八八年，趙錫成與中國船舶工業總公司簽署協議，向江南造船廠訂購兩艘巴拿馬型散裝貨輪，有助於中國打開出口美國市場的大門。

在中國造船，一直是趙錫成的心願，他希望能夠為自己出生的土地盡一點心力。但當時大家都在觀望，不敢率先冒這個風險，趙錫成基於滿腹的熱誠，身先士卒，成為第一個在中國下訂單的美國船東。

為了爭取訂單，剛開始名不見經傳的中國船廠報價比日本便宜，規格也比日本好。日本是海洋國家，造船技術歷史悠久，相當精良可靠，在業界有口皆碑，但價格高，規格也比較「儉約」，例如船殼鐵板的厚度盡量減省到最低，不像中國規格可以拉得較高，能增加鐵板厚度。

中國因值開放之初，造船工業剛剛起步，一切還沒上軌道。由於文化大革命時期某些不良習氣尚存，工人做事不夠嚴謹敬業、主管也沒太強的責任心，整體的造船工藝和水準不如日本。

趙錫成接收的兩艘新船，問題層出不窮，例如，「月梅號」在處女航就發生機艙漏水，進水的程度可以讓人游泳，因此被拖到德國漢堡修理了將近一個多月。雖然修理費可由保險公司賠償，但日後的保險費就因此漲了數倍；而且，這段期間的船期空窗損失也都必須自行負擔。另外一艘「心梅號」則是主機出現裂縫，接連狀況令人焦頭爛額，趙錫成只好咬著牙耐心的收拾殘局，勉力處理。

「真是搞得我心力交瘁，頭髮一下子白了很多，」趙錫成難忘這次慘痛的經驗，經常以中國俗語「吃得苦中苦，方為人上人」自勉。

不過，趙錫成深諳轉念的重要——做事可以失敗，但不能被打敗，即使碰到不好的事，也能在其中看出正面的意義。這次造船的缺失雖導致很大的損失和困擾，但他也因此獲得難能可貴的經驗，例如懂得日後在船隻交貨前，於第一時間就派出專業團隊仔細檢查驗收，務求滴水不漏的找出瑕疵，即時讓廠方改進，而不是在交船之後，碰到問題再亡羊補牢。

「出了那麼大的事情，趙博士也挺過來了，就會知道如果碰到類似狀況應該如何解決。後來在公司碰到疑難雜症時，他就是以這些過去的案例，給了我們很多靈感和方向，來處理今日的事情，」福茂集團上海分公司總經理潘亦舟說。

「每天都有新的挑戰出來，如果把這些挑戰當作是『不順利』，那日子就沒有辦法過了，」趙錫成指出，人們常說「挫折與苦難，是化了妝的祝福」，事發當下可能覺得沮喪，但如果把時間拉長來看，就可以領會「逆增上緣」——有時打擊和苦難，反而能激發人的潛能。

花開花落自有時

人有悲歡離合，月有陰晴圓缺，此事古難全。二〇〇一年，朱木蘭不幸罹癌，在人生的最後階段，她從容淡定的迎接了生命最大的考驗。她的堅毅，強烈撼動女兒們的心。有次趙小蘭想陪媽媽去醫院就診，朱木蘭卻滿臉困惑問道：「妳現在不是應該在工作崗位上嗎？妳肩負重任，國家和人民需要妳呢。」

木蘭么妹朱淮北在姊姊身邊陪病，每看一次姊姊在治療中所忍受的痛苦，內心都會崩潰一次；看姊姊腿與背部的皮膚因放射治療灼傷潰爛，她常另外找地方偷偷的哭。

「但姊姊是多麼勇敢堅強啊，她熱愛生命，熱愛她身邊的人。她堅定的與病魔相搏，承受苦痛。姊姊說，花開花落自有時，」朱淮北悲不自勝。

朱木蘭再痛也不吭聲，深怕牽動、影響身邊人的情緒。真正難耐疼痛時，就是緊鎖眉頭、肌肉抽搐而已，即便在治療期最辛苦的階段，也從不忘對醫護人員致謝，連護士都忍不住說：「趙夫人，您痛的時候不要壓抑，要喊出來，要讓我們知道啊。」

「生病的時候她受了很多苦，她受苦是為了把自己留下來，是為了我們，而不是為了她自己，」趙錫成心疼而不捨。

趙小甫認為媽媽之所以如此勇敢坦然，還有一個非常重要的原因是：「媽媽不怕死亡，她相信自己終將會回到主的身邊，因為她已遵循上帝的旨意，盡心盡力完成了主帶她到人間的使命。」

據說木蘭花是二十萬年前就存在於地球上的古老花種，至今活得堅韌挺拔而奪

二〇〇一年，趙小蘭（右一）在白宮橢圓辦公室與美國總統布希（左二）交談。在旁觀看的趙錫成（左三）與朱木蘭（右二），對女兒的表現甚感欣慰，兩人不禁眉開眼笑。

二〇〇四年，趙家夫婦與趙小蘭（左一）、趙安吉（右一）在白宮聖誕慶祝會上，與美國總統布希（右三）及夫人蘿拉（左三）合影。當時朱木蘭（右二）因罹癌持續進行療程中，仍勉力參加歡聚。她盛裝赴會、神采飛揚，外人察覺不出她有絲毫病容。

目。朱木蘭的名字有「木蘭」花，也有花「木蘭」的涵義，她的堅毅勇敢時刻鼓舞著女兒，趙小蘭表示：「我常常想到媽媽，而我是小蘭，又想到花木蘭是足智多謀的將軍，我們家女兒都會自稱為『女戰士』，來激勵自己。」

二〇〇七年，朱木蘭安息主懷，趙小美時值當年母親生養孩子、風華正茂的年歲，膝下育有兩個女兒，小女兒黃趙啟蘭（Jessica Ruth Chao Hwang）是特地隨母親的英文名Ruth取名的，她說，養兒方知父母恩，簡直無法想像母親當年經歷了什麼？「媽媽實在是十分了不起的女性，她對家庭的熱愛，她心中強大的內在力量、勇氣和堅毅，都令我敬佩。儘管屢次遇到種種困難和壓力，她卻始終維持著從容優雅和對上帝的虔誠信仰。」

趙小美想起自己當年在船上經歷的生死關頭，每每熱淚盈眶：「那時要不是母親的勇敢和堅持，今天我早就不在這裡了。我的生命不是一次，而是兩次……。媽媽，謝謝您！」

03

不求回報的利他哲學

二〇一六年四月，交通大學美洲校友會的校友們千里迢迢回娘家，為慶祝一百二十週年校慶，致贈母校「五校一家，同行致遠」石碑舉行揭碑儀式，海峽兩岸的五所交大，都各有一枚同款石碑。校友會一行人到了新竹交大時，贏得全校師生的熱烈歡迎。交大人何其幸運，一畢業就有五個母校。

「新竹交大能夠在台建校與發展，美洲校友會一直是最重要的支持之一，美洲校友是交大最堅實的後盾，」時任交通大學副校長的陳信宏教授不忘這段關鍵的歷史，一再重申。

當年交通大學在新竹復校，其實有一個關鍵性的無名英雄，因無心插柳而促成美事。雖然很少人知道他的功勞，但他不在乎，並以身為「阿楨」為榮。

一九八〇年，趙錫成回到睽違已久的中國大陸時，返回鄉下老家，舊日的左鄰右舍都驚喜的大喊：「哎呀，阿楨回來了！」如同往昔親友一看到他，就高興的說：「楨徒來了！」

「我的父母親都叫我『楨徒』，意思就是『傻瓜』，喜歡做吃力不討好的事，喜歡幫人家的忙，但是不一定有收穫，所以我的綽號是『阿楨』。」趙錫成笑道，剛開始覺得非常難為情，不過想到這是父親基於疼惜才叫的暱稱，後來也習慣了。

沒想到，隨著時光流逝，到頭來他變成名副其實的「阿楨」——一位不求回報的「利他主義者」。

二〇〇八年八月，時任中國國務院總理溫家寶為趙家親筆題字「積善之家，必有餘慶」橫幅送給趙錫成、朱木蘭夫婦，他以出自《易經》的佳言，肯定他們多年來默默行善，熱心公益，並祝福趙家福澤綿延，子孫賢達。

二〇〇三年，中國國務院總理溫家寶（右一）在北京中南海會見趙錫成夫婦與趙安吉，並於二〇〇八年八月再度會面之時贈送「積善之家，必有餘慶」橫幅，稱譽他們多年來的義行。

「溫家寶總理的橫幅，令我感激不盡，也感慨不已。」趙錫成突然想起當年祖父也講過同樣的話。

積善之家，必有餘慶

趙錫成的祖父是精通內外科的醫生，視病如親，長期以來照顧了很多患者，而且為人慷慨體貼，對家境清寒的病患，不收醫藥費和診金。

抗日戰爭爆發前，趙家雖談不上富裕，仍算是小康之家。後來時局動盪，家鄉遭日軍轟炸，趙家也難以倖免。一九三七年至一九三八年間，趙氏家族暫時避難到他縣村莊「趙屯邨」附近。這個古老不起眼的小鎮只有一條主街，開設了雜貨店、米糧行及藥店，在鎮的東邊另有一家中藥鋪。趙家祖父應邀天天在中藥鋪義診，免收費用。

這段期間，炸彈隨時從天而降，人人朝不保夕，心驚膽戰。後來日軍轟炸把小鎮毀成一片廢墟，巧合的是，東邊這個趙家祖父義診的藥鋪卻毫髮無傷，祖父當時就是以「積善之家，必有餘慶」形容這個奇蹟。

有其父必有其子，趙錫成的父親趙以仁，亦為慷慨行善之人。他擔任校長，深刻體會教育的意義和影響，因此特別注重家中獨子趙錫成的養成教育。一般鄉下農村子弟多半幹農活以幫助家計，很少人上學，趙錫成的父母卻相信「教育可以改變人生」，所以極力鼓勵、栽培他上學念書。

不但如此，趙父不僅獨善其身，還推己及人，懷著古道熱腸到各村逐家逐戶解釋教育的重要性，力勸家長們送孩子進學校讀書。如果對方經濟困窘，他就大方的免收學費，而且盡可能提供各方面的協助。他是居民口中令人尊敬的「趙先」。

即使家中白米不多，趙以仁看到沒吃飯的親友來訪，總是熱誠的招呼他們一起用餐。趙母許月琴沒有辦法，只好向鄰居借米做飯，然而鄰居的經濟情況其實也不太理想，有些自身難保。

趙母好不容易借到了米，結果趙父又邀請了三兩朋友來家裡吃飯。大家在飯廳談笑，她卻在廚房暗自沉吟發愁，不知道何日能把米還清？

歷史一再重演，趙父仍秉持「有福同享」之心誠懇待人，趙母雖然很為難，還是不忍拒絕，總是想辦法盡力成全先生的善念。樂善好施、慷慨助人的舉止，自然化為一種身教，深深影響著趙錫成。甚至可以這麼說，他的「阿楨精神」其實是其來有自，一脈相承。

「我父親的慷慨，真是了不起。一般人是有了才會給，我父親是即使沒有也願

一九三五年，趙錫成（上圖）攝於祖父母的壽房旁，時約八歲。趙家祖父（下圖）是地方仁醫，慷慨大方、濟苦救貧，對唯一的孫子影響深遠。

意給！」趙錫成回顧成長的來時路：「我雖然是獨生子，經過祖父和父母苦心的栽培，我比較懂事，不會嬌生慣養，也沒享受到獨生子的特權。我很樂意與人同享，不會只為自己著想，也相信團隊共同努力，成效會比一個人更大。」他深信雙親說的話：「別人最多只有兩三個兄弟姊妹，你只要在外好好交朋友，就可以有許多的兄弟姊妹。」

一脈相承的阿楨精神

正因長輩的循循善誘，讓趙錫成從一個調皮搗蛋的小孩子，漸漸變得知書達禮、循規蹈矩。父親除了常帶他到縣城、上海長見識，增加閱歷，也訓練他懂得聆聽，且能有條有理的表達想法。

「我特別喜歡分享，如果聽到積極正面、充滿希望的故事，就迫不及待的講給大家聽，常常博得滿堂采。這同時也訓練了我的口條和膽量，能在眾人面前侃侃而談，成為一個小頭頭，」因為小時候有這樣的經歷，趙錫成後來成家立業，在教養女兒們時也不忘效法父親，結果影響卓著。

趙錫成對所謂的「慷慨」，有他獨到的見解，他認為除了物質的分享，還包括

> 團隊共同努力，成效會比一個人更大。
> ——趙錫成

了精神的支持。

「物質方面，我在學生時代是比較貧窮的。為了籌錢讓我受教育，父母煞費苦心，對我恩重如山。我想減少他們的負擔，所以很努力用功，從高中開始就拚得獎學金，進大學以後則是全公費，省下的錢還可以買一雙皮鞋，」在那個時代，一般人都穿布鞋，能穿皮鞋者堪稱少數。幸好有這雙皮鞋，可以讓他在跟女朋友約會時派上用場。

趙錫成能和他人分享的物質或許有限，但在精神方面卻十分慷慨。「精神的能量更大，與人分享愈多，出乎意外的，收穫也愈來愈豐碩。我從祖父和父母身上學到了慷慨助人的重要，只要可能，我總是樂於幫人家忙，絕不吝嗇，也不求回報。」

趙錫成的好哥們陳樂善就是一個例子。陳樂善出身高貴，祖父當過大官，是清朝的道台，因此家境一直很優渥。陳家長輩很欣賞趙錫成品學兼優，又懂得應對進退，希望樂善和他多多相處，見賢思齊。因此有很長一段時間，趙錫成吃、住都是在陳家，陳家人待他如上賓一樣。

「精神上，我相信自己對樂善幫助很多，比如我不藏私，樂意分享讀書的訣竅，激勵他用功上進，指導他申請找工作容易、待遇也高的航海學校，最後成功讓他穿上海軍軍官的制服和大蓋帽，」趙錫成表示。當他們倆站在一起，親朋好友都說看起來像雙胞胎，同樣英挺神氣。

趙錫成發現：在教導同學的過程中，他的頭腦反覆整理複習所學的東西，思慮比先前深入周延、邏輯也更清楚，說出來有條不紊、言之成理，不僅對方聽懂了，自身了解得更加透徹，真是利人利己。

不忍人之心

當年身在敵日淪陷區，任何有民族自尊心的愛國者都深感國恥。趙錫成是懷著滿腔理想抱負的熱血青年，那時讀書的目標十分明確：為了不當亡國奴，為了民族生存，願盡匹夫之責。

抗戰勝利以後，趙錫成在船上實習，經常航行到日本，目睹他們戰後的蕭條與淒慘。只見日本到處都是賣娼的女性，他觀察她們工作之餘在飯館吃飯，常常只有一碗白飯配著一條醃漬黃蘿蔔，偶爾再加一條小魚，非常寒磣。食堂牆壁上掛的黑

一九四九年四月底，趙錫成剛修完大學課程，準備上「天平輪」實習前與父母合影，這是全家最後一張合照。趙錫成本以為與父親只是暫別，不料竟是永別。由於中國局勢丕變，骨肉分離二十三年後，母子才得以團聚。

板也寫著「某某某欠雞蛋一枚」，可見其窮困艱辛。

許多中國人可能認為日本人罪有應得，但是趙錫成卻心存悲憫：「日本人的本性謙恭善良，戰爭是少數野心家闖的大禍，同時，環境造成了當時的局勢，日本成為列強之一，中國卻相對羸弱，因此促成日本野心家的暴行。戰爭沒有真正的贏家，無論戰勝或戰敗，其實受創最深、受害最大的，都是一般老百姓。」

他的不忍人之心，已超越了種族和國界。這算不算也是一種「阿楨哲學」呢？

後來到台灣，趙錫成上船工作。有次出任務的貨船到地中海哥倫布島，因發生水災無法卸貨，但又必須趕下一趟任務，老闆就發電報指示趙錫成盡快轉往哥倫布北邊一個小港卸貨，而那時根本沒有這個港口的「海圖」。

海圖是航海不可缺少的參考資料，涵蓋水深、岸形、島嶼、礁石、航標等資訊，根據它航行，船隻就不易擱淺。趙錫成以測量方式自行繪定航線，和同仁航行兩天一夜才抵

> 金錢是一個工具，至於如何運用，巧妙存乎一心，就看我們如何選擇。
>
> ——趙錫成

達，終於順利達成任務。趙錫成為了慰勞辛苦的船員，發獎金給他們。沒想到事後跟老闆報帳，老闆只對他口頭嘉獎並承諾有機會必定升他為船長，獎金之事則絕口不提。

發給船員獎金，老闆卻不認帳，趙錫成只能獨自扛下來。許多船員為他抱不平，想退還獎金。趙錫成感謝他們的美意，但婉拒收回獎金。他告訴同事：「我有這個能力發獎金，已經很值得感恩，希望大家一起繼續努力。」

當時獎金大概花了趙錫成一個月的薪水，「不過，換來了船員對我的尊敬，這遠遠超過了我一個月薪水的價值，所以我內心非常高興。」趙錫成告訴太太朱木蘭這件事，她笑容燦麗的稱讚：「你父親之所以叫你阿楨，你的這個『楨勁』是真的好啊！」

太座的肯定，讓趙錫成心花怒放：「妳這句話的價值，比我一個月的薪水還高過好多倍。」

楨勁十足

他想到《聖經》裡有個故事提及：把錢埋在泥土裡面，可以一成不變，不過，

趙錫成攝於招商局辦公室。在此他負責送往迎來，雖然事務龐雜、待遇微薄，但建立了人脈，為他日後創業打下穩固的基礎。

也就不會成長。「金錢是一個工具，掌握以後必須運用，至於如何運用，方法不同，巧妙存乎一心，就看我們如何選擇。」

有朋友好奇的問他：「這麼不跟人計較，是否曾被人背後捅一刀、苦嘗人情冷暖呢？」

趙錫成並不諱言：「在所難免啊，我從一個偏遠農村出來走到今天，早就不知受過多少次的打擊，每一次都足以將人打倒。假如我太當真，就會寸步難行，也到不了今天了。但是與其為了別人的錯誤而自憐，不如選擇放下，好好過自己的生活。」

一九五八年趙錫成到了紐約，開啟人生的新篇章，他半工半讀，在招商局四年左右，學到很多，由於有實際的工作經驗及人脈關係，又熟悉航運的操作，因此也在一九六四年獲邀合作創立福茂航運公司時提供不少助力，業務鼎盛。那時他年紀尚輕，公司高層認為他少年老成，很有潛力，相當器重他。趙錫成的職位也逐步高升，更增加了他的信心，認為自己可以做一番事業。

「然而，我只是公司的經理，公司實際控制權操縱在香港跟台灣的五位船東手中，直到一九六九年，公司旗下的輪船出事，事情鬧得太大，震昏了五位香港和台灣的船東。」

那是一九六九年十二月，美國海灣有一艘從國外來的貨輪，把一艘滿載水上浮筒的美國國家海岸巡邏隊（US Coast Guards）小拖輪撞翻了，拖輪上有二十一人，只有三位逃生，其他人都不幸罹難。

後來證實，那艘貨輪就是福茂公司船東所屬的Helena輪船。船員代理行驚嚇過度的求救：「這個禍闖得太大了，我們也不知道怎麼辦。」他們一籌莫展，趙錫成馬上搭飛機前往處理，很快的到達船上，當面了解事故發生的來龍去脈。

船長是趙錫成的朋友，經驗老到、非常資深，卻一邊講話一邊發抖，深怕出了人命而被逮捕入獄。趙錫成安慰船長：「不用急，一切我來處理就好。」

原來船從日本運載四百多輛汽車，駛進了密西西比河，就按照規矩申請領港，把船依原定航程開到紐奧良後方的一個港口卸貨。誰知船卸貨後，有一艘滿載水上浮筒的小拖輪，沒有保持安全距離、疾速從船前駛過。因為船身龐大，尤其是空船的後部裝了可穩定重心的壓艙水，所以船頭顯得特別高，船長在駕駛台上，視線所及根本看不到小拖輪從船頭前駛過，因此就撞上了。他還加了一句：「哎呀，當了一輩子船長，這次真是倒楣極了！」

趙錫成一聽，研判事故責任不在船長，而是小拖輪，所以不斷安撫、請他鎮靜，並答應全權負責。趙錫成因總攬此事，很快的被拔擢為總經理。福茂的五位船東又考慮到這個重大事故可能面臨天價賠償，再加上全球金融危機來勢洶洶，為了避免後續官司和糾紛，決定快刀斬亂麻，全部退出，每人以一美元的價格，把手中的股份轉讓給趙錫成。

因禍得福

趙錫成毅然承擔風險，沉著應對，多次和律師商議討論，找出有利己方的論述和證據。

Helena輪船的官司和美國政府訴訟了一年半，終於勝訴。因為船頭的油漆在事故中嚴重受損，還獲得美國政府二十八萬多美元的賠償金，圓滿結案，賠償金額甚至比整艘船當時的市值還高出近九萬美元，本來於情於理，趙錫成都可以留下這筆錢，他卻全數交還給台灣和香港的船東們。

「一九七〇年代初的二十八萬美元不是小數目，但我還是規規矩矩全數交出。對我而言，是做了非常值得自豪的事，這也是木蘭鼓勵、囑咐我這麼做的，」趙錫成驕傲的說。

「阿楨」果然是「阿楨」，趙錫成的厚道大器，背後有妻子對他的全然支持，也

趙錫成夫婦攝於福茂公司初創時期。朱木蘭雖沒有在公司任職，但她是福茂的心和靈魂，總會在公司的運作上給予最智慧的建議。

由於兩人心靈契合，才發展出這種令人難以置信而不得不佩服的「阿楨哲學」。

趙錫成的女祕書後來問他：「你幫公司做得這麼好，為何他們沒有給你獎勵？」「他們已經把公司送給我了！」趙錫成的答覆，惹得祕書哈哈大笑。

「父親是果決、有判斷力與勇氣的人。他從股東手上接下船公司所有股份，也是因為他有勇氣去承受船出事的善後工作，」趙家長女趙小蘭說。

趙錫成接手福茂航運公司後，成為赴中國大陸造船的先行者，不僅投下巨資，爾後也促進了中國造船技術的精進與改良，對當地造船業影響至深，貢獻極大。等中國造船廠的技術達到一定水準之後，他還穿針引線，介紹多筆生意給他們，而且不收任何佣金。這不是「阿楨」是什麼？

若想印證趙錫成的「阿楨哲學」，另一個典型的例子，莫過於他對交大校友會的奉獻。

趙錫成是交大校友，以身為交大人為榮，事實上，他除了是交通大學美洲校友會（簡稱交大美洲校友會）的熱血董事長，也是交大在台復校的推手之一。

趙錫成指出，交大校友會在他心中的地位很特殊，他於一九四六年考入上海交大駕駛科，那時孤身一人，身邊沒有親戚也沒有錢，但在學校期間是他人生中最快樂的時光；他也是在交大讀書時，遇到了自己一生的摯愛朱木蘭。

後來交大駕駛科雖併到國立吳淞商船學校改為航海科，趙錫成仍然被視為交大校友。

「我是來自上海鄉下的『貧下中農』，因為考上了交大，從鄉下人變成交大人，若不是這樣，世家千金小姐可能不會看上我，」趙錫成一再感謝交通大學改變了他的人生。

以身為交大人為榮

趙錫成、趙家大女兒趙小蘭、么女趙安吉一門三傑，皆獲交通大學名譽博士學位，趙安吉透露：「雖然我們姊妹都就讀美國常春藤大學，但交大才是趙家心目中永遠排第一位的學校。」

交通大學起源於一八九六年創辦的上海南洋公學與山海關北洋鐵路官學堂；一九二一年改稱交通大學；一九三七年改為國立交通大學。一九四九年國共戰爭，國民政府遷台。

交通大學美洲校友會一九四三年創於洛杉磯，一九五三年擴展到紐約。一九五〇年代左右校友們開始研議，有心協助交大在台灣復校。鑑於清華大學已成立「原子能研究所」研究核子科學，但與核子研究極為相關的電子研究仍付之闕如，因此力倡在台成立交大「電子研究所」，之後校友們就成立了籌備委員會。

一九五八年交大在新竹正式成立電子研究所，奠下復校的基石。一九六七年，電子研究所改制為工學院。一九七九年，恢復校名為「國立交通大學」，分設理、工、管理三學院。二〇二一年二月，國立陽明大學及交通大學合併成為「國立陽明交通大學」。

促成交大在新竹復校，是交大美洲校友會的一大功績，其中，趙錫成是最不為人知的功臣之一。

「我跟交大的關係，實在是太密切了，尤其是到了美國以後，就和交大校友會聯絡上，得到學長們許多幫助及鼓勵。交大畢業生多半學理工科，赴美後較容易找到工作，生活較為安定，因此交大美洲校友會不光是最早成立的華人校友會，從一九三五年就開始舉辦聚會，而且是最活躍的。」

當年招商局為聯合國完成一項如今已不可考的特別任務，於是聯合國提供了近三十萬美元，鼓勵台灣恢復航運事業。早年交通大學設有航海科，與航運息息相關。因為那時三十萬美元數字很大，招商局的駐紐約代表周賢言、業務組主任程威廉兩位都是交大老前輩，得知這筆經費的消息，加上交大美洲校友會積極倡議，就在校友會告知大家，並想辦法爭取為復校基金。

交大美洲校友會力量強大，一九五〇年代已蓬勃發展，所以想聯合海內外校友會一起爭取這筆經費。但當時國內競爭非常激烈，清華大學、中央大學也都想爭取在台復校。

聯合國這筆錢的用法，需經過台灣招商局、招商總局、交通部、再報外交部，外交部再告訴駐聯合國大使劉鍇，一個圈子兜下來，程序至少要跑一個月，聯合國負責此案的人等不及了，就直接問了趙錫成意見。

無名小卒的臨門一腳

趙錫成在招商局雖然只是小員工，但是腦筋好又勤快、實務經驗夠，每個人都叫他「小郎」，喜歡找他做事。他是船運出身，又當過船長，其他人不懂船，所以得完全靠他。

「因為經費非常缺乏，想恢復一所大學非常之難，建議暫緩復校。如果復校的話，程序複雜，需經政府層層審核及批准，經費也十分龐大。不光是交大，其他許多大學也都會有復校的訴求。假如先成立一個研究所，開始做了再繼續成立其他系所，就比較容易，」趙錫成如此分析，說得頭頭是道，沒想到對方後來就依他所提議的做了。

劉鎧事後生氣追究：「聽說有一個中國人提意見，是誰？」這其中曲折知情的人並不多，因情勢所逼，趙錫成那時噤聲，不敢再多講，畢竟他只是一個小小雇員，沒什麼立場說話。

「我才發現這下子可闖了大禍，我的職位差點不保，」趙錫成心存餘悸：「因為我沒有經過正式管道就直接發表意見，這是中國官場上的大忌。他們先是打聽這個主意是誰出的？是誰跟聯合國表達這個意見？又問誰是姓趙的？一連串問題把我嚇得魂不附體。」

周賢言代表很欣賞趙錫成，所以力保他，幸好後來事情發展順利，他沒被追究。不過對趙錫成來說，也算學到了一門功課——必須尊重組織的體制、層級的關係和工作的倫理。

交通大學在台復校的影響無遠弗屆，交大在過去幾十年，培育優秀的科技菁英，對我國高科技產業的影響及貢獻有目共睹。交大在半導體和平面顯示器工業的發展上，可謂開創者。交大首設電子研究所，培養半導體產業所需人才，奠定了台灣半導體產業的基礎。

二〇二一年，交大校友會Facebook指出：「交通大學在台灣六十三年來，已培養近十萬『交大幫』，在台灣電子產業中持續引領創新創業，形成不容撼動的影響力。在陽明、交大合併之後，對電子業與醫療業的人才培養、科研發展與產學合作，可望有更大的貢獻……」

今日的豐收，其實是來自昔時故舊的兩肋插刀、傾力相助。

趙錫成之後離開了招商局，仍熱心參與交大校友會，亟思反饋學長和母校。

熱情投入校友會

一九七〇年代前後，台灣的航商都到美國發展，開辦代表處，當時有一個中國航商聯合組織叫「航友社」，趙錫成在當航友社副主席任內，表現十分出色，爾後就成為航友社的主席。

按照航友社的慣例，每個月的第一個週一舉辦餐會，本來大家只是說說笑笑，交際一下，吃頓飯就了事。趙錫成認為這種活動形式有點浪費時間，因此他一接任主席，除每次聚餐照常進行，必邀請一位在業界內外有名望的人士演講，讓大家可以吸收新的資訊和觀念。由於此舉深受大家歡迎，後來參加的人數愈來愈多，不得不換到更大的餐廳舉行。

「年輕的時候，我非常喜歡和人互動，參加各式各樣的聚會。人家請我講話，我也從不推辭，希望廣結善緣、彼此切磋，」趙錫成說：「我很認真，所以每次人家請我講話，事前一定用心準備，務求言之有物，也督促自己不斷進步，想法要跟得上時代。」

一九七〇年，交大美洲校友會在加州舉行第一屆大型活動，大家商定，此後每五年舉行一次海內外校友大聚會，接著一九七五年在華盛頓舉行。一九八〇年，王安電腦的創辦者、也是傑出校友的王安博士在波士頓舉行了交大校友的海外聚會，趙錫成自告奮勇，負責邀請中國大陸四個交大，包括：上海、西安、西南、北京，以及台灣新竹的交通大學校長赴美參加。

一九八五年，五位交大校長來美國洛杉磯開會，但台灣和中國大陸的校長互不搭理對方，氣氛尷尬，趙錫成認為學術界最好不要牽扯到政治。王安指定趙錫成接任校友會的會長，那時他年紀輕，也沒什麼事業的基礎，但王安信任他，清楚他在航友會的表現，學長潘文淵尤其支持，大聲力挺：「趙錫成可以當大任的！」

這段時期，交大美洲校友會正在籌備第五屆盛會，希望能有所突破，趙錫成獲選為交大美洲校友會董事長後，負責策劃一個特別且盛大的「五年大團圓活動」。

從一九八九年開始，他足足當了十一年董事長才交棒給年輕一代。在這段期間，趙錫成做事鉅細靡遺、設想周到，加上熱心誠懇、出錢出力，因此辦了許多成功的活動，校友之間莫不口耳相傳。

「我在校友會裡，得到的恩賜很多，老前輩們幫了我很多忙，我也盡量替校友會效勞，算是跑腿頂多的，所以獲得老前輩的欣賞，」趙錫成說。

一九九〇年，趙錫成舉辦為期三天兩夜的交大美洲校友大團圓活動，他邀請了海峽兩岸五個交通大學的校長與會，進行破天荒的學術交流。雖然中國大陸跟台灣關係微妙，但在此時至少不會出現「你來我走，我來他避」的尷尬場面。這場學術交流盛會參加者多達五百人，不僅讓與會者進一步認識美國，同時也展開了兩岸交大與美國學術、政治上的交流，可謂大獲成功。

三通未通，交大先通

接下來，本來應該在一九九五年辦的大團圓活動，為了配合交大百年校慶，延了一年。一九九六年，趙錫成拉大格局，把兩岸五所交大串聯起來，在美國召集一百多位同學分別訪問新竹、上海、西安、西南及北京五所交大，歡聚一堂，這是

「三通未通，交大先通」的創舉，更深遠的意義是：它被喻為開創兩岸三通之「首航」。

為了辦這場大活動，籌備時間前後長達兩年，其間舉行多次籌備會議，每次開會平均約三個小時。趙錫成不但全程參加，太太朱木蘭也陪著來。其實願意來參加會議的眷屬非常少，因為對局外人而言，其過程和內容實在是太無聊了。趙錫成和朱木蘭仍夫唱婦隨，無役不與。

有一次開完會，朱木蘭笑笑的跟交大美洲校友會前理事長陳亮潔說：「你知道嗎？我們開籌備會的時間比他開公司董事會還長！」

為了開籌備會，趙錫成的確每次都當成自己公司的董事會在準備與進行。開完會之後，晚上還會打電話追蹤，確認每個幹部都知道自己應該做的事。

身為主要的發起人和推動人，趙錫成必須做足準備。由於五校一體的活動，跨越美國、台灣、中國大陸，當時在政治上頗為敏感，必須殫精竭慮、步步為營，而這也是最大的困難所在。

「雖然不是政治活動，可是牽涉了很多政治上的問題，我們必須逐步克服。第一步，我先去中國大陸見了時任國家主席、我們交大的學長江澤民，跟他報告我的目的、做法及期盼，他馬上一口答應，並且吩咐中國工業總公司時任外事局經理的陳小津先生盡力從旁協助我。」

得到這個承諾，等於有了好的開始。之後，趙錫成再到台灣拜會總統李登輝，陳述同樣的想法、方案和期盼。但是李總統笑而不語，既沒給實際的答覆，也沒有反對。

「沒反對就是好事！」雖然不能百分之百肯定，感覺輕舟已過萬重山，於是趙錫成繼續積極進行。值得慶幸的是，當時副總統連戰非常支持這項活動，也獲得時任新竹交大校長阮大年的鼎力相助，因此進展非常順利。

其實，若沒有足夠的成就、分量和人望，怎能直接面見兩岸的領導者？然而，趙錫成從不彰顯自己，只是默默安排，低調進行。

「美洲校友百年大慶巡迴大團聚」這樣大規模的活動，勢必擬訂縝密的計畫，趙錫成是總其成的交大美洲校友會董事長，也是最終負責人，又另設幾個委員會，其中，會長鄭國賓及郭思平等校友，盡心竭力，功勞極大。

「這次活動有許多學長的幫助才能順利進行，其中一位是比我高兩屆的鄭國賓學長，大部分的事情都由他擔當下來，比我做得更多更好，」趙錫成一一點名：「另一位就是郭思平學長，他的夫人錢萍女士與木蘭感情深篤，是很好的助手。為了舉行大團圓活動，我們有好幾個月幾乎每個星期都開會，事情雖繁雜，可是我們

一九九一年，中國總書記江澤民（右）在北京中南海接見趙錫成（左），嘉許他在中國率先造船。福茂集團是最早到中國船廠下造船訂單的外國企業之一，對中國造船業及航運業的發展有極大貢獻。江澤民也是交通大學的校友。

合作得非常愉快。」

開籌備會時，幹部常常在趙家開會、吃飯，陳亮潔說：「他們夫妻很好客，學嫂親自做菜，熱情款待。趙學長說，在家裡吃飯，肯定不會放味精。」

開會期間，趙錫成公務仍舊很忙，經常飛往中國大陸或其他國家出差，有時候週五晚回國，週六就來參加會議。

「那陣子，我們都在鄭國賓學長的辦公室開會。有一次趙學長會前打電話說晚一點到，開會時一切都很正常，會後他才告訴我們晚到的原因。原來前一天，他下飛機後到停車場的途中被搶劫了，皮箱裡的五千美元也被搶走，當時這不是小數字，後來報了警，」郭思平說，要是一般人可能心情受影響或急著處理善後，沒想到週六趙學長仍依約前來，「因為這個會議很重要。」

「在此情況下還來開會，讓大家很敬佩。這件事很難想像，我一直忘不了。趙學長真的非常重視交大校友會，」郭思平對此記憶猶深。

海內外大團圓

這次大團圓活動，路線的規劃是從紐約出發，然後到台灣新竹，再到上海、西安、成都，最後抵達北京，前後時間將近三週。從紐約出發到台灣及中國大陸的同學約一百多位，都屬於美籍華人校友。到了台灣新竹，有很多在台灣的美籍校友加入隊伍，在香港轉機，再飛上海，最後到中國大陸的總人數超過兩百多位。

他們浩浩蕩蕩，每到一處就大慶三天，除了校友交流、參觀校區以外，也遊覽當地的風景名勝，最後，在北京獲時任國家主席的交大學長江澤民接見。

「我們在人民大會堂歡慶、聚餐，而且募集了一百多萬美元，捐給五個母校。這次創舉參加者共計五百多人，當時所有的重要報紙都刊登了相關報導，」趙錫成回憶。

美洲校友一百多位成員裡面，有年逾古稀的老學長，帶著自己僅兩歲的兒子；也有單身的年輕一輩，一場活動下來，結成連理的佳話居然不少。

幸運的，一路上平安無事，只是有一次在西安，因為天氣炎熱，大家都去買西瓜吃。「我太太發現西瓜攤上面的一塊抹布並不乾淨，要我勸告大家不要買西瓜，但部分吃了西瓜的同學還是腹瀉了，幸好恢復得很快，」趙錫成下了結論：「總體而言，這次的旅行十分圓滿愉快。」

在成都的時候，一群人搭纜車上峨嵋山遊玩，山上有很多猴子，恣意跳到遊人身上，一點都不怕生。陳亮潔趁機幫趙錫成拍了一張他被猴子環繞的照片，忍不住笑說：「平常看趙學長覺得他很嚴肅，跟這麼多猴子在一起，就不會了。」

有人問：趙錫成在百忙中傾全力協助交大校友會的活動，是基於什麼動機？所求為何？

重然諾，守信用

「受到母校這麼好的教育，我學會做人之道，因此，對母校總是心存感激。交大人才輩出，幾位領導人都是知名人物，我是在中國大陸最後一班的小弟弟，承蒙前輩器重，我當然義不容辭，」趙錫成有感而發：「況且，我到了美國以後，經過許多困難，受到交大學長的幫忙、提攜，才慢慢立足下來，我希望能夠回報。」

在校友會出力甚多的大將之一郭思平指出，趙學長只要答應做一件事，一定是言出必行。「他非常重然諾、講信用，絕不會開空頭支票。如果他說可以辦到，那就是九九．九九％可以達成，剩下的〇．〇一％則是不可測的變數。」

趙小蘭十分同意這個說法：「父親答應他人的事，總是全力以赴。」

郭思平舉例，為了記錄這次創舉，校友會打算出紀念冊，讓無法與會的校友同享歷史性的歡聚。趙錫成認為：「要做紀念冊很好，但是我們既然花了功夫，就要讓它更有價值，可在美國國會圖書館註冊。」沒想到過了幾個星期之後，校友會就拿到了註冊條碼，學長做事的效率讓郭思平心服口服。

而趙錫成與人溝通的方式，更值得後輩仿效。為了辦大團圓活動，陳亮潔編完一千七百位校友的通訊錄初稿後，請趙錫成過目。

「你編的初稿我看了，很好，」趙錫成朗笑稱許，繼而話鋒一轉：「但是為了證明我看過，我還是要提供幾個小小建議……」

這番話「先肯定、再品評」，讓陳亮潔聽了很受用，欣然接受批評指正：「所以我太太一直提醒我要學習趙學長說話的藝術。」

對朋友的讚揚，趙錫成謙稱「自己仍在學習」，不過他完全認同講話確實要有藝術：「就像我太太時常講的，要『廢話少說』、『實話實說』。」

人和的藝術

一般交大校友在美國灣區、加州或其他的大公司服務，表現出類拔萃，他們最想知道的不外是如何在組織內進一步展現自己的才華。陳亮潔則是少數在美國創業的交大人，當初他一個工程師充滿雄心壯志想創業，卻什麼都不懂，只好跑去求助趙學長。趙錫成有勇有謀，那時早已事業有成，就以過來人的經驗現身說法，而且有問必答，讓陳亮潔獲益良多。

趙錫成分析：華人非常聰明，有足夠的智慧可創業，可是創業還需要另外一個條件，那就是「人和」——要有人協助。獨木不成林，要有好的團隊，才能把事情做好。他認為華人普遍有第一點，但仍需加強第二點，如果兩者都能具備，就沒有問題了。

在美國社會中，語言的交流尤其重要，華人對此相對不太重視。中國的舊習慣「少言為貴」，在美國社會卻行不通，因為你如果不講，人家可是講個不停的。「必要時，你甚至需主動打斷別人的發言來積極表達自己的意見，這並沒有不禮貌，反而是美國社會推崇的表現方式。當他們聽到你發言精采，自然而然會側耳聆聽，你就達到目的了，」趙錫成分享多年來的心得。

此外，中國人講「士農工商」，把商排在末位，還認為「無商不奸」，這些都是中國傳統的古老觀念，現在世界趨勢已經不同，相信未來的創業者會愈來愈多。

「如果你在技術方面有新的構想，就要想辦法先做出來，再把技術和商業結合在一起，創造商品和價值，」趙錫成表示，創業需要先有構想，培養創業的興趣，努力工作，累積專業知識和經驗，增加信心後再開始創業，這是基本原則。不過，

如果你在技術方面有新的構想，就要想辦法先做出來，再把技術和商業結合在一起，創造商品和價值。——趙錫成

開始創業這個階段，風險也是在所難免，此時可用中國人「有志者事竟成」的金科玉律，來勉勵自己堅持下去。

身為第一代華裔移民，趙錫成的成功讓人羨慕，大家想知道他當年如何克服語言的障礙？

善於溝通讓人成功

「要融入美國社會，語言的溝通真的非常重要，」趙錫成再次強調，他在剛到紐約時，因為講英語帶有鄉音，自認是很大的缺點。在讀工商管理碩士（MBA）時，語言就是最大挑戰。

「可是，我可以把缺點變成我的優點。例如，我放慢講話速度，我說的英文就能讓美國人聽懂；兩個眼睛盯著對方看，對方也不能不看我，」趙錫成說：「其次，我的態度非常誠懇，他們很樂意和我交流；第三，我常設身處地為他人著想：我能幫什麼忙嗎？我可以滿足他們的需求嗎？如果能夠

做到這些，你用不著找他們，人家會主動來找你的。最後，要有勇氣和決心解決問題和困難。」

趙錫成也針對交大人提出建議：一般交大人都比較謙虛低調，做事很努力，尤其是理工科的人，往往埋頭苦幹，只在乎把事情做出來。但是更重要的是「you have to make yourself known」，要讓人家了解你，你必須懂得如何向他人解釋，必須說服他人。而這也是趙錫成的學長教他的心法，陳亮潔聽了深受啟發。

除了傳授工作訣竅，趙錫成也不時苦口婆心的提醒後輩婚姻對人生的影響：「有一個好的伴侶，是人生最重要的精神寄託及幸福。」

有一次開會，趙錫成拿相機要幫大家拍照，太太朱木蘭輕聲提醒他，鏡頭上的蓋子忘了拿下，還連說了三次。

「學長很開心的告訴大家，我趙錫成能做一點事，都靠太太在一旁的指點，」陳亮潔當下聽懂了，原來「做事想要成功，就要娶一個好太太」。

而趙錫成常說的，「我們應該以身為交大人為榮。是交大人，就能夠做其他人不能做的事，要走在人前，成為領航者，」也讓後輩感到非常勵志。

交大美洲校友會除了舉辦活動，更在五個母校設立獎學金，並促成五校相互承認學分，鼓勵學生到不同母校讀書，共享資源。今後則鼓勵美洲校友強化和「社

愛侶朱木蘭過世之後，趙錫成（左四）對她最重視的教育事業心心念念，繼續捐資支持海洋教育的各種設備。此圖攝於紀念朱木蘭而命名的上海交大「木蘭船建大樓」落成命名典禮。

區」的關係，畢竟已移民到此處落地生根，不再是過客，如果更努力融入在地，熱誠的付出，這將是安身立命的好地方。

「要不斷提高自己被利用的價值！」陳亮潔說：「趙學長的例子，一直給我們很多激勵和啟發。」

與人為善的利他精神

回首往事，趙錫成因緣際會襄助台灣新竹交大復校，雖然功勞鮮為人知，他卻以自己能盡一份心力為榮。而對母校的發展念茲在茲，長期為校友會出錢出力，也達成薪火相傳的重任，證明趙錫成躬行實踐了「阿楨哲學」。

趙錫成擔任了十一年的交大美洲校友會董事長，於一九九九年退休。二〇一一年他榮獲上海交大「傑出校友思源貢獻獎」，二〇一四年獲頒新竹交大「名譽博士學位」，可謂實至名歸，這也算是他當年一直渴求、卻因戰亂無法取得的交大畢業證書。

種種榮耀，令他回想起雙親對這個獨生子的深切期許：要當一個好人，同時成為一個有用的人！

「我有責任感及榮譽感，非常守信用，絕不辜負人家的好意，而且盡力幫助他人，我想這也是我跟父親學到的長處之一。此外，我總是正向思考，是樂觀的人，」趙錫成撫今追昔，對父母有萬分的思念和感恩。

昔日趙家父母親暱的喚著趙錫成「阿楨啊、楨徒啊」之時，想必對這個溫暖良善的兒子滿懷著疼寵和欣慰吧？如今在天上，看到阿楨長年以來與人為善、不求回報的表現，一定也是無限歡喜與驕傲吧！

第2部

遠航

04

成就不平凡的關鍵助力

年逾百歲的中國作家楊絳曾說：「身處卑微的人，最有機緣看到世態真相。」人的一生有很多時候困在陰暗的低谷，看似無路可走，實際上危機暗藏著轉機與生機。中國人相信「天無絕人之路」，趙錫成出身清寒，歷經戰亂，看盡世態炎涼，卻也峰迴路轉，爬至人生的高峰，他心存著感恩，細數這一路上遇到的貴人。

「我這輩子的貴人很多，其實，所謂『貴人』，我認為是『可貴的人』。一個人無論身分地位高低，只要願意施出援手、給一個機會，幫助他人，就是『貴人』。」

貴人是怎樣幫助趙錫成的？他們不見得是飛黃騰達之人，很多只是普通的尋常百姓，但是他們的小小善舉或者一句話，帶給他一生深遠的影響。俗語說：「良言一句三冬暖。」一句話就可以鼓勵人心、讓人轉念，進而改變命運。

教育能改變人生？

根據二〇二一年八月《華爾街日報》（*The Wall Street Journal*）的調查報導，美國年輕一代的黑人族群，雖然積極爭取上大學，希望能脫貧，實際上效果卻不如預期。

這項追蹤調查指出，擁有大學學歷的千禧世代黑人家庭，在三十歲左右的身家，現今仍只有白人同學的十分之一。因為他們出社會後，收入不如預期增加，以致於三十歲後仍無法還完學貸的比例高達八四%。他們的平均負債，遠遠高於較少機會讀大學的父母輩世代。這似乎也顯示：如今在美國讀大學，並無助於拉近貧富差距和促進階級移動。

難道老一輩相信「教育能改變人生」的說法，已不再具有說服力？

八十年前，趙錫成也面臨類似的問題，求學之途充滿了經濟壓力，但他相信教育的力量，憑藉著自己努力和貴人相助，闖出一條生路。

遙想當年，趙家雙親重視兒子的教育，縮衣節食把趙錫成送到好學校上學。從趙家到嘉定，馬不停蹄的趕路也需一個半鐘頭，所以，趙錫成平日就住在同學家裡。

趙錫成剛從鄉下到縣城念書，人家認為他土氣，一開始總是百般歧視和挑釁，但不打不相識，後來知道了他的真性情之後，就成了好朋友。趙錫成的同學家境都較富裕，他之所以受家長歡迎，是因為他們認為這個敦厚小子非常優秀、討人喜歡，可當自己孩子的好榜樣。趙錫成因而得到禮遇，在同學家過著較舒適的生活，後來也才有機會得以認識富家千金朱木蘭。

「我在嘉定有兩個同學比較親近，一是朱家駒，另一位是

> 「一個人無論身分地位高低，只要願意施出援手、給一個機會，幫助他人，就是『貴人』。」
> ——趙錫成

陳樂善。朱家非常熱誠，但後來家駒不幸染疫離世，因此我住到陳樂善家裡，樂善母親黃愛倫女士很高興我去陳家陪她兒子一起念書遊玩，」趙錫成說。

在嘉定的勤業中學上學時，趙錫成被喻為學生群的「總司令」，可想見他的活躍與鋒芒。那時正值抗戰期間，百姓生活艱苦，趙錫成也就只有一雙襪子，每週上學日總有一天為了洗曬襪子而赤腳上課。當時的代理訓導主任一見居然有人光著腳丫上學，也不問青紅皂白，厲聲指責趙錫成犯了校規，他不願透露苦衷，只能委屈無言的流淚。空氣冷凝中，家境殷實的同學張堯昌義氣相挺，借他一雙襪子應急。這份溫暖的力量，讓他又充滿元氣的走下去。

「如今回想，老師管理嚴格固然沒錯，但也該合情合理，否則後果不堪設想。我是比較堅強的人，能夠承受，相信一般孩子可能就退學了，這豈不失去了教育的本質和意義？」趙錫成問道。

自己的實力別人搶不走

抗戰時期，中國人身為「臣民」，儘管心裡非常憎恨日本人，可是奈何不得，只能服從聽話，不希望惹麻煩。日軍以少制眾，手段極其嚴苛殘酷，動輒抓中國人

一九四三年，趙錫成（前排左四）在勤業中學就讀初三，擔任學校籃球、足球及乒乓球隊的隊長，充分發揮他的領導長才，戰功彪炳。圖為他與隊員榮獲錦標比賽冠軍後合影留念。

去拷打，甚至槍斃。老百姓手無寸鐵，無法抵抗，無奈之下只能隱忍，實是痛恨在心。

一九四一年，勤業中學規定學生必修日文，授課老師都是日本人。趙錫成憶往：「我的老師名叫倉持仁一，日文發音『克勞麻磯』，我們就叫他『赤勞麻子』，這是上海人罵人的一句話，可見我們內心的氣憤不平。」

一九四三年自勤業中學畢業後，趙錫成轉往上海就讀自強學院的附中，跳了一級念高二，希望能減少父母的負擔。自強學院坐落在上海閘北西寶山路青雲路口，辦學嚴謹，口碑甚佳。當時嘉定包括趙錫成在內，共有三位同學在自強上學，被稱為「嘉定三傑」。另外兩位是介紹趙錫成去自強附中的學長朱家駒及陸雨石（後改名陸企）。

自強中學的日文老師高橋忠作是日本領事館的職員，到學校兼職，做人比較開明親和。有一次，老師發現趙錫成在日文課堂偷偷念英文，並沒有發脾氣，問他：「日文也是外文，你為什麼一定要犧牲日文來念英文呢？你人不笨，可以同時學兩種外語嘛，自己的實力別人又搶不走。」

一語驚醒夢中人，趙錫成深受啟發，從此開始用心念日文，也奠定了基礎，再自行進修。雖然學習的時間不長，後來他的日文還能夠應付日常對話，就是受了這位老師的影響。

趙錫成學生時代雖非特別勤學，但因頭腦靈光，靠著臨時抱佛腳強記再加上即席發揮，成績皆達甲等。數學和運動的表現，尤其出色。

他從小學到初中喜歡上數學課，且成績優異。但國文是他的罩門，他不擅背書，對需要大量背誦的國文很頭痛，因此常藉著參加學校其他活動如體育、公共服務等逃避，不然就是在國文課堂上偷偷做其他的事。

凡是寫作文，趙錫成無論如何搜索枯腸，開頭千篇一律是「大家都知道……」，所以，他有個著名的綽號叫「大家都知道」，直到他遇到身兼教務主任的老師沈咫天。

洗刷「大家都知道」之名

沈咫天被公認是奇才，教書像唱戲一樣，令人感到活色生香、興味盎然，除了國文，他還教珠算。

「我有壞脾氣，大概跟我是獨生子有關係，喜歡的東西我就特別喜歡，不喜歡的就討厭得要命，雖然數學很好，可是我不會打算盤，高二時，算盤仍然不會打，也不喜歡打，」趙錫成坦承。

沈呬天知情之後，私下教趙錫成打算盤，結果不到兩個鐘頭，這個本來一竅不通的學生居然就通了。師父領進門，修行在個人，沈呬天特地舉辦一次珠算比賽，測試大家的實力，趙錫成竟得了第二名。可見得並非孺子不可教也，而是他學習尚未找到訣竅，不得法，所以提不起興致。

有了成功的前例，沈呬天好奇的問趙錫成：「你為什麼每次寫作文，開始一定寫著『大家都知道』？」通常口才好的人，文章也會寫得不錯，因為兩者都需要創意、豐富的詞彙、良好的邏輯思考和組織能力，沈呬天判定趙錫成有寫作的潛力，只是尚未開竅。

「我寫不出來呀，」趙錫成皺皺眉、搖搖頭說：「我不喜歡寫文章。」

沈呬天耐心的開導：「你不要每次都以『大家都知道』來開頭啊，要先想一想，這篇文章的題目是什麼，它要你講什麼內容？你生活上有什麼值得一提的事？後來又怎麼樣呢？……這樣想清楚以後，寫文章不就很容易了嗎？」

沈呬天接著解釋所謂「起、承、轉、合」的意思，還告訴他文章應兼顧人情和趣味：「寫文章其實比跳高、短跑容易多了，因為跳高、跑步要跟人家比，你寫文章又不需要跟人家比，跟自己比就行了。」於是，沈呬天給了趙錫成一個題目：

「我的日常生活」，要他試試看。

「因為我是學生的頭，曾帶領同學們挖掘一個防空洞，我以這件事寫了一篇文章〈創建防空洞記〉，」趙錫成認為這個經驗很特殊。

沈咫天看了文章，點了點頭，叫他修改一下，還幫忙投到雜誌上。這下子不得了，不到兩個月，趙錫成的文章竟刊登在當時廣受學生及青少年歡迎的《鍛鍊》雜誌上，讓許多人刮目相看。趙以仁非常高興兒子的表現，欣喜的說：「槓徒有他的槓勁，只要他肯做，都可以做成的。」

槓徒有槓勁，榮獲獎學金

趙錫成開竅之後，信心大增，國文程度快速提升。沈咫天非常欣賞他的上進努力，全免他的學費、膳食費，再讓他幫忙做點小事，拿點零用錢，對他大有助益。這在他當時經濟困窘的境況下，發揮了神奇的魔力。

而當年文章能刊登在《鍛鍊》雜誌上，簡直是光耀門楣，消息傳到家鄉，趙錫成回嘉定母校勤業中學時大受好評，舊識莫不嘖嘖稱奇，還有老師竟以為是他請人代筆的。但是，勤業的校長郁冠黎、訓導主任龐伯龍、班主任毛守豐都力挺：「海水不可斗量啊，趙錫成這孩子，只要他肯用功，就會成功。」

人生的際遇，真是變化莫測，一位老師的因材施教、精心提點，讓學生瞬間領悟如何在看似平凡的事物中深掘興味，尋獲樂趣，戲劇性的改變了他的未來。

考上交通大學之後，無形中更拓展了趙錫成日後的廣闊人脈。早年交通大學與國立吳淞商船專科學校合併，因此，趙錫成既是交大也是海事大學的校友。由於海大的歷史悠久，校友眾多，他在船上做事時，得到了許多前輩的幫助。後來到了美國，交大學長也幫了許多忙，替他引薦工作並促成全家在美國團聚。

意外登上「有慶輪」

一九四九年，中國大陸約有兩百萬軍民湧入台灣，一片兵荒馬亂，但因經濟蕭條，所有船隻都無貨可運，全停泊在基隆港和高雄港，所謂「拋老錨等機會」。

趙錫成此時修完大學學科，在「天平輪」上當實習生，看見一般船員受到燈紅酒綠的引誘，只顧眼前享受，而他在無家可歸、焦慮寂寞的狀況之下，難免變得萎靡不振，感覺大勢不妙，可是也沒有其他辦法。他回想在大學時，因為勤練乒乓球，課業成績雖不壞，卻都是臨時抱佛腳，沒有往下扎根。因此他靜下心來，差不

一九四九年年初，風雲即將變色，趙錫成在登輪實習、離開上海前，與好友們在嘉定留影。這是趙錫成與朱木蘭首次合影，也是兩人在嘉定時的唯一合照，可謂彌足珍貴。前排左至右：吳祥蓀、趙錫成、黃曾元；後排左至右：陳樂善、張正、朱木蘭。

多三個月沒下船，專注複習在校期間三年的課程。想不到這段穩扎穩打的複習，往後助他提前考到了二副證書以及打破船長考試的紀錄。

就在此時，有一艘國家所屬的登陸艇「有慶輪」急於開到金門，船上需要一位二副，因所經航線常遭砲火攻擊、萬般危險，當時這個職位高薪卻乏人問津。

趙錫成聽到這個消息後，躍躍欲試，可是他只有五個月的實習資歷，要連跳五級簡直是天方夜譚。不過，初生之犢不畏虎，他的衝勁十足，當天下午趕回台北，請船長叔叔趙以忠寫信給當時在航運界頗有聲望的高雄港務長及領港汪德培，請他幫忙推介；趙錫成也旋即返回高雄，請求面見。汪德培是趙錫成國立吳淞商船專科學校的學長，爽快同意寫介紹信給「有慶輪」所屬的亨達航運公司總經理。總經理一看是汪德培的介紹信，二話不說表示十分歡迎，因為當下正亟需一位二副。

可是總經理一坐下來細看趙錫成的資歷，臉色瞬間大變。他是軍人出身，身材魁梧，聲音洪亮，橫眉一豎、雙眼一瞪的問：「哪來的膽量敢開這樣的玩笑？」立刻下了逐客令。趙錫成一下子呆若木雞，愣在原地。

他心想：「航運界圈子很小，這事萬一傳出去，叫我如何做人？不行，我要跟他溝通一下。」可是趙錫成那時嚇壞了，口舌不太靈活，這時旁邊走來一位經理，了解狀況後就拍拍他的肩鼓勵：「沒關係，你說呀！」

趙錫成鼓起勇氣解釋：「我是有備而來的，雖然我資歷不深，可是我在這幾個月裡十分用功，非常勤奮，而且我是學校裡的優秀學生，絕對可以勝任。」還強調中國有句老話「有志者事竟成」，並敍述自己的簡歷、奮鬥和打乒乓球的表現，實在不得已還補了一句「深受汪先生器重」，以拉抬自己。

這位總經理問：「你不會是胡吹吧？」趙錫成回答：「這都是真話，您可以相信我，我向您保證。」

總經理最後同意給趙錫成一個機會試試，還特別關照：「不要把事情砍了（搞砸了）。」趙錫成第一次聽到這個詞，記憶深刻，對他非常感謝，三鞠躬而退。

回到「天平輪」上，趙錫成開心的報告這個好消息。船上的水手長是有名的天津老派，平時待學生非常嚴苛，甚至會動手打人，但一聽到趙錫成的喜訊後，馬上面帶笑容放下救生艇送他到等待啟航的「有慶輪」上。「有慶輪」拉了三聲汽笛，隨即啟航駛往金門。

船長慧眼獨具挺小咖

之後趙錫成和朱木蘭結婚，他在船上除了工作，就是靠寫家書和準備考試來打

趙錫成回顧一生，很幸運的能有許多貴人相助，讓他關關難過關關過。事實上，他英挺帥氣，待人謙遜有禮，做事認真負責，也是貴人樂於相助的重要關鍵。這張照片攝於一九四九年十二月，於金門料羅灣海岸上。

發時間。航海學校畢業的學生，只要做滿兩年船上工作，即可自動得到二副證書。趙錫成不到半年，就先考取了二副，比一般同學更早拿到二副證書。

結婚之前，趙錫成因為想跟朱木蘭常相聚，所以選擇「有慶輪」，專走金門、馬祖等近海航線，可以在基隆多待一段時間。不過，金門及馬祖還是在戰時前線，危險性大，有了家庭後，他不想再這樣冒險，於是改往遠洋輪上當二副，待遇比以前還好，只是航行週期的時間拉長了，和家人聚少離多。

經過一段時間的觀察和考驗，趙錫成得到船長黃筱寅的器重，儘管當時公司業務不穩，人浮於事，儲備大副就有五、六位之多，獨具慧眼的黃筱寅仍堅持提拔學弟趙錫成為大副，讓他迅速的升了一級。「因此我對黃船長非常感謝，也激勵我更加努力工作來報答他，」趙錫成十分感念這位貴人。

到一九五七年，趙錫成在三十歲不到的年紀就當了代理船長。一九五八年五月，他參加考試院舉辦的「河海航引員甲種船長」考試。

朱木蘭的二舅田疊波將軍，是趙錫成在台灣的貴人之一。船長考試連考四天，趙錫成起初非常緊張，第一天考過兩堂以後，感覺非常容易，因此掉以輕心，想睡個午覺再繼續參加考試。朱木蘭二舅發現不對：「考船長怎麼可能給你一個睡午覺的空檔呢？」他再三提醒趙錫成確認考試日程表。

趙錫成定睛一看，才看清楚下午有個三副的「信號」科目，也含在船長考試之內，本來以為這科考試與他無關。他嚇出一身冷汗，馬上騎著腳踏車，風馳電掣飛奔趕往考場。按照考場規定，遲到十分鐘以後，再也不能放人入場，他晚到九分半，只剩半分鐘能擠進考場，果然時間一到，大門砰然關起。趙錫成實在太幸運，否則缺考了一門，他的人生馬上改寫。

這次考試，趙錫成的成績特別優異，打破歷來紀錄，被譽為「狀元船長」。當時台灣的《中央日報》、《新生報》、《聯合報》、《中華日報》等四大報都競相報導他的特優表現。河海航引員典試委員長張默君兩次召見他，並親筆書寫兩份中堂賀詞表示勉勵。

當時交通部部長賀衷寒將軍，及交大學長、也是交通部人事處處長張學鼎，認為他是人才，鼓勵他出國進修。由於張默君的大力推薦，教育部特別批准，才讓趙錫成有機會到美國進修。這符合他們夫妻希望中的計畫，開始朝轉業方向努力。

出國留學，披荊斬棘

不過當時國家經濟拮据，沒有編列公費留學的預算，出國進修費用需自付。趙錫成雖然已當了船長，卻因老闆認為他的職位升遷已經很快速了，薪水應該打折扣才對，因此趙錫成的積蓄其實並不多，何況還要留做妻小的家用。以致於啟程赴美之時，他還向表弟朱耀華船長借了八百美元。當時任職三副的周鈞濤貼心的借他一件在印度訂製的厚大衣，以備在美東寒冬之用。

因為事前毫無準備，也無人脈支持，趙錫成單槍匹馬前往美國，半工半讀，生活非常艱困。孔子曾說：「吾少也賤，故多能鄙事。」年少時因家境貧苦，所以什麼雜事都要動手做，而趙錫成從小因父母的教養和戰爭動盪的磨練，也多能鄙事，他形容在紐約求生存之難：「除了沒有拉過黃包車──因為美國沒有黃包車，什麼都做過。」

趙錫成原本打算替自己服務過的航運公司賣命一生，實際上老闆也以他考取船長且打破紀錄為傲，只是加了一句：「趙錫成能夠成功，不要忘了還是因為我的提拔。沒有我，他不會有今天的。」

趙錫成私忖老闆在美國有分公司，或許可謀得一職，到了紐約以後，才發覺美國分公司規模很小，只有四位職員。他跟當地主管談了數次，希望能效勞並取得棲身之處，對方只冷冷答覆：「上面沒有交代，我無法幫上忙。」

希望落空，趙錫成為了現實生活，得想辦法找工作。好在有幾位同學都在餐廳打工，也剛巧紐約市二十三街新開一家「順利園」中餐廳，週末生意好需要人手，他有意前去應徵。

同學千叮嚀萬囑咐：「千萬不能說你沒有經驗，否則人家不會雇你，快去買一個黑領結、黑褲子和黑皮鞋。」他已有黑皮鞋，黑領結跟人借用一下，可省下幾塊錢，再買一條黑褲子就行了。

刀子嘴，豆腐心

第二天，趙錫成打扮妥當以後，就去餐廳上班。哪裡知道，餐廳因週末推出港點，生意特別興隆，人聲鼎沸。他雖然在前一天已經演練過，但是臨場感覺截然不同，托盤裡飯菜一多難免沉重，他雙腿發瘆，完全跑不快。老闆催促他動作快點，趙錫成心一慌，手上的盤子全翻落在地，滿地食物和碗盤碎片。眾目睽睽之下，他狼狽不堪，當場嚇呆了。老闆一看大發雷霆，只差沒有動手，什麼難聽的話都講遍了。

趙錫成明白錯在自己，應該想辦法善後，馬上跟老闆求情：「一萬個對不起，我錯了！我沒有錢，可是我可以幫您洗碗，您算一算損失有多少，我用洗碗來賠償，不用工資，請您多多原諒。」人心都是肉長的，這麼一說，老闆冷靜下來後問道：「你是什麼背景呀？」他說是留學生，沒有錢所以來打工。老闆說：「喔，你是留學生，那你在國內是念哪個學校的？」趙錫成說是交大的。老闆當時不理他轉頭就走，繞了一圈，又回來對他說：「好，老趙，換一換衣服，今天不要幹了，回家去，明天我來教你！」

他一聽，知道老闆是刀子嘴、豆腐心，由衷感激的說：「我年紀很輕，有的是氣力，還是讓我來清潔整理後再離開，明天我再來。」第二天，老闆就教導趙錫成，親自示範給他看。

當時紐約餐館的老闆多半是船員出身，從最基層慢慢苦熬，直到成氣候當了老闆。這位顧老闆一聽趙錫成是船長，不免先有成見，認為船長都是高高在上、專門欺壓船員的人，所以毫不留情下馬威。後來趙錫成才知道，老闆的女婿是交大高他兩屆、也是航海科學長，有了這層關係，所以願意特別幫忙。老闆之後甚至找趙錫成替他另外開一家店，大方承諾給一半乾股，代表趙錫成的工作表現讓他很滿意。

趙錫成興奮不已，馬上寫信向台灣的木蘭報喜，說不用再做夥計，可以當老闆了。木蘭回信婉轉說道：「不要忘記了你原來的方向，你是去念書的，如果要開飯館的話，我們在台灣就可以開呀！」

這話如醍醐灌頂，讓趙錫成大悟，更確定自己的方向，後來因碰到兩位貴人，終於離開了飯館，回歸航運專業。

靜待風水輪流轉

順利園的生意蒸蒸日上，趙錫成是顧老闆的得力助手，深受倚重，凡有貴賓光臨，都由他招待。有一次，趙錫成在台灣任職的航運公司老闆來美國，紐約分公司裡的人打電話給趙錫成，說有人請老闆去順利園吃飯，希望他迴避一下，免得見面尷尬。

趙錫成一聽，這會損失一天工資，對窮苦的留學生非同小可，但他還是承受下來。過不久，這位老闆又到美國來，這次換老闆要請客，公司職員又打電話要趙錫成再迴避一下。他想：「這是我的工作，也是我的生計呀，怎可如此任人擺布？」最後決定出面招待。

船老闆總共帶了十四個人，大桌子本來只能坐十二個人，他表示要訂一桌，大家擠一擠，但價錢仍以十二人計。一頓飯吃下來，共計三十八．七五美元，船公司老闆給了他兩張二十塊的美元鈔票，笑嘻嘻的講：「Captain Chao，沒有吃完的菜通通打包，我們帶走；餘下的錢，你收下當小費。」

趙錫成當下也不動怒，照樣禮貌的送客，隨後同事們叫他把這種「看不起人」的小費扔掉，不要受侮辱，他倒是想得很開：「大丈夫能屈能伸，心裡放寬一點，世界會變得比較美好。」那位船公司老闆是當年風光一時的船王，想不到，風水輪流轉，如今人家也稱趙錫成「船王」了。

趙錫成在餐廳碰到了兩位貴人，包可永教授是德國留學生，也是退休的交大名教授，他跟當時招商局董事長徐學禹是連襟，他們到順利園吃飯，因屬「知名人士」，由趙錫成負責接待。趙錫成當年在台灣是「狀元船長」，所以兩位貴客也都知道他。

席間，包教授感慨萬千的說：「學禹啊，世上的玩笑太多了，你看趙錫成這麼年輕有為的青年，船長考試打破紀錄，如今卻在飯館裡面當跑堂，這不是開玩笑嗎？應該讓他到你們招商局做事嘛。」

董事長一言九鼎，爽快應允。招商局在紐約雖有空缺，但台灣想派人過來，而且競爭非常激烈。趙錫成當時有位在招商局工作的交大學長周賢言，為了幫自己學弟搶名額，連忙保證：「趙錫成不在乎薪水，他可以當雇員不當職員、薪水拿一半，我們就可以跟國內講紐約這裡已有便宜又優秀的人選了。」趙錫成就這樣進了招商局駐紐約代表處。

趙錫成的每月薪水原訂六百美元，但實際上只領三百美元。不過當時能找到航海業務的相關工作已是上上籤，趙錫成十分滿足，因此工作特別專注勤奮，還幫忙創辦台灣到美國的中美航線，很快得到上級周賢言代表及業務組主任程威廉的認可與賞識。他們都是交大學長，樂意幫學弟申請家屬來美國依親。

吃虧就是占便宜

「我對周賢言、程威廉兩位學長非常感激，俗語說『吃虧就是占便宜』，果然有道理。雖然月薪少了一半，但我照樣認真工作，學長們看我願意顧全大局，所以樂意幫我的家人辦理赴美依親。就像我的父親講的，我這個『槓徒』是有『槓福』的呀！」趙錫成終於結束三年來和妻女兩地分離之苦。台灣當年正逢戒嚴時期，人民出國難上加難，得以接家眷到美國團圓，絕對是難能可貴的特例。

趙錫成在美國，除了解決生計問題，最重要的還是完成學業。當時離開中國大陸，他並沒想到之後還有機會再進修，所以沒領到成績單或畢業證書。等到了美國以後，才發現大學規定要有學歷證書才能讀研究院。

一九六一年年底，時任招商局代表總經理李頌陶的夫人訪美，紐約辦事處同仁在辦事處主任周賢言（後排右三）家中設宴歡迎。由於兩位貴人周賢言與程威廉（後排左一）的幫忙，趙家母女赴美的依親手續才能順利過關，趙錫成（後排右一）與朱木蘭始終銘記在心。

雖然他申請許多學校，也上了課，卻只取得旁聽生的證明，並無正式學籍。就這樣以旁聽生過了約三年半，他本來寄望在哥倫比亞大學讀得好成績，能讓學校通融收他為正式學生，可惜美夢落空。

「我非常困擾，但決心一定要拿到學位，因為我在美國沒有人脈關係，財力又不夠，必須要有學位支持才行，但一直覺得無路可走，」趙錫成四處碰壁，滿心沮喪而無助。

此時趙錫成的上司，有「小諸葛」之稱的程威廉學長建議：「你船長考試成績那麼好，可以到大使館申請一張同等學歷證明書。」他幫忙介紹華盛頓文化處的毛處長，毛處長又推薦他向天主教陳之祿神父請教，神父再介紹當時在聖約翰大學當亞洲研究所所長的薛光前教授。薛所長也熱心幫忙，介紹聖約翰大學的第一高級副校長伊斯特利（Easterly）神父，經過輾轉迂迴的長路，最後推介給工商管理學院院長約翰．克拉克教授。

克拉克院長聽了趙錫成口音很重的英文，很難完全理解，但有心幫忙，請他第二天再到辦公室。趙錫成暗想，不管怎樣已經有點希望了。

第二天，克拉克院長開門見山直言：「按照例規，十分困難。」趙錫成凝視著院長，靜靜的等他發落。

「聽說你是船長，這麼年輕，是真的嗎？」克拉克院長問。

之前趙錫成申請的許多學校並不相信他的履歷，所以當克拉克院長連問三次他所言是否真實，他猛點頭連回三次：「是真的，一點不假！」克拉克院長再問了他的經歷，大概談一刻鐘左右，就拿起一支鉛筆在上面畫了幾下，說明只要他再念三十六個學分，就可以獲得MBA學位。

柳暗花明又一村

趙錫成喜出望外，不敢置信，再三確認，原來他看克拉克院長拿的是鉛筆，並非比較正式的鋼筆或原子筆，所以非常擔心，但克拉克院長也斬釘截鐵的確認三次，這次會面，從此改變了他的命運。

「我興奮得幾乎要跳起來，可是在這種重要場合，我聽木蘭的話要鎮靜下來，很恭敬的鞠了三個躬。迄今我還保存著克拉克院長當年手批的那張證件，」趙錫成十分激動。

其實，克拉克院長當時並不曉得三鞠躬的涵義，直到後來他們成為好朋友，趙錫成才有機會解釋，「三鞠躬」在中國傳統代表「萬分感謝、非常佩服、衷心感恩」

的意思。

趙錫成入學之後，因口音很重，幾位老師對他頗有意見，甚至不客氣的叫他別再來上課，最後都被克拉克院長擋了下來。克拉克院長解釋：「我知道他英文較差，不過，他有許多與眾不同的想法，彌足珍貴，可提供我們當作教材，讓大家一起研究及同享。」克拉克院長的大力支持，讓趙錫成信心倍增，以更出色的表現來回報。

趙錫成在聖約翰大學遇到的另一位是貴人莫克盧（Robert J. Mockler）教授，他是哈佛商學院MBA及哥倫比亞大學博士。「他教學嚴格認真，把我的英文寫作改得滿篇紅字，還因我的英文不夠好，數次要除名我，可是我堅持非跟他學習不可，」趙錫成說：「經過他兩年的認真教誨，我的英文快速進步，功力大增。最終，他把我的英文程度提升好幾個層級。」

趙錫成一九六四年在聖約翰大學取得碩士學位，一九六九年克拉克院長就推薦他擔任聖約翰大學工商管理學院的特別顧問，不久後，還擔任該校的校董。直到現在為止，趙錫成仍是學校少數的幾位榮譽董事成員之一。

因為起步慢，趙錫成拿到MBA學位時已經三十八歲，錯過了找工作的黃金時間，因此準備自行創業。

一九八一年九月，趙錫成（左四）榮獲母校紐約聖約翰大學頒給校友的最高榮譽獎，並獲列該校「榮譽堂」，他內心非常珍惜能得此殊榮。圖為獲獎後與家人及校長凱獻爾神父（右三）合影。

那時航運業務正蓬勃，台灣的知名航業公司都派代表到美國開創事業，光是交大同學至少有一打以上。「他們是外行都還能開業，我相信我會比他們做得更好，只是我沒有第一桶金，」趙錫成還在等待時機。

創業維艱，等待時機

一九六〇年代初期，剛巧有兩位船東友人，分別從台灣及香港一起來紐約考察，特地到招商局辦事處來找趙錫成，希望能合作開辦公司。

由於趙錫成相當專業，若由他幫忙做事，可減低風險。公司購買舊輪經營航運事業，做代理行的工作，趙錫成負責幫香港跟台灣的船東在美國發展業務，但只是兼差性質。

另有一回，一位香港船東吳仲亞帶著兒子來美國考察，也希望開一個公司。吳仲亞在中國大陸解放前是美孚公司的駐中國總代表，曾經帶了火油燈到處送人，廣為宣傳，讓使用者採購他們公司的火油。他有兩個兒子，都在美國取得了博士學位，很會讀書，但沒有經營企業的天賦，所以吳仲亞希望找人幫他做事，同時教導、輔佐二子。

吳仲亞來美國的時候，找到了老朋友劉耀庭，擬請他幫忙介紹。劉耀庭在中國大陸曾任湖北武漢地區郵務長，是趙錫成教會裡的老教友，對趙錫成非常欣賞，因此樂意促成美事。

剛巧吳仲亞的船公司有一條一萬六千噸、從油輪改為貨輪的船隻出了意外事故，情況十分棘手。趙錫成接手後很快順利解決，讓他甚為滿意，立即重用趙錫成擔任經理，於一九六四年在美國開辦福茂航運公司，主營航運、貿易和金融等業務，由於趙錫成的經歷完整，因此輕易的循序接手，也可謂「順理成章」。

趙錫成在招商局業務組做事的四年期間，負責對外聯繫及介紹業務。由於當時招商局是國家政府機構，他具有國家官員身分，雖然待遇微薄，但因樂在工作，得到相當歷練，同時也結識了許多業務上的朋友，打下從商的雄厚基礎。

從天上掉下來的機會

「我重視信用和長期的關係，不計較眼前短期的利益得失，所以得到客戶的肯定。因此，我在創辦福茂公司以後，業務馬上蓬勃發展，沒有中斷，」趙錫成說。

大女兒趙小蘭指出：「父親白手起家，認為公司成功最重要的信條是誠信和聲譽。良好的口碑能讓客人上門，如一九六〇年代美國聯邦政府農林部以及一九七〇年代初由聯合國發放的援助物資，多次由公司全部承包運輸，為他的事業帶來極好的機會和利潤。」

能承辦美國農林部的運輸業務，的確是非常難得的機緣。

那是一九六〇年代初「越南戰爭」（北越與南越之戰，國際上各有其支持者）正熾的時候，越南原是盛產大米的國家，也是大米出口國。但因戰爭的關係，所有人民，包括農民，全都參戰去了，良田荒蕪無人耕種，食米不足，必須由援助南越的美國運過去。當時買一噸大米約需五十美元，但運輸一噸大米到越南，運費就要五十五美元。

了解大致情況後，趙錫成突然想起了以前在哥倫比亞大學念書的同學，那段期間兩人交情很好，他畢業後正好在農林部任職，而且當了主管，管理「臨時徵用」部門。趙錫成特地去拜訪老同學，兩人相談甚歡，同學叮嚀下回必須帶一個助手同行，可當場解決運大米到越南的簽約事宜。他哪裡知道，趙錫成其實是個「光桿司令」，麾下無兵可用。

趙錫成靈機一動，請出他兼差的航運代理行的職員大衛．歐康納（David O'Connor）相伴，此人身材高大，站出來很有氣勢，是擔任助手的理想人物。

第二次再去拜訪農林部時，大衛就與趙錫成一起赴約。農林部人才濟濟，輪番上陣提出各式專業問題，趙錫成的英文在當時還不是頂好，所以由大衛幫忙翻譯，他擅自加了台詞：「Captain Chao是一般人難以置信的全才，他在這裡跟你們談判，他不但會起草合同，也會打字，一切都是他親力親為。」

趙錫成擔心大衛言多必失，露了馬腳，就示意請他適可而止。

談判的主題是運費的價格，農林部之前付一噸五十五元，趙錫成私下一算，成本根本不到十元，因此提供對方不到一半的報價，每噸只要二十五元運費。農林部同仁面面相覷，非常驚訝，可見與原來的價差實在太大了。經過討價還價，最終以每噸二十三．五元的「雙贏」價格談定，大家握手言歡，開開心心談成這筆業務。趙錫成的成本低，一趟船回來，大概可賺十多萬美元。當時一條船造價不到十八萬，所以走兩次船，就能再買一艘船。

> “我相信好人有好報，自己只要心存善念、勤奮努力，總有貴人相助。
> ——趙錫成”

那時福茂的船名都以「lena」結尾來命名，其中有艘船叫「Cathlena」，是以吳仲亞大媳婦的名字Cathy命名。吳老闆提及另外一條船叫「Ruthlena」，因為趙錫成的太太木蘭英文名字就叫「Ruth」，兩人大讚真是奇妙的緣分。趙錫成滿心喜悅，深感大家一起工作合作無間，和氣生財，所以業務也日漸興旺。

「從美國海灣運輸大米到南越，我跟美國農林部的業務發展順利，農林部對我的資歷及人品都給予極高評價，讓我累積了良好口碑，」趙錫成對此深感欣慰。

那時福茂的船隻多是由趙錫成幫股東們選購，走一個航次，差不多就把船的本錢掙了回來。

吳仲亞非常慷慨，對趙錫成說：「我們買的船，你不要花錢，我送你一半股份。」因此，趙錫成就這樣以「技術換股份」的方式起步了。而且，福茂發展得非常快，不到兩年時間就買了六條船，不再是小規模的船公司。

等待否極泰來

趙錫成就這樣走上事業的高速道路。可惜好景不長，一九七一年印度與巴基斯坦兩國之間的「印巴戰爭」爆發，那時福茂有五條船正好卡在孟加拉灣及巴基斯坦的戰區海域內，全被封鎖，無法航行，導致保險費飛漲，每天要付相當於船價的一%的金額。

公司馬上深陷絕境，等同破產，非但破產，甚至還需要更多資金來填補虧損，趙錫成無能為力，知道已無法承受這個重大衝擊，所以搭機直飛香港去面見吳仲亞。趙錫成說：「我沒有錢墊了，我的股份也不要了，通通轉給您。我願意繼續幫您做事，等到這筆虧損付清為止。」

趙錫成遇事不推諉、勇於承擔的態度，讓吳仲亞感動在心頭，他說：「沒有關係，我們先把手上的船都賣掉，以減少繼續虧損。不過，可留下一條等待日後的機會來臨。」

其實，吳仲亞自己私人的公司也有八條小船，由於市場低迷，面臨了重大的經濟危機。但他沉穩冷靜，看不出驚慌，還特地買了「春夏秋冬」四幅裱框的中國綢繡，送給趙錫成做為紀念，寓意「四季流轉，人生難免跌宕起伏，要保持樂觀，等待否極泰來」，並請他回美國靜候情勢發展及轉機。

印度與巴基斯坦仍在持續激戰中，當時蘇聯支持印度，美國支持巴基斯坦。由於印度阻擾美援運送到巴基斯坦，因此，所有聯合國物資的運送全需要自行處理。

然而隔行如隔山，聯合國對航運並不在行，便請教美國農林部，農林部毫不猶

少年夫妻老來伴，趙錫成與朱木蘭感情甚篤，攜手打造了一個幸福美滿的家庭；趙錫成更感念朱木蘭的無悔付出，是他一生中最重要的貴人。

豫就直接介紹了趙錫成。

真是「山窮水盡疑無路，柳暗花明又一村」，趙錫成因此接到了一批利潤很好的生意，並使用吳仲亞私人的八條小船進行駁運服務。吳仲亞藉此獲得高利，頓時化解他的經濟危機，對趙錫成尤其感謝，兩人繼續合作。

後來在因緣際會之下，趙錫成取得股東的所有股份，全面接掌了福茂集團，變身為今日立足紐約、放眼天下的航運船王和慈善家。

成為他人的貴人

「一路走來，我的貴人很多，總在生命的轉捩點，發揮關鍵的力量，」趙錫成說：「我相信好人有好報，自己只要心存善念、勤奮努力，總有貴人相助。像我出身如此清寒，經歷許多歧視和打擊，能夠一步一步走到今天，必須感恩自己生命中出現的所有貴人。我學到莫因善小而不為和慷慨助人的重要，只要可能，我總會把握機會，甚至創造機會來幫助他人，絕不吝嗇。」

他想到《聖經》所言：「你們希望別人怎樣對待你們，你們也應當怎樣對待別人。」原來這就是「善的循環」最深入淺出的解釋。

受人滴水之恩，當以湧泉相報，或許趙錫成當時不見得有機會回報貴人，如今他已無限擴大這份感恩的心，成了更多人的貴人。

05

秉持信仰，活出生命的價值

「人生不會一直一帆風順、毫無挫折的，我本來認為人定勝天，自己可以解決所有困難，可是實際上哪有這個可能？因此我們需要有宗教的信仰，那是一種精神的寄託和提升，在內心培養信念，重燃熱望，繼續前行，」趙錫成堅信。

俗語說：「相愛容易相處難。」戀愛如絢爛的煙火，轉眼消逝無蹤，落地的婚姻才是生活長久的考驗。婚後，趙錫成和朱木蘭如何過柴米夫妻的尋常日子呢？

當年在追求木蘭的時候，有人勸趙錫成：「別妄想了，像她這樣出身的女孩子，你養活不起的。」但是，愛情比什麼都偉大，眾親友喜見有情人終成眷屬。

「我們的背景完全不同，結婚以後，我本來還有點擔心她過不了普通人的生活，哪裡知道她比我還要節省，」趙錫成舉例，木蘭持家，寧願使用煤球燒火煮飯，雖然不易起火又花時間，但比較省錢。木蘭婚前不曾下廚，婚後也開始練習煮三餐，因這總比外食或買現成的熟菜划算，到後來她手藝愈來愈精湛，甚至能端出滿桌安徽或上海佳餚。

朱木蘭的閨密張正曾透露，學生時代的木蘭穿衣不太講究，也從來不打扮，樸素而大方。那時木蘭還說如果以後生小孩，就根據「老大穿新，老二穿舊，老三穿破」的原則即可，深具中國人勤儉節約的傳統美德。

剛結婚的時候，趙錫成在運送軍需物資的「有慶輪」上當二副，專走金門馬祖等近海航線。因為是戰時前線，經常砲火連天，危險性大，趙錫成幾次與死神擦身而過。對朱木蘭而言，丈夫時時面臨生死交關，自己內心也七上八下，壓力實在大極了。

為了讓木蘭安心，趙錫成不想再繼續這樣冒險，於是轉到遠洋輪船「慈雲輪」上當二副，待遇比以前還好，只是航行週期的時間拉長了，一年長達九至十個月不在家。

小別勝新婚

「我們一開始就互相體貼，彼此鼓勵，希望創造一個屬於我們的小天地。畢竟在船上做事，待遇比較好，但聚少離多，這是唯一的遺憾，」趙錫成坦然面對：「由於我們相愛很深，對分離會以不同的角度來看，雖然聚少離多，但小別勝新婚。在現實環境之下，我們在婚姻上可說是全力以赴了。」

婚後他們雖然夫唱婦隨，但難免有時意見不同。這時朱木蘭會默默拿《聖經》過來，翻閱恰如其「境」的章節來開導先生。

到後來，只要發生類似狀況，趙錫成在接到《聖經》之前，常跟她開玩笑說：「歸根結柢，都因為妳的那封信回得實在太快了。」他想起兩人久別重逢後，他第一次寫信給木蘭，木蘭寫上家中地址、火速回覆而確認了彼此心意的甜蜜往事。

「我的個性急，實際上，木蘭的個性比我還要急，但是，當我們兩個人在一起

一九四九年，朱木蘭攝於南京明德女子中學校園。這是一所教會學校，她在此受到啟發，開始了畢生虔誠的信仰。

的時候，我們的急性子就自然而然的緩和了下來，因為愛超過了一切呀。」至於為了哪些事意見不同，如今已不可考。

朱木蘭當年讀的是貴族學校明德女中，被一般人認為是「崇洋派」及信奉《聖經》的學校，而明德的確是基督教會學校。木蘭是寄宿生，早上都有早禱，晚上也有晚禱，她在校期間耳濡目染，熟讀《聖經》，培養出虔誠的信仰。

巧妙以《聖經》化解

「她是虔誠的基督徒，相信神會看顧世人，剛結婚時，因為我只相信靠自己的力量就已足夠，所以非常不習慣，」趙錫成記得昔日木蘭翻開《聖經》，提出上面寫的種種箴言：「你們做丈夫的，要愛你們的妻子；你們做妻子的，當順服自己的丈夫」、「設筵滿屋，大家相爭，不如有塊乾餅，大家相安」、「生氣卻不要犯罪；不可含怒到日落，也不可給魔鬼留地步」……，因兩人感情基礎相當穩固，縱然有些微火氣，也很快就煙消雲散。

一九五三年二月，趙錫成得到船長黃筱寅的器重，儘管僧多粥少，船長仍堅持提拔他為大副，趙錫成迅速升了一級，以更加勤奮工作來回報黃筱寅的賞識。

同年三月底，趙錫成急急忙忙送丈母娘和待產的朱木蘭到婦幼醫院，來不及看到女兒呱呱落地，就趕著上船出海。堅強的朱木蘭體諒丈夫的辛勞，沒有怨言，在媽媽的陪伴下，喜悅的迎接趙家長女誕生。

趙錫成返家後，欣喜若狂抱著漂亮的女娃，希望她未來也能繼承木蘭的聰慧堅毅，於是為女兒取名「小蘭」。多年以後，趙小蘭在美國政壇頭角崢嶸，為華裔與家族爭光，她常在公開場合感性的表示：「我以身上流著媽媽的血，繼承媽媽的名為傲、為榮。」

隨著需求的改變，趙錫成夫婦從新婚時的基隆公寓、台北廈門街簡陋的眷村小屋，搬到安東街較寬敞的日式房子。

男主人不在家的期間，朱木蘭倚賴父母的支持和宗教的信仰，化解獨居的孤寂和種種生活難題。她以《聖經》所述「凡事包容，凡事相信，凡事盼望，凡事忍耐。愛是永不止息」來自勉，堅定的靜候丈夫安全歸來。

「有一次颱風，狂風暴雨很嚇人，日式房子不停漏水，那時爸爸不在家，媽媽在深夜把我帶到房子中央躲避風雨，她非常平靜而勇敢，」趙小蘭對兒時的印象猶深。

後來因這房子年久失修，禁不起風雨摧殘，趙錫成顧慮木蘭和女兒的安全，於是在一九五五年年初，買下信義路三段一棟屋況、價格、學區各方面條件都好的房子，一家人歡天喜地的遷入新址。

一九五六年三月，趙家次女小琴誕生。趙錫成心疼木蘭長久以來的付出，請了四週的假親自照顧太太坐月子。他仔細研讀食譜，到東門市場精挑細選食材，洗手做羹湯，麻油腰花、鯽魚湯、酒釀蛋花湯……，其後常買豬肚，藉古俗「以肚補肚」，希望好好幫木蘭調理身體，滋補的湯湯水水裡，蘊含著柔情萬千。

上海好男人

愛情不光是「坐而言」，趙錫成把對木蘭的真心，落實在生活的體貼和照顧上。他勤做家事、油漆房屋、修理家電……，十八般武藝樣樣都來，被親朋好友褒揚為「上海好男人」。

一九五七年，趙錫成在三十歲不到的年紀就升為「唐山號」代理船長，英雄出少年，是業界傳說中有史以來最年輕的遠洋貨輪船長。這也意謂著，這個行業他差不多已經走到頂了。

趙錫成眼看木蘭承受他長期的缺席，一肩挑起家務和照顧孩子的重任，雖然薪

一九六一年，分離三年的趙家夫妻終於團聚，兩人重溫新婚的甜蜜和喜悅，朱木蘭正開心的替先生整理衣領。堅定的信仰讓他們深諳「愛是恆久忍耐」的真諦，即使長期分居兩地，仍互信互愛。

一九五九年，趙錫成攝於美國哥倫比亞大學校園。因缺少學歷證明，無法取得正式學籍，但他仍然旁聽苦讀三年，這是他赴美求學最辛苦的階段。

資較豐，但一家人聚少離多總不是辦法。他和木蘭商量，先考取船長資格，完成此一階段的資歷，再做進修轉業的盤算。

這一年，趙錫成終於心想事成，遠赴美國留學。在台灣大約十年的期間，他對這片土地心懷歸屬感。一名大學生因亂世的浪潮離鄉背井，在異地從零開始奮鬥，白手起家，腳踏實地慢慢累積生命經驗和工作閱歷，化異鄉為家鄉。最幸運的是他與摯愛重逢，締結烽火姻緣，雖然辛苦，但兩人同心，對未來抱持著希望、樂觀和美好的憧憬。

到美國之前，趙錫成明白可能會遇到許多困難，但滿懷信心，相信自己可以很快克服。殊不知當年到美國留學的人不多，到了美國再回流的人更少，根本沒什麼消息可供打聽，一切全憑想像。踏上美國的土地，才發現實際狀況比預想的更嚴峻，不但一切都要從頭開始，一一克服語言文化的適應、經濟的問題等等，最大的「難題」似乎窒礙無解。

因為缺了一紙關鍵的大學畢業證書，無法取得申請研究所的資格，趙錫成在哥倫比亞大學只能當旁聽生，沒正式學籍。但他極其用功，希望因此贏得教授的賞識、校方的諒解，能夠通融一二。可惜中國的苦肉計，在美國社會行不通。

眼看前方漆黑無路，豈料又雪上加霜，趙錫成收到父親過世的噩耗。當年消

一九六〇年左右，趙錫成（中）與《說漢語》課本知名作者都牧師（右）及夫人（左）一起閱讀《聖經》。都牧師夫婦不但對趙錫成百般照顧，也扶助他在異鄉走上誠摯而久遠的信仰之路。

息不靈通，這封信是從中國大陸經過香港，再到趙錫成叔叔的船上，才輾轉寄到美國，等他得知的時候，父親已經過世好幾個月了。他在激動之下悲慟攻心，眼前一黑就昏倒在大街上。

無法言傳的苦痛

「我覺得世界快毀滅了，以前總想努力工作後有天能回饋父親，但如今已絕望，子欲養而親不待，我痛徹心扉，」趙錫成醒來後，瞬間想到老家還有媽媽、台灣有妻女，小蘭的身影也立刻浮現眼前，警惕自己責任未了。他失神的站起來，慢慢回到公寓，身心崩潰的痛哭了一個晚上。

半夜他突然想起木蘭時常讀《聖經》，相信一定有她的道理，於是去敲了麥迪遜大道（Madison Avenue）一所教堂的門。牧師睡眼惺忪開了門，他聽不太懂趙錫成的英文，便介紹他隔日去找都牧師（Rev. Gardener Tewksberry）。

「我本來是不信教的，認為『人定勝天』，靠自己的力量已經足夠。可是遇到了困難，走投無路，感覺自己已擔當不了，才轉求上帝的幫忙，非常可憐啊。後來我跟朋友們講，如果沒遇到困難而能夠信仰主，那才是真正的有福者。」

都牧師當時已經退休了，他的父親是早期長老會到中國傳道的傳教士，他在中國大陸出生，講得一口流利的北京話。在紐約退休後，他仍然在中國的留學生群裡傳道。

趙錫成談及父親，不禁潸然淚下。趙以仁從事農村教育，師範學校畢業當了教師，後來擔任小學校長，桃李滿天下。聽說在剛解放的時候，他還受到當局的獎賞，被譽為優良教師。可是，不久就被推翻，成為「黑五類」之一，主要原因是他的親弟弟趙以忠一家五口去了台灣，獨子去了美國，這是非常反動的背景。所以他在「三反」、「五反」運動中遭到整肅，才五十四歲就抑鬱而逝。由於趙父的罪名是「反革命份子」，而趙母當時也生了重病，臥床不起，因此他的屍首無人敢認領，幸好趙錫成的堂兄趙錫福偷偷收斂，不過最終遺骸仍不知去向。趙錫成想到這輩子再也無法回饋父親的愛護及栽培，難抹錐心刺骨的愧疚，甚至沒有跟父親好好的說一聲再見，他忍不住悲從中來。

不再相信「人定勝天」

都牧師聽了趙錫成的遭遇，同情的長嘆一聲：「你們中國的聰明人都認為人定勝天，James啊，這個力量是不夠的，要靠主啊！主會幫你這樣年輕有為的人，發揮你的能力跟智慧，不光是為你自己，而且是為了眾人。」

這話如同打了一針強心劑，讓趙錫成平靜下來，他就跟著都牧師及師母，一起讀經、查經、禱告、感謝、感恩。對於讀經和查經，沒有問題，技術上非常容易跟隨，「可是在這麼艱苦的時候，叫我感謝跟感恩：謝什麼謝？感什麼恩呀？」趙錫成在心中聲嘶力竭的吶喊著。

都牧師娓娓道來：「生老病死，本來便是自然現象，我們在世界上就是靠主的恩典，按照祂的安排，盡心盡力、努力工作，享受主耶穌給我們的恩典。日子的長短，相對整個宇宙而言實在是太渺小了，凡事交託，聽主的安排，人生觀也就變得樂觀了。我們相信，只要主是容許的，那麼就靠祂的力量，我們沒有事情不能解決的。」

趙錫成反覆讀著，「耶和華是我的牧者，我必不致缺乏。祂使我躺臥在青草地上，領我在可安歇的水邊。祂使我的靈魂甦醒，為自己的名引導我走義路。我雖然行過死蔭的幽谷，也不怕遭害，因為你與我同在；你的杖、你的竿，都安慰我。在我敵人面前，你為我擺設筵席，你用油膏了我的頭，使我的福杯滿溢。我一生一世必有恩惠慈愛隨著我；我且要住在耶和華的殿中，直到永遠。」

這段經文有股神奇的力量，讓他的心漸漸穩住，感覺安全和安定。

中西思想殊途同歸

趙錫成仔細一想，《聖經》的許多說法和中國的儒家思想似乎殊途同歸，希望人致力「修身、齊家、治國、平天下」之道。也就是說，君子首先應修德養性，下一步管理好家庭，再進一步安邦定國平天下，以貢獻社會。而基督教中「神是愛」等意旨，與儒家所推崇的「仁者愛人」、「君子以仁存心」的思想不謀而合，因此，他對《聖經》漸漸產生了興趣，而且開始研究。他約莫花了九個月的時間把《聖經》看了一遍，然後再明列從上帝創世紀到耶穌誕生及升天，做了一張詳細的大事年表，以加深印象。

一九六〇年前後，那時趙錫成跟都牧師去紐約市西七十三街長老教會做禮拜，後來每個週末他改到紐約市北邊的柏油村（Tarrytown）打工，星期日上午就在附近的長老教會做禮拜，那裡的牧師是杰牧師（Rev. James Gillespie）。

杰牧師對趙錫成非常熱誠，知道他孤家寡人，有時候還留他在家裡吃飯和過夜，把他當自家人一樣。杰牧師明白趙錫成一心一意想學好英文，就利用《聖經》

來教他英文，順便矯正他的口音。

「我得到了很大的安慰和幫助，後來我們成為非常要好的朋友。我現在床上的一個小枕頭，還是杰牧師太太送給木蘭的，全是手工製作，對我來說它是無價之寶。儘管他們已經過世，我對他們還是非常想念及感謝，」趙錫成說。

經過一番觀察，杰牧師同意為趙錫成受洗，為了慎重起見，還特地邀請都牧師一起主持儀式。

化小我為大我

「這非常難得，也是我一生的榮幸，我非常珍惜。我迄今還時常禱告，為此感謝他們，因他們幫助我改變了我的人生，」趙錫成信主之後，想法的確有所改變，凡事不再計較一時得失，會往遠處想。

趙錫成相信基督教的「信望愛」三德，其中以「愛」最為重要。正因為「神是愛」，神賦予人愛的能力，從而使神的恩賜得以恒久廣傳，賜達更多的人，這也與中國傳統儒家所強調的「仁者愛人」思想契合。

而且，基督教注重「順服」——把小我變成大我，凡事凡時都以主的意志為意志，可減少及避免人生的煩惱。讓人生積極化，讓自己的生活真正的「活」出生命來，這正是在《聖經》裡所說的「好得無比的」。

趙錫成和朱木蘭在分隔兩地的三年期間，其實面臨各種考驗。其中之一是當時兩人年齡很輕，郎才女貌，有許多來自外界的誘惑。即使木蘭帶著三個女兒，身邊仍有不少追求者，趙錫成隻身在外，也有頻頻青睞他的女性。他並不諱言兩人當年的處境，「可是，我們都是專心一意，不為所動。」

一九六一年，趙錫成和妻女在美國團圓，人生漸入佳境，之後既完成碩士學位，又開始創業，生意雖有起有落，但勤奮工作的態度如一。每有收入時，他和朱木蘭必定會撥一部分款項幫助需要的人。

「其實從一九五〇年代中，我們就開始奉獻小小心意，但沒有讓別人知道，木蘭曾經說，右手給人家的，左手馬上要忘掉，幫助別人不要期望有回報。但真正受益的其實是我們自己，因為心靈得到很大的快樂。」

> “右手給人家的，左手馬上要忘掉，幫助別人不要期望有回報。 ——朱木蘭”

趙錫成和朱木蘭認為，中國人講求「修身齊家治國平天下」，修身是基礎和首要的，怎樣盡本分、做好該做的事，讓自己喜樂起來，是人生很重要的一步。所以，兩個人每天早晨禱告的時候，最先感謝上帝：「This is the day the Lord has made. Let us be glad in Lord and rejoice in it.（這是耶和華所定的日子，我們在其中要高興歡喜。）」

牧師只是引領者

趙錫成偏愛這兩句話，常在口中朗誦著，認為它符合中國「修身齊家」的基本原則。他認為《聖經》裡充滿了美好的訊息及寓意，所以俗稱「福音」，千年以來，它的重要性從未改變，只是有增無減。

他們天天都以此方式，迎接一個好的開始。

「我個人覺得：牧師只是引領者，真正重要的還是信徒跟主之間的直接關係，查經及禱告就是構成與主之間直接關係的動力和基礎。其實這要歸功太太的啟發，她真的是非常非常虔誠的基督教徒，」趙錫成表示。

每逢週日，朱木蘭則照例為全家大小準備，一起出門上教堂，被趙錫成形容為

「雷打不動」，從未間斷。

「我們每個星期日都要去教堂，直到我離開家讀大學，」趙小蘭說：「爸媽規定務必準時出門，但每個星期日小琴總是愛睡大頭覺，每次就是她啦。星期日全家人都會在教堂花一整天，我很高興有這樣的基礎。」

趙錫成自認從主那裡得到許多幫助及啟發，也希望幫助他人，因此對宗教十分熱心，積極推廣發揚，不久當了教會的長老，經常陪同牧師司徒巨勳代表皇后區歸正教會（Reformed Church）到母堂參加季會及年會等，同時聯訪教友。這是他一生在生活物質上比較艱難、但心靈非常愉快的一段時期。

牧師家裡育有兩兒兩女，年齡跟趙家女兒們差不多，因此，小孩子時常玩在一起，小蘭和妹妹的英語也進步飛快。兩家保持著非常良好的關係，直到趙家搬到塞奧西特（Syosset）後，還是時常回到司徒牧師的教會做禮拜。當時教會位於牧師家的地下室，相當簡約，教友計劃籌建新堂，趙錫成自願成為發起人之一，二話不說率先捐了一千美元，對當時的他而言，這是一筆不小的數字。不到兩年，眾人就把新教堂建設了起來。

後來趙家再搬至哈里森（Harrison），因為離皇后區太遠，就改在當地的里奇韋宣道會（Ridgeway Alliance Church）做禮拜。朱木蘭星期日多奉獻給主，除了在教會出席主日學及禮拜外，中午如有聚餐，就自告奮勇在廚房幫忙，樂此不疲。

朱木蘭年少時在基督教學校念書，因此對耶穌的誕生日——聖誕節，特別重視，早年趙家女兒們年紀尚小，處於成長階段，尤其喜歡聖誕節的歡樂氣氛。

永誌難忘聖誕節

在這個溫馨的大節日，全家會參加彌撒、禮拜、一起唱聖誕歌曲，交換禮物。聖誕樹下色彩鮮豔、琳琅滿目的禮物，是給彼此的意外驚喜，趙家留下很多當年聖誕團聚的珍貴照片，女兒們拆禮物時的笑靨和歡呼，彷彿就在眼前。

「每逢聖誕節，我們姊妹都會從四面八方趕回家與父母團聚，度過我們全家最幸福快樂的時光。聖誕夜晚，我們圍坐在同母親一起裝飾、色彩繽紛的聖誕樹旁，像兒時一樣，津津有味的聽父母講述他們過去的故事，他們的父母家鄉、他們的悲歡離合、心路歷程、信仰追求，他們如何含辛茹苦的撫養六個可愛的女兒，培育我們成人成材，」趙小蘭說，父母浪漫傳奇、極度戲劇化的愛情故事，姊妹們永遠聽不膩。

一九七三年，趙錫成把母親從中國大陸接到美國團圓，也是排除萬難，經過輾轉、曲折的過程，幸好她安然抵達。

趙母對獨生子牽腸掛肚，希望有朝一日跟兒孫相聚共享天倫之樂，初到美國時，內心萬分高興和滿足。但現實的問題是，她不會講英文，只能講嘉定家鄉話，在美國這個異鄉有口難言；她不會開車，等於沒有腳。加上離開了原來熟絡的朋友和親戚，有如失根的蘭花。除了跟一、兩歲的小安吉玩耍之外，她整天無所事事；加上跟兒子、媳婦分隔太久，彼此的想法較難溝通，話也就不多，因此感到生活無趣乏味。

趙母罹患糖尿病，有時想吃點喜歡的走油蹄膀，但因身體太差，兒子每次帶她到中國城進餐，經過一個多鐘頭車程的折騰，她已十分疲倦，胃口全失。

為了替媽媽找一個有大院子的房屋，能夠在寬敞的前庭後院散步散心，趙錫成從塞奧西特搬到現在的哈里森住所，可是趙母已體力不支，在一九七三年七月與世長辭。

哀哀父母，生我劬勞

「我悲痛難言，十分傷心。好在母親在中國大陸已經信主，希望她在天之靈與

一九七八年的聖誕節，趙家人在家中聖誕樹前拍下全家福。家有「七仙女」，趙錫成深感幸福。前排左至右為朱木蘭、趙安吉、趙小琴；中排左為趙小甫，右為趙小婷；後排左至右為趙錫成、趙小蘭、趙小美。

在美國總統尼克森到中國大陸進行歷史性的訪問後，趙錫成（左一）終能克服困難，迎接母親許月琴（左二）到紐約團圓，他們全家在週日一起上教堂，共享天倫之樂。

上帝一起永享平安喜樂。靠兒子是靠不住的，還是得靠我們天上的主，」趙錫成感謝母親一生劬勞、為他犧牲，自慚心有餘而力不足，無法完全回饋。

「親愛的媽媽，請您原諒，向您賠罪，迄今我還經常禱告，相信您在人間生了我，未來會在天堂接受我，祈祝您在天上永享平安喜樂。與主同在，好得無比，」趙錫成在母親的墓碑上加了幾個字「以仁公衣冠墓」，希望雙親永遠相依相伴。每次來訪，他都下跪三拜行大禮，答謝父母的恩情。事實上，衣冠墓內並沒有趙父任何實體的衣冠，中國人在特殊的政治劇變和時代洪流中受盡苦難，遺憾只能還諸天地，趙錫成也只好以此自我安慰。

為了感念父母，趙錫成於一九九五年在家鄉嘉定以父親之名設立「上海馬陸以仁幼兒園」，也以母親的名義捐款助學。只因他牢牢記著父母當年的教誨：「化苦難為力量，循序努力進步，追求理想的事業，不光為自己的得失，也要有利社會，與世界分享，做出應有的貢獻。」

趙家女兒們長大後，各自讀書、就業或成家，紛紛展翅高飛。少年夫妻老來伴，果真不假。

知名散文作家琦君曾說：「夫妻之間，不只是情深似海，更要義重如山。」平常過日子，趙家夫妻總緊緊把握有限的相處時光。晚上飯後，趙錫成在家辦公時，木蘭都會靜靜陪在身邊，直到就寢。「她覺得我很辛苦，所以處處體諒我，只要我在家，她就陪著我。她時常告訴女兒們，爸爸很辛苦，要尊敬爸爸，全家人自然而然凝聚在一起，很有向心力。」

陪趙錫成在家工作時，朱木蘭手邊捧著一本《聖經》反覆閱讀和思考，上面密密麻麻寫滿了心得，也因為她翻得爛熟，書頁變得破舊不堪。家中時有牧師來訪，看到這本被翻爛的《聖經》，無不嘖嘖稱奇。

悲欣交集

二〇〇一年一月十一日，是趙家「悲欣交集」的一天。

美國總統當選人布希（George W. Bush）上午致電趙家長女小蘭，請她出任聯邦政府第二十四屆勞工部部長。當天下午，白宮正式發布趙小蘭擔任勞工部部長的消息；而這天早上，紐約上州白原醫院經過檢驗，證實朱木蘭罹患了淋巴腺癌。

晴天霹靂震驚了趙家。

醫學教科書上曾說：「有時候不幸的事情，也會發生在善良的人身上。」被女兒形容為「從不生病」的木蘭一開始只是左小腿疼痛，本來以為無大礙，不料卻是

> 上天給我這麼多好的人事物，我當然也應該承受其他的。 ——朱木蘭

這樣的結果。趙錫成乍聽之下六神無主，很快按捺內心的慌亂，想辦法為妻子延醫治療。

女兒們聞訊，無法置信，紛紛趕回家關心。一般人遇此巨變，最直接的反應是：「為什麼是我？」木蘭卻告訴女兒，「家裡總會有人生病，妳們都有事業，都很忙，如果必須如此，還是我生病比較合適。」

大姊朱子珍立刻從加州飛來紐約，陪木蘭做了第一次化療。三月初，適逢趙小蘭宣誓就職勞工部部長，總統布希主持就職儀式。朱木蘭暫時把病情拋諸腦後，喜悅的為女兒手持《聖經》，見證了趙家榮耀的一刻。

她也冷靜的對剛退休、從賓州趕來陪病的妹妹朱淮北說：「上天給我這麼多好的人事物，我當然也應該承受其他的。《聖經》中教導我們：賞賜的是上帝，收取的也是上帝，是好是壞，一切都有神的美意，我們只要讚美及順服就是。」

在前後長達七年的養病期間，木蘭強忍病痛，樂觀以對，一開始療程的效果頗佳，她很快就回復正常生活。頭髮

掉了就戴假髮，該回醫院複診就出門，絕不囉唆。二〇〇一年十一月她還陪趙錫成赴亞洲出差，在十二日歡度結婚五十週年的金婚紀念。十一月十二日是孫中山誕辰紀念日，也是放假日，所以趙錫成夫妻當年特別選此日結婚。

平安度過將近兩年，朱木蘭的淋巴腺癌於二〇〇三年春天復發，她就近在紀念斯隆－凱特琳癌症中心（Memorial Sloan Kettering Cancer Center）治療，第一階段的療程效果還算不錯。二〇〇四年五月，趙錫成怕木蘭感染，租用私人飛機，帶她到加勒比海的聖馬丁島（Saint Martin），享受一週遺世獨立的難得假期。

這是木蘭嚮往已久的兩人世界與私密時光，走在白淨的沙灘，面對廣闊的大海，無邊無際，她剎那間忘了憂慮和病苦，露出孩子般清純天真的笑容。趙錫成牢記住了那一刻木蘭甜美的笑顏，不禁動容的想：如果可以這樣天長地久牽手走下去，該有多好呢！

一天的難處一天當

二〇〇五年三月，朱木蘭的癌症再度復發，這一次她的腿潰爛很嚴重，皮膚下出現淋巴腫瘤，醫生認為必須持續進行放射治療。她的皮膚有些部位嚴重灼傷，還遭到感染，傷口血流不止，但仍咬著牙忍住痛，不輕易吃止痛藥。女兒們分別從不同住處回家探望母親，面露愁苦關心之色，木蘭反而輕聲細語安慰她們。

朱木蘭曾引述聖經的話：「不要為明天憂慮，因為明天自有明天的憂慮；一天的難處一天當就夠了。」

趙家老三小美說：「媽媽一直很樂觀，深深信仰上帝，知道祂會引導我們。」

朱木蘭的好朋友錢萍指出：「趙太太很低調，生病時不讓別人知道，她請我保守這個祕密。」

錢萍對趙家夫妻的鶼鰈情深很有感：「趙太太的話雖然不多，但是很有決定性。趙先生在我們家開交大校友會的籌備會，有人意見不同，他會轉身問太太：『媽咪，妳覺得應該怎麼做？』趙先生百分之百聽太太的話。」

有次錢萍做酒釀湯圓待客，趙錫成很喜歡，一碗吃完欲罷不能，朱木蘭看了先生一眼，「哎啊，不能吃太多呀！」趙錫成不死心再問：「好啦，難得我再多吃一碗。」木蘭只是笑瞇瞇的望著他，不置一詞，趙錫成從善如流，也就沒再吃了。「他們兩個互動很有默契，一切盡在不言中，」錢萍的觀察入微。

她記得有次邀趙錫成夫婦唱家中的卡拉ＯＫ，剛開始兩人很靦腆，沒什麼動靜，「後來我放了台灣當時流行的電視劇《包青天》的主題曲〈新鴛鴦蝴蝶夢〉，他們一聽就從沙發上跳起來，開始高歌，麥克風都放不下來。我們家有遊戲機，他們玩曲棍球、吃角子老虎，也是相敬如賓，沒有一定要贏。兩個人互敬互愛，真情流露，絕對不是做樣子，他們的女兒恐怕都不知道他們會唱歌，還非常享受呢。」可以想像趙錫成在木蘭生病後，承受了多大的壓力和痛苦。

花落花開自有時

二〇〇五年五月，木蘭在病中陪趙錫成到上海出差，想照顧他一路上的飲食起居。這次洽商，趙錫成因工作的突發狀況導致血壓飆到兩百多，當時如果沒有太太陪在身邊，後果可能不堪設想。此行任務雖有波折，但朱木蘭冷靜的協助先生順利化解危機。

趙錫成稱讚太太很有主見，但並不輕易表達，總是靜靜聽著別人的意見看法，以旁觀者立場來發揮她的「效力」，亦即《聖經》裡面說的：「彼此共享效力，使愛主的人得益處。」

這段期間，趙錫成更是護妻心切，盡可能撥空陪在她身邊。每次去醫院，他提著厚重的公事包，裡面裝滿木蘭的病歷，他必須和醫生詳細且深入的討論對策。

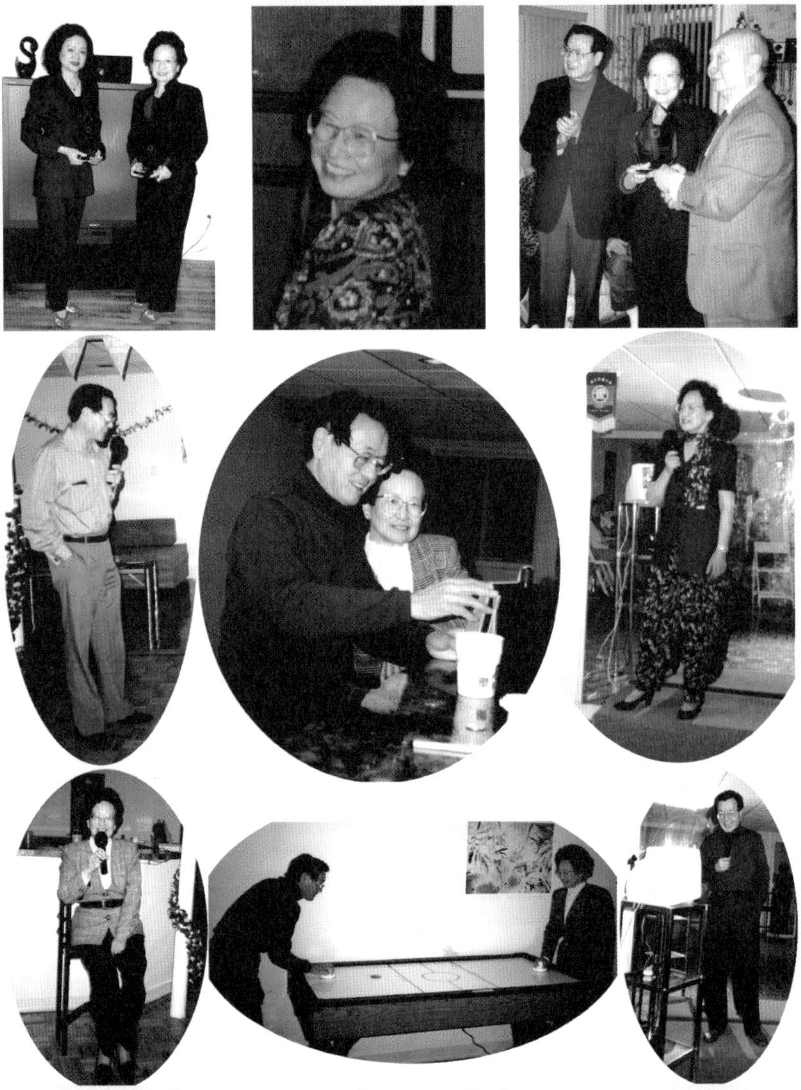

趙錫成夫婦到郭思平夫婦家中聚會，一同高唱〈新鴛鴦蝴蝶夢〉，歌聲中真情流露。

回家後，他將每一粒藥仔細分裝好，並按時間及次序製成表格，要木蘭每吃完一種藥就記錄下來，免得弄錯。

朱家大姊子珍看在眼裡，深受感動：「木蘭前前後後病了七年，在這段日子裡，錫成照顧病人非常盡心。」那段期間趙錫成工作極忙，他仍用心照顧木蘭，每天清晨下樓為她熱杯牛奶；晚上工作一結束，再到臥室探望她。木蘭即使因病痛輾轉反側，一聽到先生進房來，常常假裝已經熟睡了，讓他放心。

朱子珍因領會他們夫妻彼此的關懷體貼而淚眼婆娑：「我由衷感謝錫成對木蘭所做的一切，而他總回答，這本來就是他應該做的。只要有助於木蘭的病情，能讓她舒服或寬心，再苦、再煩、再累的事，他都願意全力以赴。」

福茂集團紐約公司前總經理李明清記得，二〇〇五年七月中旬，公司同仁和眷屬到趙家做客，主人熱誠的招待。

朱木蘭請李明清夫婦轉達，她和家人感謝教會多年來為她的健康代禱。她坦然說道：「神創造宇宙萬物，生命是神所

> 我深深覺得只要信靠、交託、順服，心裡就很平靜安定，對抗病痛就有信心。
>
> ——朱木蘭

賜的，生有時、死有時，一切都在神的掌管之中。我深深覺得只要信靠、交託、順服，確信神的恩典夠用，心裡就很平靜安定，對抗病痛就有信心。」

李明清回憶：「趙夫人敬虔的信仰讓我們敬佩，也是我們的榜樣。看她一生蒙神的祝福，充滿愛心，榮神益人，真是很美好的見證。」

趙小蘭剛到華盛頓上班的時候，因為很忙碌，沒時間買衣服，連同家務，都是媽媽去探望時一手幫她打理的。後來小蘭星期六回紐約，母女會把整個週末都拿來逛街，就能快速解決這件該辦的事。

「媽媽是購物時很好的幫手，也會給我建議，十分享受跟女兒相處的時光。她極有耐心，我們每次拿很多衣服，我試穿時她就在旁邊幫忙把換下來的衣服掛回衣架，效率超高，」趙小蘭悵然的說：「媽媽得了癌症，我非常難過，她沒有辦法再像以前走這麼久的路，也走不快，後來甚至已經沒有力氣走路，我才發現——她即將離開我們了。」

信仰堅定，忍耐痛苦

木蘭生病的最後兩年，頻繁進出醫院，發病間隔也愈來愈短，備受疼痛與煎熬。雖然身體日漸虛弱，信仰仍是她精神上最堅實的依靠。「今天照顧你的慈愛天父，明天和每天都會照顧你。祂要嘛保護你們免受痛苦，要嘛給你們力量忍受痛苦。」

外甥女張梅梅透露：「二阿姨生病這七年，從未怨天尤人，一直都很堅強，都忍著痛苦。她曾跟媽媽說過，如果她走在姨爹前頭，是她的福氣，因為姨爹什麼都會安排得好好的。小蘭當了勞工部部長，她在這時候走，走得風光，沒有遺憾。」

趙錫成黯然神傷，內心掙扎，即使女兒請他「放手」，他仍不忍讓木蘭離開。人生的最後一個星期，木蘭氣若游絲，不能吃睡，也沒有講話和抬頭的力氣。她還使力催促守在身邊的小蘭快回華府上班，要她「去做更重要的事」。

趙錫成不忍再讓木蘭受苦，萬不得已之下，開始為她張羅身後大事。趙安吉在媽媽遠行前的最後一夜，守護在她身邊。朱木蘭全身發冷打顫，呼吸困難，已虛弱得無法言語，突然間示意想要自己的毛毯，並喃喃的說著什麼。安吉只聽到「毛毯」，便趕緊去拿來另一條毛毯幫她蓋好。木蘭吃力的搖搖頭，要女兒把毯子給看護，還說「這裡很冷」。安吉鼻子一酸，看護也熱淚盈眶，見證了木蘭即使在彌留之際，都不忘體恤他人的需求、為他人著想。

離恨恰如春草，漸行漸遠還深。朱木蘭在這世界上走完了她的行程，終在二

風華正茂的朱木蘭，讓趙錫成恍然明白「弱水三千，只取一瓢飲」的涵義。她是虔誠的基督徒，深深影響了趙錫成。在烽火歲月和異國生活中，信仰幫助他們克服種種的挫折與難關。

〇〇七年八月二日傍晚被主接走。

離恨恰如春草

人生，還有什麼比「生死阻隔」更大的難題？

「她虔誠信主，教堂是她心中的聖地，是她寄託終身信仰的家。木蘭是除了父母以外，對我最有影響的人，我終身感恩能有她的愛及信任，」趙錫成終能體會《浮生六記》作者沈三白，在妻子芸娘離世時「兩手空拳，寸心欲碎，綿綿此恨，曷其有極」的失落，他感同身受，含淚寫下悼文：「木蘭已駕鶴西去，我心也隨她而去。曾經以為，兩情若是久長時，又豈在朝朝暮暮，但如今我卻深感遺憾及虧欠，為木蘭長年來望眼欲穿的等待。年輕時她獨自帶著幼女，等我從海上漂泊回家，中年等我工作後筋疲力盡的回家，老年時她依舊等待，等待兩人有一天可以在海邊悠閒散步……」

趙錫成在愛妻走後頓覺人生失去了重心及目標，時常感到空虛孤寂、後悔莫及。「愁腸已斷無由醉，酒未到，先成淚」，想藉以澆愁的酒都還沒入口，早已淚流滿面。趙小蘭紅著眼眶安慰父親：「媽媽息勞歸主，走得安詳，也終於解脫了，前去一個更美好的地方。那裡沒有痛苦，沒有眼淚和悲傷。她在彼岸建立了一個新家，等待我們。」

趙家女兒們整理母親的物品時，看到她在中英翻譯的練習本裡寫道：「人生意義不在於生命長短，而在於如何度過一生，這才是生命最珍貴的意義和價值所在。」

趙小蘭反覆咀嚼著這段話，認為這就是媽媽的人生觀，她終身不渝的追求生命真諦，也努力去實踐有意義的人生。

「如無主恩，真不知該如何度過餘生？主恩無疆，相信我們會在天國再聚，」問君能有幾多愁，恰似一江春水向東流。時間是一帖良藥，讓趙錫成靜思沉澱、慢慢領悟：如果化淚水為力量，繼續做另一半喜樂的一切，活出健康而具意義的生活，在天上的木蘭必然更加欣慰。

朱木蘭遠行之後，她生前熱心公益的點點滴滴，被新聞媒體挖掘而陸續報導出來。里奇韋宣道會也在牆上特別懸掛永久性的展示櫃，讚揚她三十多年來對教會的種種虔誠奉獻。從那時開始，趙錫成積極以木蘭之名在台海兩岸及美國設立助學獎學金、教學大樓，紀念她，並顯揚她的名。

前兩年，趙錫成專程把當年父親過世後製作的基督大事年表帶到公司，秀給同仁及小女兒安吉看，並提及他從《聖經》裡得到的啟示和幫助。安吉立刻回辦公室拿出一張由電腦輸出、同樣內容的表，笑著向父親展示：「爸爸，我真佩服你。不過世界已變化，以前你花幾個月，我現在只需要兩分鐘。」

「世界的確改變了，可是，有一樣是不變的，那就是上帝的愛，」趙錫成告訴女兒：「妳很幸運，因為妳一切都好，尤其妳也信主；我則不同，我是受了苦，自己擔當不下，才信主的。」

修身齊家的最佳典範

基督教義中的「信望愛」三德，和中國傳統儒家所強調的「仁者愛人」，深深影響著趙錫成。

就因常懷愛人之心，趙錫成與朱木蘭盡其一生與人為善，為人子女則篤盡誠孝，為人父母則甘盡劬勞，為公益者則默默奉獻數十年。亦正如孟子所言「愛人者，人恆愛之」，他們夫妻倆的這份儒士風骨和愛人之心，也將美譽與福報帶入趙家。如今趙家女兒個個出類拔萃，在各自的崗位上努力貢獻社會，且不論成就多高，始終對父母恭謹孝敬，這豈不正是儒家所倡「修身齊家」的最佳典範？

每到年節假日，總有數不清的賀卡從世界各地寄到趙家，其中多半來自木蘭獎學金資助的學生——從哈佛商學院到上海海事大學皆有。卡片上密密麻麻寫著中文或英文的感謝與祝福，傳遞了滿滿的愛。

時至今日，趙錫成的心情已歸於平靜豁達，每天都哼唱著〈主的恩典足夠使用〉這首歌，高高興興過日子。

他時常祈禱：「感謝主賜予木蘭和我如此美滿的姻緣。感謝木蘭，與妳有緣相伴相愛一生，是我今生今世最大的幸福。」

正如《聖經》所記的箴言所說：「當一個男人找到一個好妻子，她的價值遠遠超過了珍珠。丈夫傾心於她，如獲無價之寶。她會使丈夫終身受益。」

愛是永不止息，七十多年前，有一個男孩真誠的對女孩許下諾言：「請相信我，我會終身全心愛護妳。」當時明月在，曾照彩雲歸，斯人雖已渺，如今，他奉行著她喜樂的事，綿延他永恆的愛。

06

奉獻所得，讓愛循環

趙家夫妻處處節省，並非小器，而是希望累積更大的力量為社會付出。早年他們即熱心公益，設立基金會、捐贈獎學金，幫助許多莘莘學子得到受教育的機會，近年兼具紀念意義與教學功能的哈佛趙朱木蘭中心落成，其中有更深遠的意義。

二〇二一年八月底的哈佛大學商學院校區，鬱鬱蔥蔥，碧草如茵，一隻貓咪慵懶的躺在草地上享受日光浴。因新冠肺炎關閉了一整年的校園，終於開放了。蟲鳴鳥叫中，人聲笑語逐漸喧譁，來自各地的學生們絡繹不絕的推著行李家當，歡喜進駐，迎接新學期。這片位於波士頓查爾斯河畔（Charles River）的一方淨土，瞬間活了過來，只覺陽光璀璨，歲月靜好。

漫步在創立於一九〇八年的哈佛商學院，校園中最值得參觀的，莫過於壯觀雄偉的建築物，每幢樓房立面上端鐫刻著美國商界先驅的姓名，那同時也是該建物的名稱。細數一個世紀以來的悠悠歲月，名字的主人皆是獨領風騷、走在時代尖端的拓荒者。

打破哈佛的紀錄

二〇一六年六月六日，在古典與現代建築並陳的校區，一個中國家族的姓氏，如春雷般打破了哈佛大學的幾項紀錄。

哈佛商學院享譽全球，除了本科學生外，每年有來自世界各地的九千多名企業界高級主管，進入此地研習。這樣一個歷史悠久的學院，才在二〇一二年慶祝了錄取女性的五十週年紀念，而第一座以「女性」命名的建築「趙朱木蘭中心」（Ruth Mulan Chu Chao Center）也宣告落成，它同時是哈佛大學首座以「華人姓名」命名的教學大樓。在此之前，哈佛從來沒有以華裔或女性名字命名的教學建築。

趙錫成在太太朱木蘭過世一年後，於二〇〇八年提出捐款修建教學大樓的意願。事實上，哈佛大學不輕易通過類似的捐助提案，然而趙家和一般校友不同的是——趙家有四位女兒先後就讀於哈佛大學，因此趙錫成對於哈佛大學感情深厚，與哈佛歷任校長友誼甚篤。正因了解趙錫成的善心和趙家與哈佛的淵源，當哈佛商學院計畫在校園中心興建新教學樓時，時任哈佛商學院院長尼汀．諾里拉（Nitin Nohria）想到了趙家。趙氏家族是哈佛商學院建院百餘年歷史上，唯一有四位女兒均就讀商學院的傑出家庭，另外兩位姊妹也畢業自常春藤盟校，加上父母親都是聖約翰大學的碩士，一家人均堪稱「學霸」，被媒體喻為「華人第一家族」。他希望由趙家來支持修建這棟位於哈佛商學院心臟地帶、計畫每年接待超過一萬名來自全球各地學子的新地標建築。

二〇一二年，經過四年審慎的研究商議，哈佛大學在深富意義的三百七十五週年校慶上，正式接受趙家四千萬美元的捐款，其中五百萬美元拿來做為華裔學生的獎學金。

被學生暱稱為「Chao Center」的趙朱木蘭中心，位於哈佛小徑的盡頭，是出入哈佛商學院的要道，同時也處於另一個樞紐通道的交會點。前門的立面是優雅古典的傳統建築，後門立面則是俐落極簡的現代大樓，蘊藏著「承先啟後」的不凡意義，也象徵從舊時代的中國，走過長長的一條路，來到了新世紀的美國。

時任哈佛商學院院長尼汀．諾里拉教授指出，「這份厚禮之所以深具意義，在於背後趙氏家族的故事。他們移民到美國追逐夢想，成就卓越非凡，充分彰顯趙博士和夫人的果敢與堅毅。他們一向熱心公益和慈善事業，這也展現了趙氏家族可貴的價值觀。」

時任哈佛大學校長德魯．福斯特（Drew Faust）教授認為，這座中心「呈現出趙家對教育的重視和前瞻眼光，女兒們就是最好的寫照。她們以自己身受的教育，改善了周遭的世界。」

美國夢的最佳詮釋

而趙氏家族，無疑是「美國夢」最好的詮釋和體現。

「我的父母對美國非常感恩，這個國家給了我們家寶貴的機會，這也是他們慈

二〇一六年六月六日，趙家全體出席哈佛商學院「趙朱木蘭中心」落成典禮，並於朱木蘭的半身銅像前合影，這件雕像作品是由中央美術學院教授張偉耗時一年所完成的。中排左至右：趙小婷、趙小甫、哈佛校長德魯．福斯特、趙錫成、趙小蘭、哈佛商學院院長尼汀．諾里拉、趙小美、趙安吉。後排左至右：外孫謝立、趙小婷夫婿胡群思、趙小甫夫婿謝甫、麻州參議員艾德．馬基、外孫女胡榮蘭與胡榮婷、趙小蘭夫婿密契．麥康諾、趙小美夫婿黃蔚祺、趙安吉夫婿吉慕．布瑞爾、外孫謝榮。前排席地而坐者為外孫女黃趙啟蘭（左）、黃趙啟梅（右）。

善之舉起心動念的所在，」趙家大女兒趙小蘭誠摯的致詞：「這座大樓，將承載著母親一生的價值觀與哲學：當人們孜孜不倦在知識和理念上進行有意義的交流時，世界必會變得更美好。」

趙小蘭記得每次父母只要賺到錢，就會把一部分捐贈給別人，而且都是不具名捐款；因為抱持信仰，相信任何給予他們的都是上帝的恩賜。「媽媽過世之後，爸爸才以媽媽的名字公開捐款，因為他在極度悲傷下，想讓全世界知道他的成功，是由於這個女人一直站在他的背後。」

趙家老三趙小美透露，父親離開中國時無依無靠，直到遇到媽媽才有完整的家，即使人生起伏，媽媽仍對他不離不棄，因此基金會捐贈的教學大樓、機構都冠以媽媽或祖父母的名字。「爸爸很謙虛，絕不用自己的名義。」

趙小蘭認為父母的成功，不在於他們賺了多少錢，而在於他們是樂意為社會付出的「好人」。這次捐款給哈佛，就是要展現中國人只要有條件、有能力，也是非常慷慨大方的，同時希望鼓舞其他人，亦能為社會做出貢獻。

二〇一六年六月「Chao Center」落成啟用至今，已成為極受師生歡迎的天地。整個哈佛大學，沒有其他像這棟建築一樣的建物，以「建築社群」的方式，帶動巨幅的變革。

面積約八千三百六十平方公尺的四樓建築，格局方正、空間視野開闊、線條簡練流暢，十分大器，而且室內管理良好，舉凡教學設備、燈具、家具的品質，都很講究。無論是教學、上課、開會或休憩、用餐，便利舒適，難怪總是可見人影穿梭其間，怡然自得。

一樓大廳是明亮寬闊的開放空間，設有階梯座位，是近年高科技公司流行採用的設計。一面牆上掛著出自華人畫家陳衍寧之手的趙家夫婦油畫，旁邊電視牆介紹趙氏家族的歷史、成員和人生哲學等資訊，讓人深入了解教學中心的成立宗旨。

有許多同學形容「Chao Center」像是一個寧靜美好的禪修中心，能讓人身心安頓，也有訪客覺得此地非常優雅、時尚。

哈佛商學院每年遴選四到六位華裔研究生，提供他們「木蘭教育基金會」獎學金，為期兩年。三十出頭的哈佛MBA畢業生戴華，是獎學金得主之一。他因父親事業的起落，從出生到十二歲都住在上海的貧民窟，左鄰右舍不是妓女、流氓、毒販，就是無業遊民。由於父親工作忙碌，不得不將他託給鄰居照顧，但他卻得到許多關懷和溫暖。戴華自認在上海最黑暗的角落，看到人性最良善光輝的一面。

後來父親事業峰迴路轉，戴華離開上海到香港、美國等處讀書，也曾參與公益組織，工作一陣子後，很幸運的申請到哈佛商學院研究所，並獲得獎學金。

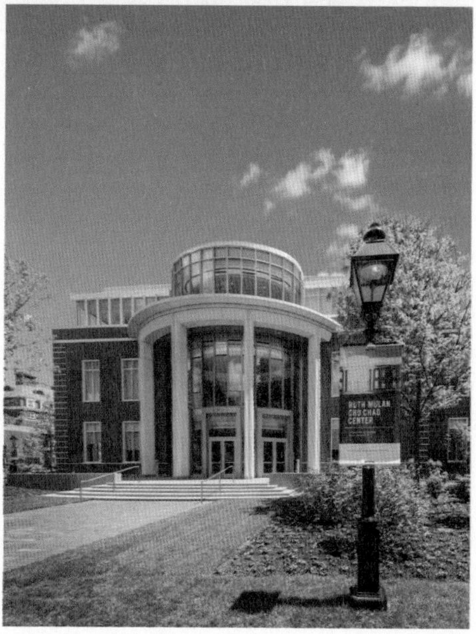

二〇一六年六月「趙朱木蘭中心」正式落成啟用，整個哈佛大學，從沒有任何像這棟建築一樣的建物，以「建築社群」的方式，帶動巨幅的變革。面積約八千三百六十平方公尺的四樓建築，格局方正、空間視野開闊，十分大器，加上大樓功能性強、管理良好，如今已成了極受師生歡迎的天地。

「我曾拿過多項獎學金，其他獎學金都是發錢而已，只有木蘭教育基金會不但給我獎學金，還花時間關心學生，」這次經驗讓戴華十分意外，猶記得他在學期間，趙小蘭部長就和獎學金得主見面兩次，還請同學們去華府做客；趙家小女兒安吉也兩次請他吃飯，撥空和他親切的長談；戴華去紐約一遊時，趙錫成的特助張卉璇更是熱情招待。種種互動，都讓他感到很親切及溫馨。

戴華說：「我得到這份獎學金最大的收穫，不在於金錢，而是趙家人真誠的關懷，以及帶給我更寬廣的視野和見聞。」

嚴以律己，寬以待人

「我們從來不知道他家大業大到這種程度，也不知他們捐了那麼多獎學金給學生，他從來不說啊，」趙錫成夫婦多年的好友錢萍和先生郭思平以「震驚」來形容初見新聞報導的心情：「直到趙太太過世之後，趙先生為了紀念太太，才開始以她的名字成立各種獎學金、基金會和紀念館，之前非常低調。他們家的家具都很有歷史，電視還是真空管的，就算廚房的桌椅搖搖晃晃，他也覺得沒什麼關係。」

根據張卉璇的實地觀察，趙家客廳的絲質窗簾是絕對不能動的，由於歷史太久又從未換新過，稍微輕輕一拉可能就會碎掉；最近的訪客則發現趙家的門把生鏽了，洗手間的壁紙已見斑駁……，不過趙錫成習焉而不察，也不太在意，他生活簡約純樸，寧願把錢用在刀口上，拿來捐做公益，就像太太生前一樣。

「基金會的規模愈做愈大，這些全是姊姊的心願，她一直相信，把物欲降低可換得心靈的自由，她寧捨華服也要多幫助一個學生，」朱木蘭的小妹朱淮北說。

朱木蘭雖然是富家千金，婚前婚後卻很少穿著奢侈昂貴的名牌服飾，多年前參加趙小蘭勞工部部長就職典禮時，因擔任手持《聖經》指引就職的主要見證人，需要為特殊場合準備服裝，在眾人的要求之下，才由表妹華文第陪同到百貨公司半強迫的買了兩套衣服。木蘭穿的那套留了下來，另外一套後來就退回去了，她的想法是：「這套衣服的錢可幫兩個孩子完成教育，對社會更有貢獻、更值得。」

趙安吉從小到大，一直被教育金錢並不是用來「享樂」的，她說：「父母教導我們，財富要贈與他人，幫助他人獲得教育和醫療機會——這比什麼都重要。他們的身教，為我們樹立很好的榜樣，孩子只需照著父母的方法做就對了。」

即使參加一個夏令營，都要思考再三，這究竟是真的「需要」呢？還是「想要」而已？

「我們小時候，父母總是教我們，真正的快樂來自於找到自己喜歡做的事，然後全力以赴，」趙家女兒們說。

父母堅信女兒有責任幫助社會中不幸的人，如果節制消費，手上就會有更多的資源做公益。

窮寡婦的兩枚錢

朱木蘭身為虔誠的基督徒，從年輕時就撙節生活開支，用來濟貧布施。回溯夫婦倆的公益活動，應是從剛結婚就已開始。木蘭在《聖經》讀到，耶穌見一位窮寡婦在聖殿投了兩枚小錢，說「她所投的比眾人更多」，因為眾人都是拿有餘的來捐獻，這寡婦卻是傾其一生所有。木蘭深深被撼動，堅信窮寡婦捐獻的兩枚錢，意義更加深遠。但他們夫妻真正把捐獻制度化、成立基金會，則在一九八四年。

趙錫成早在一九七二年就回過中國大陸，主要是探望母親，因為從一九四九年離開以後沒再見過她，一直非常想念。在他的心目中，母親克勤克儉，雖識字不多但勤奮自學，非常通情達理，時常教他做人的道理，給他許多鼓勵。父親仍在世時，因身分問題遭遇許多磨難與委屈。當時母親罹患嚴重的糖尿病，身體衰弱，經常臥床不起，他聽到消息痛徹心扉。

一九七二年，趙錫成已經成為美國公民，此時他與台灣關係很密切，公司的主要業務和許多客戶都來自台灣，在生意上往來頻繁。台灣持反共的立場，與中國大陸敵對，趙錫成不想驚動有關單位，怕引發不必要的風波，因此只能私下進行，靜悄悄的來去。

彼時中國大陸正處於「文化大革命」時期，內政及外交情況都十分特殊，趙錫成雖念母心切，但也不敢輕舉妄動，幸而他當時已是業界頗有建樹的傑出僑民，經過他多方努力，終於透過介紹，先請教中國駐加拿大大使，經對方建議修書一封「陳情信」呈給時任中國總理周恩來，出乎意料之外，不到兩週即特准了他回中國的申請。

四郎探母煞費苦心

趙錫成不動聲色的克服層層周折和繁瑣程序，終於如願以償。因為當時正值冷戰，美蘇爭霸，雙方陣營劍拔弩張，中國身為蘇聯陣營中的一員，又有「文革」內亂的衝擊，因此，身為美國華僑，在那時回到中國大陸被視為忌諱，甚至可以說有很大的風險。他縝密規劃，沿用了一九七一年時任美國總統國家安全事務助理季辛吉（Henry Kissinger）為了改善中美對峙的關係，銜命祕訪中國的路線。一九七二年美國總統親自訪問中國大陸後，趙錫成暗地從紐約飛到巴黎，轉至希臘、巴基斯坦，再經由海防最後到達上海，一路蜿蜒曲折。他冒著高度風險，舟車勞頓，探視生病的媽媽，如同知名京戲《四郎探母》上演的驚險劇情。

「我有心出關去見母一面，怎奈我身在番遠隔天邊。思老母不由人肝腸痛斷，想老娘不由人淚灑在胸前。眼睜睜高堂母難得見，兒的老娘啊，要相逢除非是夢裡團圓。」

幸運的是，趙錫成不但順利見著母親，並設法在第二年將她接到美國團圓。多年後的某一天，趙錫成和趙小蘭應季辛吉的邀請餐敍，還當面謝謝他那時充滿啟發性的「線索」。

歷盡滄桑的家園

趙錫成後來再回嘉定家鄉時，發現當年的「家」還在，但已被改成豬圈。眼見四、五頭肥豬懶洋洋的躺在地上，偶爾發出三兩聲低吼，趙錫成一時百感交集。正是在這個草棚，他完成了人生最重要的基本教育，那時家徒四壁，無電無水。他熬

半個世紀前，時任美國總統國家安全事務助理季辛吉（右）和趙錫成（左）雖不相識，卻先後沿著同一條當時可謂舉世唯一的中美通聯之路，穿過層層藩籬，來往於兩岸。轉眼半個世紀過去，兩位在因緣際會下成為莫逆之交，他們坐在曼哈頓中城的俱樂部裡，談起往昔風雲際會，又同樣關切著家國天下與黎民憂患，觥籌交錯之間，彷彿歷史的江河從他們指尖身旁淌過。圖為二〇二一年十一月四日，兩人在紐約餐敘。

過了硯墨結冰的嚴冬、蚊蟲肆虐的炎夏，奠定了教育的礎石。

「八一三事變」後，中日開始交戰。趙家地處前線，先受到日本飛機的狂轟濫炸，繼而又因政府「焦土政策」的影響，家園全毀。所謂「焦土政策」，就是主動把所有的地面建築夷平，讓日人即使占領也毫無斬獲。

然而，真正受苦受害的還是老百姓，趙家也不能倖免於難。原來可遮風避雨的房子蕩然無存，只能在原地臨時搭蓋一座草棚，苟延殘喘。父母為了省下錢讓趙錫成受教育，遲遲無法裝修草棚。

有一次趙錫成回家鄉，當地政府表示必須徵得他的同意後，才能拆除老家。「我回家祭祀的機會不多，還是拆掉吧！」他悵然回覆。

直到一九八五年，上海開始創建F1賽車場，才拆掉趙家原址地上物。但拆掉之前，腦筋動得快的鄰居早已把草棚用來養豬。這歷盡滄桑的家園，見證了趙家難能可貴的傳統：「再怎麼窮，也不能窮到孩子的教育。」

那個年代回中國大陸的華僑少之又少，趙錫成被當局視為「重點對象」，希望藉由他的例子鼓勵更多華僑回歸。一九八四年，中國首次舉行三十五週年開國慶祝閱兵典禮，趙錫成是極少數受邀前往北京觀禮的海外華僑之一，他感覺到中國已開始朝復興之路發展了，但觀念想法跟意識型態仍十分嚴峻。趙錫成萬般想不透：

“教育會改變人生的一切，也是改變世界的途徑。——朱木蘭”

「中日戰爭中國人民死了三千萬，國共內戰民眾死了六千萬以上，兄弟之間，為什麼要吵架呢？」

兄弟相爭乃天下常事？

趙錫成身為獨生子，沒有兄弟姊妹，他認為以基督的大愛而論，四海之內皆為兄弟姊妹才是。朱木蘭沉吟思索之後，慎重告訴他：「兄弟之爭乃是世俗常事，唯一可以解決的就是『教育』，從教育著手，大家才能夠理性思考。教育會改變人生的一切，也是改變世界的途徑。」

趙錫成說，「很多人以為木蘭話很少，其實她主意很多，她認為我們賺的錢不應該自己獨享，而是與他人分享。」即使在最拮据的時候，她仍留一部分捐做公益。

「那時我們並沒有太多錢，不過對自己的事業已經很有信心，相信會愈來愈好，所以我們就思考，怎樣能夠與更多人分享，」趙錫成表示，木蘭認為此事勢在必行，不光是幫助人家，也是鼓勵自己多為社會服務，她常提醒：「教育可以改變一個人，錫成，你要感謝你的父母，要不是他們的遠見及膽識，讓你接受好的教育，不然你就會跟堂兄堂弟、表哥表弟一樣，還在種杏村務農。中國需要富強，必須富強人民，教育是富強人民的第一捷徑。」

趙錫成認為太太的想法無私而深遠，總是記掛著要多做一點事、盡一點力。他跟木蘭說：「首先，我們自己必須勤儉，然後幫助別人和貢獻社會，並以教育為方向。」

趙家大大小小的默契是：什麼東西都要貨比三家，處處節省，但這錢省下來不是為了追求更好的物質享受，而是為了累積更大的力量為社會付出。

相信教育可以讓人翻身

趙錫成經常感慨：在貧富懸殊的地方，有些人天資聰穎但沒有機會向上，如果有了一筆教育基金，就能讓他得到在社會「向上移動」的機會，因為教育真的可讓人翻身。

他以自己為例，學生時代就是靠著獎學金一路熬過來的，從高中開始就獲得學費及膳宿費全免，這在當時的中國十分罕見。

高中從鄉下來到花花世界上海，趙錫成頓覺天地更廣闊，充滿了機會和希望，第一個想法就是：「我要加入他們，跟他們一起貢獻及享受。相信只要靠自己的努力，我可以跟他們一樣，這樣的人生非常有意義。」

可是，他也在十里洋場看到很多聲色犬馬、吃喝嫖賭的陰暗面，驚覺人若要墮落、做壞事似乎輕而易舉，根本不費吹灰之力，因而警惕自己必須擇善固執才行。

讀大學時，趙錫成也是全公費生，非但學費和膳宿費全免，而且還有餘款可買一雙皮鞋。他受過此恩惠，深知這個機會有多珍貴，因此在自己有能力以後，希望能回饋給他人，形成愛的循環。

中國實行改革開放時，開放外國企業進入，趙家夫婦在一九八四年最早的時間點就創辦了「木蘭基金會」，幫助清寒子弟入學。因為把重點放在教育，爾後於二○○六年十一月正式更名登記為「上海木蘭教育基金會」。

創立基金會，其實也有一個長長的故事。

「上海木蘭教育基金會」是中國大陸第一個教育基金會，由於是首創，沒有前例可循，因此千頭萬緒，趙錫成費很大心力向相關部門溝通及申請，呈報上海市政府仍不能拍板定案，最後獲得北京的同意及特准，終得開辦。那時，趙家夫婦的經

上海木兰教育基金会成立三十周年庆典合影留念
2014年11月10日

趙錫成夫婦相信教育有改變人生的力量，因此多年來慷慨解囊，不遺餘力。二〇一四年十一月，時逢上海木蘭教育基金會成立三十週年，基金會邀請嘉賓一同歡慶合影。

濟情況也不算太好，但是他們把可動用的現金都捐獻出來。

木蘭基金會是以一筆三十多萬美元的資金開辦，後來再逐漸增加金額。那個時候三十萬美元不算小數目，它的來源也有故事。

昔日趙錫成回到中國大陸，每次打電話，都是老舊的款式，要好半天才能撥通。當時，他有一個朋友是美國著名電話公司AT&T的董事長。有次董事長到中國去訪問，返美以後，趙錫成就跟他商量，希望能資助二十萬台新式的手撥電話機給武漢市政府，可能對未來的生意有幫助，對方欣然同意了。

「所以我特地送這些電話機到中國大陸，這就是中國新式電話的開始，」趙錫成細說往事。

後來，AT&T因故停止此案，趙錫成另外找到美國大型國防承包商雷神（Raytheon），鼓勵他們到中國投資。經過評估，他們感覺中國生意不太容易做，就沒有繼續，不過還是送了一批電話到中國大陸。

電話的機型日新月異，市場也愈來愈蓬勃，之後，趙錫成找到尼奈克斯（Nynex）的董事長，陪他一起到中國大陸訪問及投資新款電話，董事長大方送了二十萬台給福建的福州市。

趙錫成不曾主動跟人說起這些過往，他相信，這是為中國大陸做了一件好事。

雖然趙錫成沒有要求，尼奈克斯非常周到，還是主動送他一筆不小的費用，趙錫成就用這筆錢在廈門開辦電子公司。當時中國的改革開放還處於摸著石頭過河，踩穩一步、再邁一步的階段，廈門屬於第一批經濟特區，有許多特別優惠的條件，所以發展快速，後來成為深圳特區的學習範本。

成立教育基金會

趙錫成就將電子公司的基金為母金，所得的利息捐給木蘭教育基金會，這也就是基金會的源起。基金會創辦時有了這桶金，之後逐年再陸續挹注資金，便足以細水長流。

「聽說目前中國各種基金會百家爭鳴，也開花結果，頗有成效，我們有幸起了領先及拋磚引玉的作用，與有榮焉，」趙錫成開心的説。

基金會辦得非常成功，時任上海海事大學校長的於世成教授在二十週年慶時指出，基金會共捐助和獎勵超過兩千三百名學子，「更重要的是『木蘭精神』已經融入海事學子的人生道路，促進中國海事事業的發展。」

木蘭教育基金會委託學校負責遴選學生，原則上，一年資助五到十名家境清寒、成績優良、分別就讀於中國大陸及台灣多所海事大學的學生。

另外，基金會也在上海交通大學贊助博士班學生，並在美國哈佛商學院資助華裔研究生。木蘭基金會早在一九八四年開始捐贈，先後在上海、大連、嘉定、馬陸等地辦起助學義舉，學校部分除了中國四大海事大學、上海交通大學，趙錫成的母校馬陸西封小學，也是捐助的對象。

朱木蘭的中學老同學張正指出，木蘭是一個非常溫暖念舊的人，在中國改革開放後，曾和先生多次到嘉定尋親訪友、重遊舊地，並謝謝當年介紹他們夫婦認識的人。她對嘉定充滿感情，對此地的變化和發展也印象深刻，所以決定捐助嘉定的教育事業。

行善不欲人知

一九九五年四月，趙家夫婦捐資十萬美元，以父親趙以仁之名，在嘉定馬陸助建一座新型幼兒園「上海馬陸以仁幼兒園」，後來因辦學成績優異，入學競爭非常激烈，一位難求。

以仁幼兒園內設有「以仁紀念館」和「木蘭園」，園中特地種了木蘭樹。進門

趙錫成為緬懷父親趙以仁的養育之恩，捐資興學，在上海嘉定馬陸成立「以仁幼兒園」。校名的中文由朱木蘭所題，英文則由趙小蘭題字。

的地方設了一座銅像，是以仁先生手扶著時約六、七歲的趙錫成，父子情深。但這椿興學之事，當年都不曾曝光。

很多人問，做好事為何如此低調？說出來讓更多人共襄盛舉不是很好嗎？

「我們的原則是默默的做就好，後來因木蘭過世，被媒體發掘出來，才被廣為報導。其實我們並不希望被人認為是在炫耀自己，」趙錫成指出基金會有兩種，一種是比較低調的，一種是公開的，公開的基金會通常會向公眾募款，但木蘭教育基金會並沒有這樣的想法和計畫，只是希望盡一家人的綿薄之力來完成目標。

趙錫成說明，目前基金會有專人負責，趙家並不參與管理或干涉細節，只是在大原則上指定方向，希望基金會愈做愈大、愈做愈成功，至今每年仍以超乎尋常的幅度成長。

趙錫成真情流露的說：「我覺得自己享受的，已經超過我的預想，所以加倍感謝，繼續捐獻獎學金，就是為了完成木蘭的遺志。」趙錫成表示，除了助學，也興建具有特色的教學中心，如近年哈佛大學的趙朱木蘭中心、上海海事大學的木蘭航運仿真紀念中心、上海交通大學的木蘭船建大樓，以及建設中的台灣海洋大學木蘭大樓等等。

二〇〇七年六月，趙錫成透過基金會向上海海事大學捐贈一百萬美元，在新城校區設立航運仿真中心，然而，外界並不清楚設置航運仿真中心的用意是什麼。

仿真中心的意義

早年很多航海系的學生，在讀學科的三年期間從沒真正見過船，更別提上過船了。一旦上船實習，全是空有理論的菜鳥，除了手足無措，還得面臨乘風破浪時的暈船症候群。這座中心彌補這個長年無法克服的缺點，讓人恍如置身海上船舶，進行實戰演練。

中心設有各種有關海洋運輸、港口、電氣與自動控制系統等機器設備，以電腦來操作和模擬仿真，無論是航運過程的自動化裝卸貨、航行、進港等程序，皆讓人猶如身臨其境。儀器還能全天候監測航海環境及海事的事故現場，有助於事故原因的分析，找出關鍵性的安全盲點；對重大的航運工程、港口、橋梁，也能進行評估和研究，歸納出最合適的

> “不要以為自己給了別人好處，人家就會記住和感恩。千萬不要記在心上，日後也才不會懊惱生氣。　　——朱木蘭”

計畫方案。

這些專業新穎的設備，還能讓學生對物流管理、港口管理、船隊組織、航運企業營運有初步概念，是集科學研究、模擬仿真、技術開發與人才培育功能的大型綜合實驗中心。

以裝卸貨的模擬訓練為例，趙錫成當大副的年代，船的載貨量不到一萬噸，裝卸貨就要五天至一星期，現在的裝貨量超過二十萬噸，以目前高科技自動化裝卸貨設備只需十八個鐘頭，實際上還可以更快。不過為了保護船的安全，不能再加快，否則船隻的承受力超過極限，容易發生安全問題。

「你可以想像一條三百公尺長的船，分成九個大艙，如果裝卸得太快，船體的張力就容易過大，使船體受損，所以必須輪流裝卸，這就是大副的責任。船長對此也需特別當心，否則船體甚至可能折斷。航海學校對裝卸貨的訓練，特別重視，」趙錫成侃侃而談。

為了紀念朱木蘭，上海海事大學於二〇〇七年底隆重舉行命名儀式，將最能反映學校辦學特色的航運仿真中心，命名為「木蘭航運仿真紀念中心」，並成立「趙朱木蘭紀念館」。

此外，福茂集團對台灣的海洋大學也有公益捐款，興建教學大樓；協助學校改

二〇一六年十月中旬，國立台灣海洋大學舉行隆重的儀式，頒授趙錫成（右二）與趙小蘭（左二）名譽博士學位。趙錫成夫婦設立的木蘭基金會為教育不遺餘力，捐款給台灣海洋大學興建大樓、做為研究基金，也資助學生到美國深造。左一為國立台灣海洋大學前校長張清風，中為應邀觀禮的中華民國前總統馬英九，右一為時任立法院院長蘇嘉全。

善各式航運模擬訓練，其中也包括裝卸貨作業，並提供碩士班獎學金。

基金會頒發獎學金給航海系學生，並未規定他們日後必須到福茂工作，以做為回報。朱木蘭曾多次語重心長的叮囑家人：「左手送出去的，右手馬上就要忘記；不要以為自己給了別人好處，人家就會記住和感恩。千萬不要記在心上，日後也才不會懊惱生氣。」這似乎也呼應了聖嚴法師常說的：「慈悲沒有敵人，智慧不起煩惱。」

朋友們都認為，趙家夫婦除了助學興學，也頗具企業思維，因為在培養優秀學生的同時，實際上也能伺機為集團攬才，而這是其他美國公司無法做到的。

為公司培養人才

二〇一七年從國立台灣海洋大學航運管理學系畢業的花瓘雅，獲得木蘭教育基金會獎學金，工作近一年，二〇一八年赴紐約就讀紐約州立大學海事學院（SUNY Maritime College）國際航運管理碩士班，期間也在福茂實習，因表現突出，畢業後正式加入福茂集團。

「趙博士是航運界的傳奇人物，沒想到我竟然能在他的公司工作！」花瓘雅甚感光榮，自認以往個性有點自卑，但獲知趙博士跟她都同出身於較貧困的環境，仍能一路不懼艱難，克服大風大浪，從他的人生故事獲得很大的激勵。

「大學同學在寒暑假會到國內外旅遊或小留學，我一直不敢妄想，課後都在打工想減輕家裡經濟負擔，得到這份獎學金是我人生的轉捩點。少了後顧之憂，讓我更能放心的學習與工作，原本思想法很封閉，這些歷程大大拓展我的視野，」花瓚雅感恩的說。

由於學有專精，目前花瓚雅在福茂集團負責船員勞資談判協議、雇主和船員工會的勞資合約等相關事務；新船註冊，並認證公司船具符合國際公約的各項標準，確保船舶、船員及環境的安全；供應主機、汽缸潤滑油等補給品，並隨時偵測、判讀數據，都是相當專業的項目。

此外，福茂旗下有三十二條船，載重總噸位超過五百萬公噸，她負責四條船舶，監測船的動向有無異樣，並適時和租家、代理商、港口協調。最近因新冠肺炎疫情持續擴大，她忙著統計分析船員疫苗施打率，並在船於加州靠岸時，安排醫療人員上船施打疫苗。

花瓚雅是科班出身，雖屬新人，然而她工作積極認真，奮力學習，未來前途可期。對趙氏家族的付出，她期許自己如同他們一樣，保持感恩的心，繼續努力，並帶給身邊的人溫暖。

在基金會歷來的年度報告中，還可以看到多位上海交大博士班獎學金得主報告他們的研究成績、發表論文篇數和抒發獲獎心得。

「讀博士有時也是孤獨的。在解決科學問題的過程中，需要克服外界誘惑對我的干擾，也需獨立思考，靜下心來整理研究思路，也只有受得了這種孤獨，才能在學術上取得一些成果，」二〇一六年在上海交大電子資訊與電機工程學院攻讀電機工程博士學位的陳實寫著：「我認為攻讀博士學位的過程，必須抱持樂觀堅毅的心態，這與朱木蘭女士一生所倡導的精神一致。」

身教勝於言教

交大經濟與管理學院的郭青青，在二〇一八年完成博士論文初稿，寫了三篇期刊論文，也生了女兒，她指出：自己的學習和生活均在獲得獎學金後發生很大的改變：「學習上的勁頭更足，因希望不愧於這個獎項；生活上，責任感更強，因多了一個小人兒需要呵護。我在學習上，要秉持『活到老，學到老』的精神，以趙夫人為榜樣，五十歲之後仍在上研究所，不缺席，勤做筆記……。在生活中，要學習趙學長和木蘭女士身教勝於言教的理念，想要孩子成為什麼樣的人，自己就先成為什麼的人，身體力行為孩子做出榜樣。」最後她以「Learning by doing」做為結尾。

趙安吉說：「我很希望獎學金的得獎人，能因我父母的故事而得到啟發，因為會從中獲得很大的力量。我希望他們知道，我們孩子也同樣獲得了啟發。」

現代人常說要做到「四好」：存好心、說好話、行好事、做好人。在朱木蘭離世後，趙錫成轉為太太的代言人和執行者，繼續做她想要做的事情。自一九八四年到現在為止，從木蘭教育基金會受益的學生已經超過了五千人，其中有許多人因感動、感恩起而效法，也開始組織自己的獎學金。

讓感動傳遞出去

其中一位中國大陸的獎學金得主，曾在福茂船上實習過，後來成為資深輪機長。他寫了三頁長長的信給趙錫成，感謝基金會對他的幫助。趙錫成轉述：「這位輪機長是從安徽——我太太的家鄉來的，他說要不是有這項獎學金，有這個機會，他必定跟家裡鄉下的許多親戚朋友一樣，到現在不是農民，就是『打游擊』。因此他也在家鄉的學校裡設立了獎學金，希望對家鄉子弟有幫助，能改變人生，就像他

趙錫成（左一）帶領趙小甫（左二）、趙小婷（右二）和趙安吉（右一）在上海復旦大學演講。演講主題「美國夢，中國心」，貼切表現趙錫成中學為體、西學為用的實踐，為他的人生帶來輝煌的成就。趙小蘭和趙安吉說，爸媽教她們的中國文化，她們用來做人，在美國學到的西方思維則用來做事，她們用這套方法做人和做事，無往不利。

的際遇一樣。」

輪機長之外，獎學金得主現在大多活躍於世界各地的航運領域，有跨海巡洋的船長、航運教育和科研的專家學者、航運公司的高級管理人，有的則是不同領域的大學教授，或公司企業的高階管理人員等等。

自哈佛商學院畢業後，宋歌返回中國工作，成為電視台的節目主持人，曾經親自訪問趙家的大家長趙錫成，並當面向他致意：「我在哈佛商學院的經驗十分美好，如果沒有趙氏家族的獎學金，我不可能有這樣的體驗，謝謝您給我這個可貴的機會到哈佛進修。」

小小燭火，也能發光

好的種子，種在好的泥土裡面，就會結出更多的果實。目前基金會不僅在中國大陸捐資助學，在台灣、美國等地也都結出善果。但公益活動，並非只有有錢人才能獨享。

對心有餘而力不足的年輕人來說，趙錫成的建議是：能有自己的基金會固然很好，沒有基金會的話也沒關係，年輕人可以把善款捐給信任的基金會或機構，效果

趙家夫婦與時任美國勞工部部長的趙小蘭（右一），及其參議員夫婿麥康諾（左一），參觀肯塔基州路易斯維爾大學的趙小蘭大禮堂。趙家女兒和女婿都得到父母樂善好施的真傳，熱中於公益慈善活動。

也一樣。

趙錫成特助張卉璇原本覺得公益是企業家、富豪的「專利」，身為普通上班族和一般老百姓，能力實在太微小薄弱。但是在老闆身邊待久了，看他生活如此簡樸、毫無奢華的享受，把大部分身家財產捐做公益，耳濡目染之下，她也跟著開始小額捐款贊助公益慈善事業，盡自己的一份心力。小小的燭光，不也能照亮近在咫尺的黑暗？

回首來時路，趙錫成表示，一生沒有想要掙大錢的想法，他只是希望能夠做有意義的事情，幫助別人、嘉惠社會。

就像不丹，被公認是全世界「最幸福的國度」之一，人口區區七十萬，國民所得只有台灣的二十分之一，物質生活並不豐裕，為什麼它的國民幸福指數卻能贏過許多國家？學者專家研究其關鍵在於：比起追求物質，不丹人更重視精神的快樂與滿足。

對趙錫成而言，助人是快樂之本，憑著初心，就這麼開始了。現在發覺，非但施比受有福，而且，施得愈多，所得也會愈來愈多。

「我父母相信，人應該有遠大的夢想。這個世界海闊天空，充滿了各種機會及可能性，我們的任務是動身去追尋這一切，」趙安吉說：「爸媽常要我們東看看、西看看，就是要具有觀察力，了解自己身在何處。我們如果張大眼睛看看這世界何其寬廣美麗，必能為自己找到一席之地，未來也能以自己的方式有所貢獻。」

今年九十六高齡的趙錫成笑稱，他目前最重要的任務是管理好自己的身體健康，也維持情緒及心情的愉快，免得讓孩子們操心。

餘熱不絕

事實上趙錫成現在的記憶力仍然驚人，精神矍鑠，反應靈敏，在管家桑妮（Sunny）和特助張卉璇、王英子的協助下，能夠好好生活，女兒們也三不五時殷勤問候或探視。他平常的養生之道是到溫水游泳池享受「自由式」——就是想怎麼游就怎麼游的「自由方式」，但疫情改變了他的生活，在新冠肺炎疫情期間，家人不許趙錫成出門，他足不出戶，靠電話或視訊與家人、外界聯繫。

多年來，趙錫成會在週末探訪木蘭的墓室與父母的墓園，風雨無阻，不曾間斷。疫情期間無法出門，他只好請特助代轉手稿，謄寫在木蘭墓室的留言簿上。特助心想，這樣一個字一個字的謄寫速度太慢，不是辦法，後來靈機一動，想到可以利用便利貼。她事先把內容謄寫在便利貼上，去墓室的時候就即刻黏在留言簿上，以傳達老先生對夫人的愛意與思念。

近日美國疫情舒緩，趙錫成恢復以往的習慣，仍在每週末到木蘭的墓室和父母及二女兒趙小琴的墓園探視。小琴自小信仰極為虔誠，專心服事教會，工作勤奮盡責，可惜因心臟疾病在五十二歲英年早逝，家人甚為悲痛，趙錫成將女兒安葬在父母旁邊，讓祖孫朝夕為伴，共享日月星辰。即使年過九十，他每回探望仍會在父母墓前行大禮跪拜，感謝父母養育大恩，再手扶著墓碑低頭默默祈禱，並仔細擦淨石碑的塵埃，虔誠感恩父母，真情懷念女兒。

溫暖長存

因為疫情，相隔數月再回到木蘭的墓室，趙錫成細心整理環境，布置好鮮花，翻看留言簿，再寫下心裡的許多話。

無可奈何花落去，似曾相識燕歸來，生命總是交錯著重重的惆悵感傷和喜悅欣慰，朱木蘭的離去雖令人不捨，但她的影響無所不在，她的溫暖也常存於家人、摯友、數千位獎學金得主的心中，她以另一種形式活在世上。離開墓室時，趙錫成手摸著牆對木蘭細語呢喃：「我們每天都想妳，希望妳跟上帝在一起，永遠安息。心肝，我想妳，再見！」

「到這個年紀，我並不怕死亡，因為木蘭已在天上為我準備天家。在主的恩待及引領下，我會繼續用我的餘熱幫助他人，」趙錫成豁達的談及心境。

科學家愛因斯坦曾說：「一個人的價值，應當看他貢獻什麼，而不應看他取得什麼。」

趙氏家族讓世人上了寶貴的一堂課。

07

結合東西方文化的教育

「千萬不要低估教育的重要！」趙小甫說：「從我有記憶以來，父母都一直強調教育的重要，強調儒家思想，他們認為，教育是你一旦擁有過就再也不會被人奪走的珍寶。」

在一九六〇年代的移民社會，趙錫成與朱木蘭堅持以中華文化與西方思維雙管齊下，教育女兒，不僅難能可貴，更經營出非凡的家庭。

眾所周知，美國華裔船王趙錫成一家都是「學霸」。他和太太朱木蘭是聖約翰大學碩士，家中六個女兒皆來自著名的常春藤盟校，有四位是哈佛商學院工商管理碩士，並且取得高等榮譽（Magna Cum Laude）及其他各類殊榮；有兩位分別成為哥倫比亞大學法律博士及人類學博士。二〇一〇年，美國華人博物館即頒發「傑出家庭傳承獎」給趙家，這是美國華人博物館創館三十多年以來，首次頒發此項榮譽給整個家族，太多人想了解他們夫妻教育孩子的心法與祕訣。

早在一九六〇年代移民之初，趙錫成和朱木蘭就非常注重中華文化和東方思想的傳承，態度始終如一，包括三個在美國土生土長的女兒，不但以傳統文化教育她們，並且以此為傲，在早期的華人社會實屬難得。那時大多數移民深恐不能融入美國社會，迫切想西化。尤其早年中國比較貧窮落後，不少人刻意與之保持距離，趙家夫婦在異鄉能夠堅持中華文化的傳承，相當特別。

趙錫成力爭上游，在美國不卑不亢的打拚，進入主流社會，顯示他對自己有信心，也對中華文化滿懷信心。

有人問他如何融入美國文化，進入主流社會？

「這個問題，感覺應該用中國的幾句老話來形容：規規矩矩，老老實實，盡心盡力，」趙錫成說：「首先盡量把自己培養起來，有一技之長，可以自立自強。爾後，找一個愛你的伴侶，建立一個快樂家園，共同培養優秀的子女。再進一步，貢獻社會，讓社會一天一天好起來。這是中國的古話『修身齊家』，也是努力的方向。無論身在何處，縱使中西文化迥異，但殊途同歸，最終目標是一樣的，正是『世界大同』的境界。」

事實證明，這套邏輯不是空話，趙家企業成功，在業界口碑甚佳、獲獎無數；樂善好施，投身公益，廣受東西方社會肯定；培養優秀的下一代，在各行各業的表現出類拔萃。大女兒趙小蘭不僅是美國建國以來第一位亞裔女性內閣部長，更是布希總統兩任八年中唯一有始有終、最有能力的部長，也是川普（Donald Trump）總統任內的交通部部長。

教育能改變人生

《世界日報》（*World Journal*）副總編輯魏碧洲曾指出：《孝經》裡提到「身體髮膚，受之父母，不敢毀傷，孝之始也；立身行道，揚名於後世，以顯父母，孝之終也」，幼時隨父母自台灣移民來美的趙小蘭部長，能有如今在政界的顯赫成就，正是子女克盡孝道的全然體現。

而哈佛商學院院長諾里拉教授也表示：「這個家庭體認教育是改善人生的最佳道路，期許下一代一定要更好。」

趙錫成和朱木蘭年輕時經歷戰亂、悲歡離合，教育幾度中斷。他們一生看淡物質，但一直把教育放在首位，認定教育能改變人生。為了尋找人生更大的可能性，一九五八年趙錫成到美國進修，首當其衝的難題是，如何在這個環境活下去？三年後，好不容易把妻女從台灣接到美國，全家五口團聚，展開了前途難卜卻滿懷熱望的新生活。

來紐約萬事起頭難，就好像千千萬萬的現代移民一樣，必須面對極多嚴峻的挑戰。趙錫成為了養家，除了讀書，同時在外面打三份工，朱木蘭在家負責照顧小孩，撙節開銷。小孩子剛到異國，碰到衝擊需要調整，大人也像重寫程式一樣，人生完全翻轉。

有回小蘭眼睛不舒服，身為低階小雇員的趙錫成，好不容易請假帶她去看眼科醫師。誰知診所護士小姐忘了登記，他們當時也不懂得交涉，竟白白焦慮的枯等了好幾個小時。

朱木蘭帶著三個女兒剛從台灣到美國之時，全家擠在皇后區的小公寓，因為買不起地毯，樓下的老太太總是抱怨小孩子走路聲音太吵。夫妻倆也無能為力，木蘭

全家在美國團聚後，趙錫成日夜忙著工作及學業，朱木蘭（右二）一個人帶著三個女兒適應新環境，克服語言隔閡，非常堅強。

則是內心忐忑，等到隔壁的一樓公寓空了出來，就趕緊搬家。那時因為經濟拮据沒有辦法，但是他們學到了「與人為善」的重要。

「每個移民的家庭，都可以寫本書，」朱木蘭嘆道。趙錫成則說：「教育能改變人生，我的美國夢就是——盡可能提供孩子最好的教育環境，進入主流社會。」

適應新環境

經濟情況改善後，他們開始物色房子。首要條件，就是找學區優良的地段。從離紐約最近的長島市開始，他們一區看過一區，最後發覺塞奧西特的學區優良，符合需求。這區的學區好、住戶的社經地位、風格水準都很一致，一搬到此地，馬上感到消費水準要比原來住處高得多。

趙錫成有一個律師好友柯蘭（Baran Calen），也住在塞奧西特附近，知道他在此地買房子了，好意提醒：「錫成啊，你現在搬到比較好的社區去了，你有許多地方需要改進來適應新環境，否則你難以真正融入他們的圈子。」

這段話似乎在暗示：人際關係上，他們一家即將自動提升到「談笑有鴻儒，往來無白丁」的層級。

事實上，朱木蘭很快就認識了三位住在同社區的中國太太，她們是從哈佛大學等美國名校獲得碩士學位的女性，一位是孫中山的姪孫女，一位是民初著名法學家與外交家王寵惠的姪女，另一位則是南洋橡膠大王的外孫女蔡太太，全都是氣質出眾的名媛淑女。

「我雖然出身清寒，太太卻是名門閨秀，她們非常自然的成為密友，毫無違和，」趙錫成甚感欣慰。

離開舒適圈

魏碧洲的觀察是，「趙博士的成功歸功於他沒有待在華人的舒適圈，他努力在主流社會打拚事業，如果每個亞裔都有這樣的勇氣和決心，亞裔在美國一定會更有影響力。」

為了讓孩子到好的環境、接受優質的教育，趙家夫婦十分用心。「我爸媽的教育哲學和理念，已經超越了他們的年代，教育我們的方式更為進化，」趙安吉一言以蔽之。

趙錫成歸功於朱木蘭的高瞻遠矚，她經常告訴女兒，美國科學的進步、民主社

一九五八年，趙錫成隻身赴美求學。三年之後，朱木蘭終於帶著三個女兒飄洋過海與夫婿團聚。一九六二年，全家在紐約皇后區的小公寓內，歡慶中國的農曆新年。

會的發展，都值得認真學習，可是中國有許多固有的禮教，是做人的根本，如果能夠保持的話，一加一等於二，也可以大於二。比如中庸之道，強調家庭價值和重視教育，是東方文化極大的優點。趙家女兒不會「既不像洋、也不像中」，而能掌握兩種文化的好處並表現出來。

趙家六個孩子，老大和老么相差二十歲，足足一代的距離，代溝難免，但她們仍然親密無間，主要關鍵是父母豐沛的愛和智慧引導，加上有位大姊姊以身作則，女兒們長大成人後，都各自擁有一片廣闊的天空。

「我跟木蘭總喜歡互相商量，無話不談，相信這對小孩子很有幫助。當小孩看到父母那麼親愛和睦，不但給她們安全感，而且讓她們心存喜樂，」趙錫成說。

在趙小蘭眼裡，中國的老話「情人眼裡出西施」完全可以套用在父母身上。「他們非常相愛，有十分美滿的婚姻。父親從來不羞於表達對母親的愛，總是一再重述他是如何對媽媽一見鍾情，如何排除萬難追求她，他們的羅曼史我們瞭若指掌、倒背如流。等到我們姊妹結婚以後，父母幸福的婚姻很自然就成為榜樣。」

小蘭回想當年剛到美國上學時飽受譏諷，「但是我不在意同學如何頑皮、如何捉弄我，因為我有一個非常溫暖的家庭。我覺得有這樣的父母可以依靠，心中感到十分安全。」

趙小婷表示：「父母為我們建立一個很有安全感的避風港，給予全心的愛，這對我們來說很重要。」

提及趙家的教育原則，大致可分為「按時賜糧」、「隨時奉陪」、「物質窮養，心靈富養」、「因材施教」、「我為人人，人人為我」、「堅守中立」、「兩性平等」、「放手祝福」等等。

按時賜糧

趙家夫妻教育的大前提是「按時賜糧」，三餐按時讓女兒吃飽，耐心等待她們慢慢長大，不揠苗助長。但吃飯，不只是吃飯而已。

每天，女兒們都會等爸爸回家一起吃晚餐，這是一日大事。

趙家還保有很多中國的傳統，例如飯前大家都坐定了，需等爸爸來才開飯，爸爸就座後禱告一下再開動。「吃飯時，一定等爸爸先動筷子，我們到現在仍然維持這個習慣，包括女婿們也一樣，」趙小蘭說，如果爸媽要加湯添飯，孩子都會主動服務。

父母經常灌輸她們中國人「一粥一飯，當思來處不易」的觀念，希望孩子懂得惜福感恩。趙家晚餐是中式吃法，趙錫成的規矩是「菜配飯」，每一口菜都要配一點白飯，不可以浪費，不管拿了多少，食物必須吃完，否則就別拿。但女兒長大之後，媽媽的說法略有修改：不要浪費，但是也要尊重妳身體的感覺，真的吃不下，可以不必硬塞。

歡喜齊聚共餐

平日吃完飯以後，大家稍微聊一下便各就各位：父親繼續辦公，小孩做功課，媽媽看書，全家人不看電視。孩子做功課如有什麼問題，姊姊會教妹妹。

「從小到大，我們花很多時間在餐桌上，不一定是吃飯，有時候在聊天。我記得小時候在餐桌上做功課，媽媽會幫我們準備零食點心。大家一起坐在餐桌上做事，讓我覺得很安心也很舒服，」老四趙小甫說。

到了週末，時間較充裕，在收拾完晚餐的鍋瓢碗筷後，全家就聚在飯廳談天。在這段家庭時間，趙錫成會天南地北的講故事，也會提及工作的心得，孩子則分享學校發生的趣事，朱木蘭總是靜靜的坐在一旁聆聽。

「爸爸很會說故事！」趙安吉回想在飯桌上，父親會講如何對媽媽一見傾心，更不斷提及早年在飢荒、烽火中求學、求生存的奮鬥史。孩子當時把這些故事當成

婚後，朱木蘭的廚藝日益精進，到了美國更入境隨俗，在感恩節大展身手，準備了全套節慶佳餚。擺滿感恩節大餐的餐桌，不僅伴隨著趙家人過年過節、請客應酬，更是姊妹們做功課、聽父親述說家鄉往事，和母親一起閱讀的場所，別具紀念意義。

「英雄歷險記」，長大後才恍然大悟：原來有機會受教育是一種幸福，不能視之為理所當然。

「父親常常講述過去的故事，讓我們了解自己的根、祖先、文化和歷史，在我們的心靈深處種下熱愛中國的種子，並以身為華裔而自豪，」趙小蘭在一篇文章中如此寫道。

趙家的女兒都同意：「爸爸很會講大道理，有時候一講好幾個小時（或者讓人感覺有好幾個小時），萬一不小心閃神也沒關係，只要記住媽媽最後的結論即可。」

女兒們從小就明白家裡很傳統。父母篤信中華傳統文化的價值，從中國大陸遷移到台灣，再遷徙到美國，從不會因環境改變就讓孩子放棄傳統文化；尤其一到中國節慶，套句趙錫成的話：「非但每節必過，而且大肆慶祝。」

朱木蘭做菜又快又好，總能化腐朽為神奇，應景將中國菜及點心端上桌，如元宵節的湯圓、端午節的粽子、中秋節的月餅，當然還會搭配節慶講故事，其中有許多文化悠遠美好的深意。

隨著家境逐漸改善，逢年過節或宴客時就會出現升級版的南京板鴨、蘑菇鑲肉、砂鍋魚頭、清蒸魚等功夫菜。而清蒸臭豆腐、豆瓣炒毛豆肉末則是趙錫成偏愛的家常菜。

趙小蘭笑稱，因為在家吃飯一直習慣用筷子，大學時離家住宿舍，剛開始根本不會使用刀叉。

吃飯時間，真的是趙家大小凝聚共識的好機會。

隨時奉陪

儘管趙錫成日夜忙碌，為了讓妻女盡快融入美國社會，仍堅持撥時間在週末帶大家出遊。

一開始為了省錢，所以趙錫成多半選擇免費的場地，例如參觀自然歷史博物館、帝國大廈，或是到中央公園、動植物園、海灘等地遊玩。全家若想登上自由女神像參觀，門票花費可觀，一旦改成搭渡輪近距離眺望海上的女神像，不用花什麼錢也能欣賞美景。

「父親讓我們開闊視野，增加知識，豐富生活，了解這塊新的土地，熱愛這個新的國家，」趙小蘭感覺這是姊妹們最難忘、最開心的童年時光。

趙小蘭說：「父母一直陪伴我們，無論工作如何繁忙，總是和孩子在一起。父親花很多時間和我們說話，告訴我們他如何做生意、如何待人。」

趙家在美團圓後，趙錫成白天兼兩份工作，晚上讀研究所，週末再到餐館打工以補貼家用。但無論多忙，他總會撥空帶妻女四處遊山玩水，培養親子間的感情。上、下圖分別為一九六二年與一九六一年八月，趙錫成帶著剛赴美國的妻女出遊，來到紐約中央公園，欣賞大自然美景。

女兒們任何時間去找媽媽，她總會放下手上的事，立刻回應孩子的需求。任何時候女兒打電話到公司，趙錫成再忙都會馬上接聽。「後來我們長大了，才知道這有多麼難。我沒有小孩，但是先生在我忙的時候來找我，我也是常回一句晚上再說吧。我終於了解，在成長過程中，父母可以隨時傾聽我們的需要，是多麼難能可貴，」趙小蘭記憶猶新。

趙小蘭申請哈佛商學院時，這是家裡的大事，趙錫成陪她一起準備申請資料。老五趙小婷寫博士論文時，爸爸也幫了大忙。因為她的論文是有關於人性的研究，必須採訪很多人，而趙錫成在遠東的人脈相當廣，介紹了各行各界有成就的朋友給小婷。「實際上假如沒有特別好的關係，也不太容易找到那麼多人接受採訪，」趙錫成很高興能幫上女兒的忙。

老四趙小甫兩個孩子出生時，她和先生住在香港，兩次父母都長途跋涉來探望她，「媽媽對於坐月子的態度很開放，並不完全遵循古法。她總是盡其所能助我一臂之力，犧牲自己睡覺的時間搖哄孩子，讓我多休息。她準備了食材來幫我坐月子，並教導管家烹調對產婦有益的料理補品，告訴我照顧新生兒的祕訣和建議。」

隨時奉陪，讓孩子感受到了滿滿的愛和溫暖。

另外，趙家夫婦重視女兒的「打樁功夫」，也就是奠基和訓練，最重要的原則是「物質窮養，心靈富養」。

物質窮養，心靈富養

全家剛在美國團聚時經濟條件不好，「物質窮養」很自然，但環境改善後，趙家夫婦仍然勤儉持家。愛而不驕縱，是趙錫成和朱木蘭的教育守則，可用二字總結：一個是「愛」，一個是「嚴」。

每個小女孩都喜愛洋娃娃和玩家家酒，趙小蘭也不例外。剛到美國時，大都接收朋友或教會的二手衣物、玩具，但父母懂得她的心思，為她買了一個全新的芭比娃娃。可是，其他配件呢？朱木蘭不等女兒開口，找來裝水果的大紙箱和面紙盒，做出精巧的小床、桌椅等家具，芭比娃娃一下子擁有了配備齊全的家。

朱木蘭難忘當年：「我還替芭比娃娃做衣服，因為買現成的很貴，一件衣服是娃娃一半的價錢。現在回想，那時候經濟條件不夠好，跟孩子反而更接近。因為自己動手做點心比較便宜，她們回家了，我們就一起做，一邊聊天，講講今天在學校做什麼、發生了什麼事情。」

隨著家族的人口擴張，在美國生長的三個妹妹，出生時家庭經濟環境已經很不

一九七四年，朱木蘭和女兒們在紐約長島家門前合影。旁邊這輛車可謂勞苦功高，它載著趙錫成全家跑遍了紐約和美東地區。

趙錫成十分重視勞動的價值，他帶著女兒完成夏日的家庭計畫：鋪設家門口的柏油車道。

錯了，無需擔憂錢的問題，小學和中學念的是私立學校。三個在台灣出生的姊姊則讀公立學校，一直維持節儉的習慣。

「我到現在也還是很節儉，」趙小蘭舉例，妹妹們會去聽歌劇、看畫展，到博物館欣賞藝術，她因為年輕時就開始認真工作，想到的是生存問題，所以不會去做這些休閒活動。妹妹們的人生態度比較輕鬆，即使犯錯也是樂觀以對，姊姊們則是以比較嚴肅的心態看待生活。

但六個女兒的相同待遇是：絕不能「四體不勤」。

趙家規定：自己的事自己動手！例如孩子從小睡前就要設好鬧鐘，準時起床，趕校車上學；洗自己的衣服，整理房間內務；必須分擔家務，整理房前屋後逾六千平方公尺的院子，以免雜草叢生。此外還要油漆房子、輪流打掃後院的游泳池。幾十年來游泳池經過細心保養，至今無損，足見六姊妹的汗水沒有白流。

鐵血工頭

最值得一提的工程是：姊妹們在父親的帶領下，在一個暑假裡，一起動手鋪好前庭後院約兩百七十四公尺的柏油路。趙錫成一向重視細節，在「鐵血工頭」的嚴格督導下，趙家女兒鋪就的柏油路面呈現了專業水準。

起初要求女兒承擔這些粗工細活時，小姐們並非心甘情願，但因爸爸的要求不能打折，也相信這些決定有其道理，所以接受。有次小蘭正在打掃院子，揮汗如雨，滿身髒汙，剛好同學開了高級轎車來找她，當下覺得很狼狽。媽媽說：「妳的同學只會開車，可是妳除了會開車，還會做苦工，不是比她更高明且全面發展嗎？」

小蘭經媽媽這麼一說，隨即釋懷，「爸爸到了這年紀還帶著我們勞動，我們有什麼好埋怨的呢？」

女兒們輪班清理游泳池一事，傳為老友間的笑談：「真是的，趙錫成那麼有錢，還要利用女兒做苦力。家中的游泳池那麼大，竟然叫她們自己清洗。」

趙家並非沒有管家，但管家是請來協助女主人的，並非孩子的幫傭，女兒們仍須乖乖洗衣服、整理內務。

「年輕人應該自己管自己的事，不能太早就讓人伺候，否則很難學會獨立。由儉入奢易，由奢入儉難啊，」趙錫成其實用心良

> “由儉入奢易，由奢入儉難，一個人若能自律，就有更大的自由。　——趙錫成”

苦，他堅信「一個人若能自律，就有更大的自由」。

朱木蘭曾對朋友說：「我們家有很多中國的規矩，像我們家一向是嚴父慈母。孩子身在美國，我們這種中國教育和美國不同，孩子的困難我們了解，但中國有很好的傳統，還是應該保留。」例如家規很嚴，有門禁，高中不可以約會，大學也不能談戀愛，要先拿到研究所學位，才能考慮婚姻等等。

嚴父慈母，立場一致

趙錫成夫妻兩人如果意見不盡相同，會先關起門來溝通好，打開門後面對孩子必定立場一致，小孩不會無所適從。

在女兒眼中，爸爸雖然很愛孩子，但的確是「嚴父」，通常媽媽在爸爸出門以後就會跟女孩們通報：「可以下樓了，爸爸已經出去了。」因為老四、老五生長在美國，父母擔心民風太自由開放，所以管得比較嚴格；不過等到要教育最小的安吉時，因為有先前豐富的經驗就比較懂得拿捏力道了。趙錫成表示，凡女兒們有重要的事情都是先請教媽媽，很少直接問爸爸。當家人討論到「女權」問題，「我們家就是典範無誤！」

美國物資豐裕，很多人習慣東西壞了就丟，但趙錫成惜物愛物，手又靈巧，一切盡量DIY。趙安吉很小的時候就常陪爸爸修理物品，她拿著手電筒，幫忙照亮水管或其他東西。有時候因為拿手電筒累了，一恍神手電筒光線歪掉，爸爸會嚴厲指正她「做事必須專心」。跟久了，她也出師了，今天能駕輕就熟運用電鑽，正是當年打下的根基。她在紐約的第一間公寓，就是自己一手包攬浴室裝修的。

體會服務的價值

趙家還有一條家規，女兒在外的花費，不論大小都要拿收據回家報帳。父母常對女兒說：「我們主張儉省，但如果妳們要學習才藝，絕對不省。只是既然要學，就有責任得學好。」

趙家的儉省家風也體現在日常之中，有一回老五小婷買球鞋，爸爸百思不解的問媽媽：「需要買到Nike嗎？」

趙家還有一個特殊的傳統：家中若是宴客，六姊妹就得負責接待客人。趙錫成很好客，每有客人，六個女兒只要在家，一定出來打招呼，並且為客人斟茶、添飯。用餐時，幾個女兒不但不上桌，還會守在客人身後為大家上菜、斟酒。

趙家有一個特殊的傳統：家中若是宴客，六姊妹就得負責接待客人。父母其實用心良苦，從孩子小時候就訓練她們服務的態度和應對進退之道。

趙安吉表示，父母希望開拓孩子們的視野，從小就會帶著她們參與各種大小場合，家中宴客就是其中之一。

「先生很喜歡熱鬧，我們家裡喜歡請客，而且不是普通請客，都是先來四個冷盤，然後一道菜一道菜上的。我們女兒當侍者，隨時為客人服務，」朱木蘭說，家裡一年總有兩三次很大的聚會，人數多達一百人，女兒都會幫忙。

中國人講小孩「有耳無嘴」，剛開始，女兒們只能聆聽客人的談話，再長大一點，才允許和客人交談。

趙錫成解釋：「這是我們的共識，希望讓小孩子知道，服務為快樂之本，也學習如何應對進退、待人接物，讓她們在任何環境下都能落落大方，謙遜有禮，使得賓主盡歡。」

從小練就大將之風

作家劉墉曾好奇的詢問原委，朱木蘭答：「不錯。我們教她們做服務生，這何嘗不是一種訓練呢！她們爸爸常說，人生做事好像開車，不能只走直線，有時候必須左轉右轉，不要把伺候客人當成辛苦事。當她們讀書讀累了，招呼招呼客人，不也是一種休息嗎？」

三女兒趙小美結婚時，晚上親友們到趙家吃宵夜，當時是聯邦運輸部副部長的趙小蘭親自為大家盛飯，她的大姨父張祥霈打趣道：「喔呵，今天這碗飯價值連城，真不敢當啊。」

另外一次，小蘭依然為客人服務，賓客急急反應：「她站在那邊，我們怎麼吃得下去？不行不行，一定要請她來同坐。」從那時開始，趙小蘭就升級了，可以上桌吃飯。

雖然趙小蘭在外面是叱吒風雲的女強人，在家還是非常懂事貼心的乖女兒。趙家夫婦的好友錢萍指出，前幾年前副總統連戰到紐約參加美東華人學術聯誼會（Chinese American Academic and Professional Society, CAAPS）的頒獎典禮，小女兒安吉請連戰和其他親友到家中做客。即便晚宴有外燴的侍者服務，小蘭貴為部長，仍然親自拿著茶壺一一為客人倒茶。

「小蘭在銀行工作年薪超過百萬美元，可是她願意放棄，選擇為公眾服務，歸根結柢都是她們的家教。父母的教養，形成女兒們這樣的人格，也沒有一點驕氣，」錢萍說：「我真是無法想像，這些事不需要自己來啊。」

趙小蘭開心笑答：「誰讓我們爸爸媽媽高興，他就是我的朋友呀。」

另一回，也有客人開玩笑：「家中請客還叫女兒當招待，真會省錢啊！」趙錫成私下透露：他們哪裡知道，安吉在哈佛念書時，還常被找回家裡幫忙招待賓客，老爸是花了機票錢，讓她從波士頓飛到紐約再飛回去的，代價比請外人服務不知高出多少？

由於她們從小就接受待客禮儀的訓練，因此任何場合一站出去就架勢十足，具大將之風。

建立核心價值

趙家的「心靈富養」分成幾項，夫妻倆給女兒的重要一課，就是永遠要有堅定的價值、原則及信仰，不能因為環境的改變而捨棄道德準則。

對孩子嚴而不苛，規定的事、許下的承諾，一定做到，且以身作則。比如說姊妹們年幼時，大家都不看電視，連父母也一樣。

在晚餐的家庭時光，爸爸常會丟出一些問題，供大家思辯、討論。例如當年中國抗戰初期政府採焦土政策，趙家遭受波及，生活變得十分艱難。但趙父仍時常請生活更艱困的朋友到家裡吃飯。明明家中無米，趙母只好四處借米來煮飯，隨後趙父又請來數人，讓太太哭笑不得，有時受不了了，兩人會起爭執。趙家祖父見狀曾悄悄問孫子：「你說他們倆誰有理呢？」趙錫成當時果斷的說：「他們都有理呀！」

「為什麼呢？」祖父問。

那時趙錫成不到十歲，還講得出父母都有理，似乎已能體會他們的立場和苦心。耳濡目染之下，趙錫成後來也學會嚴以律己、寬以待人。他總是念念不忘父親當年以「老吾老以及人之老，幼吾幼以及人之幼」、「願車馬衣裘，與朋友共」的儒家思想教導他，也記著母親的溫暖與包容。所以，他喜歡問女兒們這件事到底祖父對？還是祖母有理？再聽聽大家怎麼說。

「當你自己有了核心價值和標準後，朝這方向努力，就會往正確的道路前進，」趙錫成表示。

閱讀的魔力

心靈的富養，還包括鼓勵孩子多多閱讀。

很多人認為朱木蘭嫻靜少言，老五小婷並不覺得她寡言，自認因為長期閱讀的關係，跟媽媽的交流更多些。母女都喜歡閱讀，常常聊天，有說不完的話，尤其討論讀書心得時，媽媽總是抒發己見，見解精闢。

「媽媽是真正的『文青』（文藝青年）啊！我常常和媽媽在餐桌上一起閱讀，分享心得。有時她讀中文書給我聽，我讀英文書給她聽。媽媽也會念《聖經》給我聽，並告訴我其中的教義。媽媽說她在中國讀中學時，閱讀了許多中譯版的英文名著，我覺得真是非常有趣：在那麼久的年代，就有人已閱讀了中文版的名著小說，」趙小婷舉例，像《聖經》、《老人與海》（*The Old Man and the Sea*）、《戰地鐘聲》（*For Whom the Bell Tolls*）、《飄》、《論語》、《孟子》、《老子》、《紅樓夢》，以及阿嘉莎·克莉絲蒂（Agatha Christie）創作的偵探小說系列，如《東方特快車謀殺案》（*Murder on the Orient Express*）、《尼羅河謀殺案》（*Death on the Nile*）等，是她和母親一起閱讀和討論的書籍。

她們都喜歡《飄》，因為它富有文學性、美麗的意象、詩意的文詞、鮮明強烈的性格發展，以及迷人的情節。女主角郝思嘉深具韌性與堅毅，無論是面對戰爭、愛情、生活，永

> 當你自己有了核心價值和標準後，朝這方向努力，就會往正確的道路前進。
>
> ——趙錫成

遠百折不撓，勇往直前，相信「明天，又是全新的一天」！

「我覺得媽媽是沒有受過訓練的人類學家和社會學家。她對人如何互動、人類的制度階級，有著細膩的觀察。無論是歷史、亞洲藝術和哲學，她都很喜愛，」後來拿到哥倫比亞大學人類學博士學位的小婷分析：母親有人文素養，深諳人情世故，觀察敏銳，雖不曾直接干涉公司的經營，卻總在父親做重要決策時，無論是何時買賣船？在何處造船？造哪種船型？媽媽都能神來一筆的提點，給爸爸豐富的靈感。

不因他人意見受限

朱木蘭對女兒的喜怒哀樂更是瞭若指掌，能從表情或神態找到線索。例如老四小甫和心儀的男朋友戀愛成熟，準備結婚。按美國的習俗，女方嫁女兒需要負責婚禮的費用，因此爸爸問她：「妳的婚禮希望像樣一點的，還是普普通通、隨便一點就好？」

趙小甫知道爸爸向來節儉，眼睛盯著他，從頭到尾不講話。於是她選了一個地點，請爸媽一起勘查場地，但朱木蘭注意到她的表情不是很開心，就說：「結婚是人生大事，一定要選擇自己喜歡的地方，貴一點也沒有關係。」結果趙家夫婦就在

隨著家境日益改善，趙錫成夫婦每年都會帶女兒出國旅遊，增長見識。這是一九七三年趙錫成與趙小甫（左一）、趙小蘭（左二）、趙小美（右二）在加勒比海群島度假。

柏油村頗考究的私人俱樂部為她舉行隆重及熱鬧的婚禮，新人極為滿足喜悅。

「媽媽的另一個特點是她具有豐富的常識。我自己當了母親後，更加仰慕她，」儘管當時趙小婷住在加州聖地牙哥，生產前後每天都跟媽媽通話，愈來愈依賴她的指導，不久後就能以「我母親會怎麼做」為出發點，處理不同情況。

趙小婷想幫寶寶買搖籃，但美國的搖籃有千萬種選擇，琳琅滿目，品項複雜，朱木蘭告訴女兒不要擔心，就選一個「正常的」。

小婷到店裡，店員介紹一個昂貴的八角形搖籃給她，強調因為它沒有角落，這樣寶寶才不會被卡住。她回報媽媽，木蘭說：「這是我聽過最愚蠢的話。如果你有一個被卡在角落裡的小孩，把他移回去就好了，這是基本常識。」

「保持好奇心，去發現探索，不要因別人的意見受限或受影響。有強烈的價值體系，設下原則，維持自己的步調，」小婷指出，這一直是父母對她們的叮嚀。

遊歷天下，開闊心胸

對趙家而言，旅遊是增長見識、探索世界的重要方法之一，雖然所費不貲，但趙家夫妻認為很值得。每年的暑假和聖誕節，是全家大小遠遊的日子。冬天到加勒比海群島度假，夏天就到歐洲各國參觀，他們希望孩子能開眼界、長見識，學到書本裡學不到的知識，從而獲得啟發。

這時姊妹們分工合作，負責擬訂整套的出遊計畫，選地點、買機票、訂旅館與各方聯繫等等，而且要遵守最高指導原則：必須經濟實惠。

趙錫成說明：「這不是小氣吝嗇，木蘭會跟女兒講：妳們省了多少錢，爸爸會把省下的錢捐給妳們的學校及教會。」

「爸媽每到一個地方，他們總是會好奇的探看各種事物，兩人有著非常相似的價值觀，充滿了好奇心和求知欲，」趙小蘭說：「父母告訴我，人不能沒有好奇心，抱持對許多事物的興趣，加上勇氣及熱情，才能不斷的進步，推開一扇又一扇的門。」

純度假之外，他們也常帶女兒到海外商務旅行。從女兒很小的時候開始，趙錫成夫婦就讓六個女兒融入家族事業，帶孩子參與大小場合，包括出國接洽公務。

在趙小蘭很年輕時，趙錫成就帶著她一起去見客戶，見習他的事業。有一次他們到韓國去談生意，韓國人生性保守，不喜歡小女生參加會議，但是趙錫成非常堅持，寧可取消這個會議，也要讓小蘭繼續待下來。

趙小蘭在這些商業洽談中學到很多，同時觀察了不同國家的人，增長見聞，也因為接觸異國的風土民情，知道如何和國際人士打交道。

姊妹在這些商務旅行中，同樣要安排行程、處理訂位等瑣事，每天晚宴之後，妻女進房休息，趙錫成繼續在飯店的一樓接待公務客人，直到凌晨。

因材施教

趙家六個小孩，個性都不相同，而且年歲相差很多，朱木蘭卻能針對每個孩子的特質、個性與興趣，因勢利導、循循善誘。以她們的興趣和能力發展，而不是按照父母的希望或想法。

朱木蘭總是相信，孩子是上帝的資產，上帝把孩子交給父母，父母就應盡心盡力愛護、培養。至於做什麼事，他們的心態非常開放，「你需要去找到你喜歡的、也可以做得好的事。每一個人都有專長，我們要去發展這些專長，這是我們對自己的責任。」

趙錫成說：「我們希望女兒們能夠按照自己的興趣發展潛力或專長，從來沒有直接指導。」

小蘭幼年想當公車的車掌小姐，因為哨子一吹車就開了，好神氣。一、兩年過後，又想改變職業當老師，因為能夠教導孩子走上正途，所以要當老師。拿到哈佛

一九八八年，趙小蘭出任聯邦航務委員會主席。在就職宣誓典禮上，趙錫成手捧《聖經》，見證女兒的榮耀，典禮由美國副總統布希（左）主持。

商學院工商管理碩士，千折百轉之後，因緣際會走入美國政壇。

小蘭從小就有責任感和領導才能，媽媽跟她說，「妳只要起第一個帶頭作用，爸媽就輕鬆多了。」她聽進去了。

「初到美國，學校很多事我們也不太懂，大姊姊教導妹妹們功勞很大，大的會教小的，小的又要教更小的。我們家都是一個教一個下來的，」朱木蘭稱讚大女兒領導有方。

「由於大姊姊善體親意，當了良好的表率，」趙錫成說，家裡雖然孩子多，仍然井井有條。大姊姊大學時念了女校，所以大部分的妹妹也進了女校；她進了哈佛研究所，後來三個妹妹也跟著進去了，她起了很大的示範作用。

孩子也在教育父母

趙小蘭的個性，極富同情心及樂於助人。來美國後，趙家一切從頭開始，經濟並不寬裕，她公立高中畢業時，申請到了一所私立女子大學四年的全額獎學金。後來趙家經濟情況好轉，小蘭在大學第二年告訴媽媽想自動放棄獎學金，讓給更需要的同學，朱木蘭二話不說的支持她。然而在一九六〇年代，十多萬美元的數字相當可觀，趙錫成起初有些猶豫，可是想到女兒能這樣設身處地替人著想，值得鼓勵，也就接受了。

「其實孩子也在教育父母，」趙錫成欣慰的說：「小蘭的慷慨大方，是她日後成為領袖的因素之一。」

爾後，趙小蘭受邀擔任聯合勸募（United Way）總裁兼執行長，曾主動減薪，把年薪從四十萬減至十九萬美元。

「我們不是只會讀書的機器人，而是要懂得如何去思考，」趙家父母常常告訴女兒：「不是趕快去讀書、去好的學校讀書就好了，而是要不斷學習，思考如何好好過妳的一生。」

「小蘭很實際的一步一步走下來，我覺得很幸運，孩子真的很乖，」朱木蘭說。

趙小蘭回顧往昔：「就像我父母告訴我的，而且事後也證實，就是我一直不停的學習，當我學習時，新的機會又出現，而能有更進一步發展。我不曾計劃進入非營利系統，也沒想過進入政府，但因為我努力工作，每扇門都為我開了新的機會，是我沒想過的機會。」

雖說孩子很懂事，不勞父母操心，然而一個東方女性在白人社會中，困難可以想見，她並非一帆風順。朱木蘭說：「小蘭擔任勞工部部長，我為她高興驕傲，但也擔心，因為擔子很重。我告訴她，盡妳的能力做事就好。不過她一直有這個心願：做事情，不為自己，但一定要為家裡、為國家爭光。」

趙小蘭是美國第一位入閣的亞裔女性，身為華人的典範，她把榮耀歸於父母的教導以及東方文化的傳承，加上西方教育的優勢。

擷取東西方的優點

趙小蘭從父母身上學習為人之道，如孔子講的八德——「孝、悌、忠、信、禮、義、廉、恥」是德育的精髓，「己所不欲，勿施於人」、「修身、齊家、治國、平天下」是為人處世的準則。東方人素來講究中庸之道，強調家庭價值和重視教育，這也是趙家珍視的中國傳統。

而西方文化崇尚文明、鼓勵創意，反對禁錮孩子天性等主張，則讓人有自由發展的空間。在學業或工作表現上，趙家女兒們積極主動，有獨立思考的能力，也勇於發表意見，正彰顯了西方教育的優點。

「現在的世界不再狹隘，人們的視野、心胸必須更開闊。美國人很討厭狹隘，這也是他們為什麼喜歡人文教育，在大學一年級必修通識課程的原因，就是希望學生廣涉多元的科目，」趙小蘭指出，華人很在乎弱點，所以想辦法「強化弱點」，希望能平均發展。

「美國人不在乎弱點，他們會說數學不好沒關係。像我喜歡歷史，於是將全部心力投注在歷史上，所以這個科目的表現就非常強，」趙小蘭認為，「專注優點，精進強項」會比「強化弱點」更具有爆發力。

美國人喜歡高科技，在資訊科技領域有許多深富創意的先驅者，非常具有競爭力。這些科技人才知道如何專注在自己真正熱愛又擅長的事物上——因為熱愛，全力以赴、精進強項，最終獲得成果。

趙錫成曾在聖約翰大學兼課數年，他簡略分析東西方教育的差別：東方教育注重「教」，美國教育注重「導」，誘導學生自覺自動，從中產生更高的學習意願及興趣。他發現東方學生較善於靜聽和勤做筆記，課堂上舉手發問的多是西方同學。而研究生成績以B為及格，東方學生如未爭取到A，會非常失望懊惱，西方學生只要拿到B^+就很高興了，他們會把希望寄在未來，繼續努力，期許下學期取得更好的成績。

「東方文化教我做人，西方文化教我做事，」趙小蘭相信，東西文化各有所長，如果能梳理個別的優缺點，截長補短，可在東西文化和人生的座標中找到最佳的位置。

「我不曾因為華裔美國人的身分感到混淆或疑惑。有些華人住在美國，卻不能融入美國的生活；回到中國，則展現洋人的派頭，和中國人格格不入，」趙小蘭透露其中關鍵，因為父母一直灌輸她們中國傳統文化，孩子很自然的吸收兩種文化的優點而內化。

例如「己所不欲，勿施於人」，朱木蘭一直教導女兒從其他姊妹的角度，設身處地為人著想。

己所不欲，勿施於人

「父母對我們最重要的教育之一就是：任何時候都要想到考慮別人、為他人設想。因此我們學到不自私，懂得體諒別人，富有同情心，」趙小美說。

小甫剛結婚時，媽媽建議她試著站在先生的立場思考事情。而逢年過節，朱木蘭勸女兒們應先去夫婿家拜訪，說那樣才是應有的禮貌。她的智慧圓融，連女婿們都十分佩服。

「媽媽常用她自身的力量來改變人和環境：比如說，她說好聽的話、做體貼別人的事，來讓別人開心，」趙小婷補充。

「我兒子一直到三歲才會說話，媽媽怕我慌，一再告訴我，別擔心著急，放輕鬆。後來我才知道，她每天都在為我兒子禱告，」趙小甫難掩對母親的孺慕和感恩之情。

安吉說：「滿奇妙的，我們做起來並不難，從小父母就教導我們要孝順、對人要有禮貌、言而有信，尤其是『己所不欲，勿施於人』……，種種傳統文化特質，都是爸媽的身教及言教，我們耳濡目染，也跟著實行，所以不覺得和西方文化有任何衝突。」

生命最大的賜福

「我一開始沒有大志向，談不上遠大的夢想，我都是從小目標開始，一步一步往前。我的動力非常簡單，只想當個好女兒、好姊姊，我要幫助我的家人，這是首要任務，」趙小蘭大學畢業時只想兩件事：第一，要獨立、要找工作。第二，要有自己的公寓，要搬出去。

當趙小蘭踏入政壇時，趙錫成以孟子「說大人則藐之」的觀念提醒女兒，跟位高權重的大人物說話，要抱持「藐視」他的心態、「輕視」對方的地位，不要因他的顯赫高位和權勢而畏懼，才能從容的展現自己：「爸爸告訴我不用害怕那些位高權重的人，而是要先培養實力，讓自己變得重要。父親訓練我們讓別人注意到我們的表現，他鼓勵我要勇敢的打碎移民心中的玻璃天花板。」

在趙錫成看來，「這個世界基本上是公平的，個人的表現完全靠自己，家世背景當然有加分，但接受教育、真正具備實力才能走得長遠。」

常有人問趙小蘭，剛開始如何克服從政的障礙？

「年輕時根本沒空去顧及這些事。何況，如果我自己認為是年輕人、女性，又是少數族裔，我每天早上哪還有勇氣起床？」趙小蘭強調，大部分的華裔、亞裔都來自很好的家庭、有很強的家庭支援，這是生命中的巨大優勢，要有自信。「如果有人關心你、重視你的教育，父母激勵、鼓勵你，就是生命最大的賜福。」

對於種族歧視的問題，她深深記住媽媽的話：「妳的人生是妳自己能夠控制的，別人不能夠掌控。妳不能控制別人說什麼，妳卻能控制自己的行為。如果妳很快樂，沒有人可以讓妳不快樂。」

趙小蘭語重心長的說：「哪怕人家沒有善待我，我也不在乎，因為我對自己的個人價值有信心，背後也有父母的支持，他們非常看重我，而我也看重我父母的認可，這是真正的價值、人生的瑰寶；至於其他人，站到一邊去吧，你不認識我，是你們的損失，不是我的！」

無怪乎趙家好友、作家劉墉形容，「趙小蘭那不卑不亢、但有適度的矜持和華裔尊榮的氣質，是來自她特殊的家庭教育。」

趙家老二小琴早年在台灣沒考取心目中理想的學校時，曾垂頭喪氣，十分失望，媽媽鼓勵她的大意是：「每個人都有自己的道路，不必在乎一時的得失，要為長期打算，有志者事竟成，只要努力，上帝會指引我們。」雖然那時小琴年紀還小，但媽媽的說法強烈的說服了她，就此奠下她篤信基督的基礎。

她後來到了美國，學業一路順利，也曾到爸爸公司服務了一段時間。但她不想只是賺錢，希望能為大眾服務，因篤信基督決定終身全心奉獻教會，趙家父母也完全支持。

循循善誘

比較令人好奇的是，趙家六姊妹大部分讀商，其中突然冒出一個讀法學院的人。「我想我可能是所有女兒裡比較讓父母傷腦筋的，」老四小甫坦承。

在趙錫成眼中，小甫從小口齒伶俐、喜歡辯論，小學時一直是模範學生，進了初中還勉強維持好成績，但到了高中因環境改變，成績突然低落。姊姊們都進了哈佛，而她卻因為申請不到名校自覺很失敗，開始自暴自棄，生活也變得散漫。

小甫理直氣壯的對父母說：「我聽你們講的，不要跟人家比，要跟自己比。那麼，姊姊們開賓士（Benz），我開豐田（Toyota）也不壞呀！」她兩隻手插在褲袋裡，講得非常瀟灑，裝作不在意。

這反應不太對勁，朱木蘭婉轉開導女兒，小甫一時氣憤，不想跟母親多談，指媽媽是「富家女出身，全都是財富思想，一心想聚財」。趙錫成聽了很氣憤，但木蘭勸他別刺激小甫，暫時別跟她爭論，希望慢慢耐心溝通。

趙錫成跟女兒說：「妳不喜歡有錢，我並不反對，不過請問妳：為什麼要反對有錢人呢？妳媽媽是富裕家庭出身，可是妳看她穿過好的名牌衣服嗎？妳看過她生活鋪張浪費嗎？她把省下來的錢用來支持公益事業，成立教育基金會，幫助清寒學子完成學業，有什麼不對呢？」

趙錫成跟小甫講了自身受挫的經驗：「但是我沒放棄，更沒有抱怨，所以才有了今天的我，也才有了妳呀。中國有句話：失敗為成功之母，失敗過的人只要努力並記取教訓，總會成功的。而且他成功的經驗，可能比沒有受過挫折而成功的人更有意義。妳沒被那些名校錄取，是他們的損失啊。」

當時小甫的高中校長是畢業於「三所小名校」(Three Little League)的校友，只因這三所學校位處偏遠郊區，離紐約車程約四、五個小時，所以較少人問津，但其實是很好的學校。趙錫成請校長幫忙輔導女兒，後來小甫申請到三所學校其中的柯蓋德大學(Colgate University)。她非常喜歡這所大學，也肯用功，成績優秀，而且非常活躍，成為學生會領袖之一。

鼓勵嘗試不設限

「父母並沒規定我們要做什麼事情，他們讓我們自由發展，讓我們做自己，」小甫說很早就知道自己想當律師，爸媽問她理由，也要她弄清楚律師的工作內容。

趙錫成對小甫說：「為什麼有的人不太喜歡律師，因為律師只會說：你不能做這個、不能做那個，但好的律師要去了解客戶做這些事背後的原因和目的，才能幫忙找到解決方式。妳不妨去律師事務所試試，才知道到底喜不喜歡這個職業。」

趙錫成幫小甫在律師事務所找到打工的機會，負責在櫃台接聽電話和接待客人。她和律師有許多互動，可以了解律師的業務是什麼、當初為什麼會走這一行、對不同狀況如何處理，據此判斷她是否真的喜歡這個行業。

趙錫成和朱木蘭認為，教育是人一旦擁有就再也不會被他人奪走的珍寶。兩人先後獲得聖約翰大學碩士學位，朱木蘭在一九八三年畢業時已五十三歲，全家深以母親的勤奮向學、實現自我為傲。前排為趙安吉；中排左至右：朱木蘭大姊張朱子珍、朱木蘭與母親朱田慧英；後排左至右：趙錫成、趙小蘭、朱木蘭弟弟朱明志、趙小美、趙小婷。

「這對我幫助很大，因為有很多法學院畢業生找到法律相關工作後，才發現一點都不喜歡。這個打工經驗對我來說很寶貴，爸媽非常幫忙，他們說每件事都有不同的面向，從愈多的角度去思考愈好。」

後來，她果真走了這一行。

我為人人，人人為我

曾有人以電影《真善美》（*The Sound of Music*）裡有組織、有紀律的「七小福」梯隊形容趙家的「七仙女」（媽媽和六個女兒），任何事都全家總動員。趙錫成認為這個不成文的慣例「one for all, all for one」（我為人人，人人為我）很重要，他主張家庭是一個團隊，假如家裡有什麼事，人人都會出動；如果一個人有什麼事，大家也都積極去幫忙。一人有喜事，其他姊妹非但不會嫉妒，全家必定總動員，同喜同樂。

趙小蘭非常尊敬父母、看重家人，很願意與家人一起分享她的榮耀，歷來在白宮的就職典禮，總是邀請家人參加盛會。趙錫成的福茂集團，每次新船命名下水典禮，只要孩子有空，也總是全家一起出席，趙家大大小小的畢業典禮更是如此。趙家因為對航運事業的貢獻和公益活動的投入，獲獎無數，每次盛典也都是全員到齊參與。

趙錫成希望每個女兒在暑期到公司服務，至少工作兩年，才會知道爸爸在做什麼。大學畢業後，更希望她們能夠多做一段時間，趁機替孩子打基礎，訓練她們在社會做事的基本功夫。

「以她們的學歷，從哈佛商學院出來，沒有機會做最基層的工作，唯一的機會就是到我的公司放下身段磨練。如果有興趣，可以留下來，繼續在公司做下去；如果沒有興趣，選擇也完全自由，絕不勉強，」這是趙錫成的深思熟慮。

家裡出了這麼多學霸，曾有朋友好奇的問：教育的確重要，但對於一些沒有資源或沒有能力好好讀書的年輕人，尤其是在這個貧富懸殊的年代，普羅大眾應該如何向上？

「雖然說念書是成功的捷徑，但不是唯一的道路。許多人不歡喜念書，但有人生的目標與堅強的意志，只要認真努力，還是一樣會成功的，不過我覺得他們所花的時間和精力可能要更多些，」趙錫成認為自己的人生因教育而大大改變，因此深信教育的力量。

根據劉墉的觀察，趙家的教育是：「將中國傳統的孝順忠信與西方社會的組織管理方法結合，既培養個人的獨立個性，更要求每個人對家庭積極參與，產生共識，達成期望的目標。」

對趙家女兒來說，父母保持中立、不隨意批判的態度，讓她們一生受益。

堅守中立

姊妹六人性格各異，自然免不了有些矛盾或摩擦，但朱木蘭從不直接干預，不當裁判或法官，總是讓她們自行調解。姊妹不愉快或是為了冰淇淋吵架的時候，媽媽說：「妳們的看法可以不一樣，我不會去說誰對誰錯，妳們想辦法自己解決。」

趙安吉長大以後閱讀很多教育類書籍，發現這就是爸媽應有的回答。讓媽媽當裁判排解糾紛很容易，但這樣不會教育小孩如何去解決矛盾和問題。

「媽媽從來都不隨便批判人，什麼事情都可以跟她分享，她不會評判我、不會罵我，非常理性，然後提出很實質的建議，她是一個很棒的人，很適合跟你討論任何事情，」趙安吉大大稱讚媽媽的賢明。

趙小甫也喜歡跟媽媽說所有祕密，因為她只是靜靜聆聽。朱木蘭從不直接告訴她們什麼是「是」、什麼是「不是」。

朱木蘭說，教育是父母給女兒最好的嫁妝。趙家女兒們離家上大學後，父母經常去探望（上圖）。趙小蘭就讀頂尖的曼荷蓮學院（Mount Holyoke College），之後畢業於哈佛商學院；一九七二年，趙錫成夫婦到趙小蘭的大學參加「父親女兒週末」活動，下圖為趙小蘭精心設計的封面海報。

「媽媽是可以商量的好朋友，有困難她會幫我們分析。她從不勉強人家，也不輕易替人家出主意，只是引導小孩子多想，讓孩子自己做最好的選擇。所以，我們都很有自信，認為如何實踐是自己決定的，媽媽只是在旁鼓勵和支持而已。這一點非常重要，對我們的人生有很大的幫助，」趙小甫說。

趙錫成記得太太有句經典名言：「管小孩子不要管得太多、太快、太緊，應該讓她們自己學習。」

「父母認識我的朋友，也知道學校發生什麼事，但還是讓我們保有自己的空間，允許我們犯錯。他們不下指導棋，就只是陪伴在身邊。例如申請大學，也就問你作文寫了什麼？寫了給他們看，他們會給我回饋，但不會直接告訴我怎麼寫，」趙小甫稱許父母非常努力且成功的維持「平衡」，關注孩子，參與孩子的生活，但是不會「控制」。

「現在的『直升機爸媽』為孩子做太多了，我很驚訝，小孩明明有能力自己去解決的，」趙小甫強調。

對於女兒的婚姻，趙家父母也絕不干預，只是叮嚀：「教育是妳們最好的嫁妝。希望妳們嫁給妳愛的人，而不是嫁給名和利。」

趙錫成說：「對於婚姻問題，讓她們自己決定，只要她們歡喜就好，我們會祝福她們，為她們高興。」

事實上，女兒們也都非常幸福，常說選擇丈夫都是以爸爸為標準，趙錫成補充了一句：「但貧富不包括在內。」

兩性平等

趙錫成夫婦這種中立態度，也呈現在「兩性平等」的觀念上。趙小婷直言，父母相信男女平等，女兒跟兒子一樣都可以用腦筋、受高等教育，能做好工作。

可是常常有人講：「啊，好可惜，你們家沒有生兒子，這樣誰來接手公司呢？誰要幫你們繼續下去？」趙錫成一直覺得很好笑，為什麼女兒不能接手呢？夫妻倆用心教育女兒，如果生兒子，也會採取同樣的方式，不會因為性別有所不同。

別人又嘆道：「六個女兒，要付很多場婚禮的錢啊！」有趣的是，不止華人、亞洲人這麼講，連猶太人、義大利人都這樣說。

「我們的教育費用，遠遠比我們的婚禮更貴！」趙安吉有時很生氣，覺得很不公平。朱木蘭安慰女兒：「妳別煩，不要不開心，生氣沒有意義。妳沒有辦法改變別人，但是妳可以證明他們是錯的。」

的確，生氣不如爭氣，只要能證明自己是可以被信任、可以負責任就行了。那些說法，反而帶給她們更大的動力，更積極證明女兒的表現絕不會比兒子差，甚至做得更好。

趙錫成時常告訴女兒：「不要跟人家比，要跟自己比。跟人家比就會有壓力，因為別人的標準和方向妳無從得知，妳要找一個看得到、抓得到、做得到的目標，然後逐漸朝自己的目標努力，這樣比較實在。」

跟自己比，才是真正海闊天空。趙安吉與大姊趙小蘭相差二十歲，前有五位優秀姊姊，但父母從來沒拿其他姊妹來相比，也沒跟外人比較。趙安吉說：「雖然姊妹多，父母卻讓我們覺得自己是獨一無二的存在。永遠會有更有錢、更厲害、更漂亮的人，所以跟自己比就好，今天比昨天好，明天比今天好！」

放手祝福

趙錫成年事漸高，不免考慮到公司的接班問題。早年老大小蘭在公司實習，初試啼聲，一鳴驚人，為福茂贏得很重要的交易。她幫公司找到大客戶，訂了五年以上的長期租約合同，跟銀行談妥貸款，再到日本大船廠簽訂了打造三條新船的合約，全程一手包辦。這時趙錫成的事業正逢鼎盛之際，小蘭卻不想留在福茂服務，她說：「爸爸，我不想只是賺錢，希望能夠到外面去看看世界之大，探索能不能有新的發展。」

能幹的女兒跑去當別人的左膀右臂，趙錫成覺得有點彆扭，親朋好友也驚訝，那麼好的人才怎麼不留著自己用？可是朱木蘭另有慧眼：「沒有關係，只要小蘭有自己的想法，我們應該支持及鼓勵她。」

就這樣，小蘭離開了福茂，隻身到江湖去闖蕩，趙錫成也學到如何「放手」，把它化為祝福。後來小蘭從政多年，一路走來的表現，證明她不止「獨善其身」，而且實踐了中國古聖賢「兼善天下」的理念，讓父母深感安慰與榮耀。

「我非常以我女兒為榮，當部長不稀奇，將來還會有人當部長，最珍貴的是她很孝順，是非常好的女兒，她不光『孝』，而且非常『順』。這一點我內心非常感動，也讓我很感謝她的媽媽，」趙錫成說。

趙錫成和朱木蘭對信仰非常虔誠，老二小琴選擇終身貢獻教會，也得到父母由衷的祝福。老三小美也是哈佛的ＭＢＡ，在父親公司做了十多年，因為要照顧自己的雙胞胎女兒而離開，後來擔任紐約州消費廳廳長，開創華裔女性在美國州政府擔任要職之先例。

老四小甫畢業之後，又進哥倫比亞大學取得法律博士學位，並立即取得律師執照，進入《財富》（*Fortune*）雜誌前五十大公司奇異（GE）工作，不久就升為高級法律顧問，後又轉到香港，擔任聯邦快遞（Federal Express）東亞區的法律總代表，後來為了照顧兩個孩子才辭職，目前兼任福茂公司法律總顧問，以另一種方式守護父親的企業，並且受邀為母校柯蓋德大學的校董之一。

老五小婷則喜歡學術研究，婚後受到媽媽終身學習的影響，繼續進修。「很多人都說我長得像母親，我確實感到自己繼承了她的精神、毅力、勇氣和決心。像她一樣，我也是生完孩子後又回到學校，」趙小婷結婚後回校念碩士，拿到了學位，媽媽鼓勵她繼續攻讀博士，她取得哥倫比亞大學人類學博士學位後，如今在大學擔任教授及從事研究工作。

欣見接班人

老么安吉自認責無旁貸，因為姊姊們都出外打拚了，她一肩扛起家裡的事業。其實她小時候就開心的揚言：「爸爸做航運，我就做航運；如果爸爸開飯館，我也會在飯館做事。」

「安吉善體親意，跟我同事二十多年以來，都是高高興興，從無臉紅，遑論爭執。我想，女兒們的優秀，跟媽媽的基因和用心教養有絕對密切的關係，」有女克紹箕裘，實在值得寬慰，趙錫成把功勞歸於心愛的另一半。木蘭雖已遠行多年，事實上她的影響永遠都在。

即使沒有繼承衣缽，在趙小蘭心中，家人永遠是她的首要考量：「我總希望讓父母和家人以我為榮，我要給美國的亞裔族群帶來榮耀，為他們開創新路，如果我做得好，後面的人就會有好日子，有更好的機會。父母總是教我們，只要努力就能做想做的事情，還要去幫助別人。」

趙小婷常常想到母親，內心總湧現深摯的懷念：「母親極能鼓舞人心，她和父親也是我見過最幸福的夫婦，深深鼓舞了我和先生。他們讓婚姻生活如同田園詩般美好，我丈夫和我每天都在努力複製他們的幸福。我一直認為媽媽是禮儀、品味和優雅的典範，我總是向她看齊。當我看著女兒時，我希望以後她們能像我模仿母親一樣，效法我；我希望女兒向我尋求靈感，把我當作勇者的榜樣。」

「我常感覺媽媽從天上俯視我們，她的精神在啟發我，從『上頭』指引我。這是我希望給女兒上的一門課，就像媽媽給我的一樣，」趙小婷說：「媽媽，謝謝您，我愛您！」

第3部

破浪

08

以遠見與前瞻思維領航

美國第一代移民，赤手空拳，無畏逆流踏入險灘，風裡來浪裡去，為的是尋找人生更多的可能性，為家庭創造更好的環境。

躋身美國主流社會的先行者趙錫成，又是如何以他的膽識與遠見，成為新移民的領路人？

中國有句諺語：「三歲定八十。」指的是孩子在童年時的性格塑成，會影響他一生的發展和變化。趙錫成從小享受運動的樂趣，不但強身，也培養了他精準的觀察力，以致一輩子受用。

「運動有神奇的力量！」趙錫成從小便喜愛運動，一生持續不斷，鍛鍊出強健體魄和旺盛精力，是他日後衝刺事業時最大的本錢。趙小蘭稱讚父親天生好奇心極強，對各種新鮮事物充滿興趣與憧憬，儘管在功課學業上表現優秀，卻絕對不是個書呆子。

趙錫成小時候，父親常帶著他一起到上海、縣城去找朋友、辦事情或遊玩，讓他見見世面。一個鄉下農村出來的小青年，講話有鄉音，舉止打扮都帶點土氣，難免受到城市小朋友的欺負嘲弄，他很不服氣就跟人吵起架來，甚至動手打架。

運動的魔力

趙錫成的力氣大，小朋友奈何不得便展開冷戰。趙錫成一想，這樣不是辦法，所以就帶他們去玩小皮球，趁機跟他們和好，而且逐漸成為小首領。有次要離開時，一群小鬼都來送行，趙以仁看到兒子和其他孩子們融洽相處，開心又感動。趙錫成小小年紀，也隱約感受到原來運動有這麼大的「魔力」。

中學時，他曾和同學先後組織了足球隊、籃球隊、乒乓球隊，是校園的風雲人物。除了球技，他也領會到團隊合作及與人和諧共處的重要。

嘗試過各種運動之後，他分析並評估了自己的弱點和強項：「我對球類運動非常感興趣，而且也玩得很不錯。但在踢足球時，發現自己的體力不夠強，不能當中鋒；不夠鎮定，因此不適合當守門員。打籃球，雖然曾在校際比賽中獲得『最佳投籃』榮銜，但在縣城裡算是不矮的身材，一到上海學校，馬上就被比下去了。因此，主攻乒乓球。」

反應靈敏、身手矯捷的趙錫成很快的在這個「灘頭」衝鋒陷陣，脫穎而出，上海當時有個乒乓球協會舉辦比賽，他連獲三年上海市學生組的冠軍，戰績輝煌。而每次球賽，趙以仁必會到現場為兒子加油打氣，讓趙錫成深受鼓勵，表現似有神助。榮耀父母，一直是他心中莫大的快樂。

事實上，一個成功的運動員，不只要有技術、體力，且需有堅強的意志和毅力，能忍受挫折，善用頭腦。運動場上的任何反應，當下都需要迅速判斷。趙錫成的「乒乓人生」，分明是青年版的「百戰百勝」實錄，證明他知己知彼，發掘自己最合適的項目。成年後他改為游泳，數十年如一日，年逾九旬照樣每天去俱樂部游泳，直到女兒們以最近有疫情為由勸阻，才改成走路。

轉換跑道，更上層樓

婚前婚後，趙錫成在船運公司工作，升遷極快，由於他非常努力也肯犧牲，公司常臨時派他去解決難題，占用他不少休假時間。趙錫成依依不捨離家，並向木蘭致歉，她說：「我跟你交朋友的時候，就知道你是念航海專業的，你不上船能做什麼呢？」木蘭的明理體貼，給了他許多安慰。

趙錫成不到三十歲就擔任船長，本是美事，但在論資排輩的航運界，卻常被當成「小孩子」，很難越位出頭，潛力也不易發揮，這個職務再也升不上去了。然而，如果想要更上一層樓的話，勢必得轉換跑道。

「我感覺當船長已經到頂了，自己年齡還那麼輕，所以想進一步進修，只是不知道應往哪裡去。雖無確切目標，但已經定了方向，必須進修，才能轉業。」

真正的轉捩點，來自一次不愉快的經驗。

有次出航到新加坡，趙錫成親自到舷梯上歡迎領港上船。趙錫成迎接英國籍的白人領港上船後，領港東張西望說：「要找船長！」他再次告訴領港自己就是船

一九四九年十二月，趙錫成任職「有慶輪」二副時在金門島前線留影。這段期間，輪船負責從基隆運送軍需物資到金馬，途中常遇砲火攻擊，危機重重。

長，「可能我的英文不夠標準，對方聽不懂，我重複多次，他仍然不客氣的推開我，堅持要找船長，自己直接走到船長房間。」

即便趙錫成端坐在船長座位上，領港似乎仍無動於衷，執意要找船長。

這位英國白人領港一直不把趙錫成看在眼裡，即使最後確認他是船長，態度仍相當倨傲。後來領港把船帶進港內，把船泊定，這才發覺趙錫成在過程中指揮若定，非常沉穩專業，臨走的時候說了一句：「你不應該再當船長了。」

「那我該做什麼事呢？」趙錫成追問。領港頓了一下，神色已從最初的無禮轉為真誠，他說：「你應該繼續進修啊！」

知識就是力量

是啊，知識就是力量。本來內心已有轉業念頭的趙錫成，因此得到很大的刺激和啟發。回台灣後跟另一半商量，木蘭告訴他：「欲速則不達，我們應該來個長遠準備。你先參加考試，把航海服務這個階段完成以後，再循序漸進，考慮如何往另外的方向發展及轉型。」

這項提議既實際又具前瞻性，趙錫成深受鼓舞，因此在一九五八年三月底請假留岸全力準備，計劃參加五月底的船長考試。他專心苦讀，結果七月成績發表，他不但錄取，而且打破歷屆考試的高分紀錄，被譽為「狀元船長」。

當時台灣還處於戒嚴時期，普通平民出國困難重重。趙錫成因船長考試成績優秀，意外獲得了出國進修的機會。一旦出國進修，就可以為工作轉型做準備。

但木蘭當時身懷七個月的身孕，還帶著兩個年幼的孩子，趙錫成陷入兩難，內心十分糾結。木蘭明快的告訴他：「假如你有決心，我的事我可以自己承擔，你儘管做你的決定。」

那時他們夫妻雖聚少離多，但因船長的薪資比一般人高，生活過得還不錯，真的有必要進行如此激烈的「生涯革命」嗎？

「我想他這麼年輕、考船長成績這麼好，應該再進一步啊。那時候覺得，先生出國深造，是為了家庭和事業而努力，不是去玩，應該支持和給他鼓勵的，」朱木蘭深明大義，她認為只有進修，獲得專業知識和技能，才有轉行的本事。

「我剛滿五歲時，為了尋求更大的發展空間，父母又做出了一個艱難而大膽的決定，」趙小蘭在一篇文章中以「大膽」形容當時父母所做的抉擇。

「木蘭的想法總是比我更深一層，她聰慧嫻淑，具有過人的靈感與判斷力，幫助我順利度過生活、工作等諸多方面的困難和挑戰，」趙錫成說。

趙錫成自海事大學畢業，歷任二副、大副，還是台灣的狀元船長。他曾任職招商局（陽明海運前身）、台灣復興航空公司，資歷完整，這在全球的船東中十分罕見。

朱木蘭（後左）溫柔婉約，內心堅毅，在趙錫成（後右）每一次的人生轉捩點，她都有智慧的決定和堅持。趙小蘭（前右）和趙小琴（前左）幼年時，趙錫成經常跑船不在家，船長太太就是一家之主。

經妻子的鼓勵，他毅然出國，把多年積蓄留為家用，另向表弟朱耀華借了八百美元，他的三副周鈞濤也借了大衣給他，以應付美國的嚴冬。在台灣生活，冬季其實不太需要大衣保暖，這件大衣還是周鈞濤在印度訂製的，所以樣式有點古怪。趙錫成穿在身上，加上那雙會發出「咕唧咕唧」聲響的「GUCCI」鞋子，就出發了。

守得雲開見月明

到了美國，諸事不順，趙錫成被大學拒收為正式學生，又接到父親遽逝的噩耗，在生命最幽暗的谷底，他灰心喪志，痛徹心扉，迫切想回台灣繼續當船長，或留在美國轉行開餐館。一九五九年他曾在白宮前拍照留影，那正是很想放棄一切、打道回府的關鍵時刻，但種種念頭都被木蘭冷靜溫柔的勸阻，不斷為先生加油打氣，請他堅持下去。

「木蘭是有智慧的人，眼光長遠，讓我心甘情願繼續忍受挫折，守得雲開見月明。人生無常，誰想得到數十年後，我會成為白宮多位總統的座上賓呢！」趙錫成表示。

經過三年的笑淚交織、聚散兩依依，一九六一年一家人終於在紐約團聚。家人守在一起的快樂滿足，也大大振奮了男主人的鬥志。

木蘭笑著回顧這段分離歲月：「那麼長的時間，我們一直在通信，因為我們有希望，好多苦就變成我們的樂趣了，因為有了很多分離，我們才有重逢的快樂。」

其間趙家人經歷辛苦的適應期，柳暗花明迎到了春天。一九六四年趙錫成取得聖約翰大學工商管理學碩士學位，又面臨了新挑戰。

「講句老實話，我是老童生，做了十年工作才回到學校從頭開始，念完MBA時已經三十八歲了，好多朋友都問我：你念工商管理，管理誰呀？對我的前程並不看好，」在此情況下，趙錫成依舊充滿信心，相信年齡大乍看之下有點吃虧，但畢竟有經驗且老成，可以把事情做得更好。

可是找來找去就是遍尋不著適合的工作，但繼續做人家的「小郎」，不僅委屈也可惜，所以，他決定創業。

白手起家，為人作嫁

趙錫成創立福茂公司，資金來自五位股東，他雖然只擔任經理人，算是為人作嫁，仍卯足全力，認真經營。趙小蘭回憶道：「父親說，一個人做事不能只為錢，

一九五八年，趙錫成獲得留美深造的難得機會，朱木蘭鼓勵他勇敢接受挑戰，當時她腹中已經懷有老三。上圖為一九五九年，朱木蘭抱著丈夫赴美三個月後出生的三女趙小美攝於台北。下圖是一九六一年赴美前，八歲的趙小蘭（左一）、五歲的趙小琴（右一），和正在牙牙學語的趙小美（左二）。

所以他的船運公司提供最佳服務，服務好自然有客戶上門。他創辦船運公司的初期很艱辛，來找他的客戶都是最刁鑽難纏的，父親盡心盡力服務，日子一久，那些船東自然知道趙錫成的船公司是最好的，口碑就傳出去了。」

福茂公司創立之初，是以自家船隻載貨，後來經營模式改成船東角色，替知名租家承包航運事務。趙錫成身為公司負責人和船東，不求短利，注重長期合作，期能達到雙贏。這個經營模式的轉變，是趙錫成一點一滴學習、摸索出來的。

貨運船的種類包括「油輪」、「散貨船」、「貨櫃船」、「液化氣體船」等等，其中，散貨船是一種具有容量大、安全、高效和耐久性等特徵的貨物商船，也是趙錫成長期服務和經營的船種，在這行他是專家。

「如果做貨櫃的話，需要有貨源，一般都由政府支持，我人在美國，美國政府對航運毫無興趣，也無長遠打算，因此不是適合我發展的領域。而且，基本工業原料的運輸是我的專長，我理應向這個領域發展，」趙錫成根據自己的經驗和條件「擇善固執」。

一九六七年至一九六八年間，趙錫成在華爾街股票市場最熱的時候興沖沖的投入股市，賠掉他這輩子的第一桶金。

「我第一個一百萬好不容易才掙來，但賠起來實在很快啊，真的是前功盡棄，」

趙錫成在股市起初賺了一點小錢，後來賺了一筆大錢，膽大之後追高殺低，幾個月就把老本賠光光。

朱木蘭看事情的角度非比尋常，她並未苛責或抱怨，只是平心靜氣的對先生說：「塞翁失馬，焉知非福，雖然資金大失血，但你學到了教訓；這次吃了大虧，但是增長了智慧，現在可以好好回去做你的專業了。」

塞翁失馬，焉知非福

前英國首相邱吉爾（The Rt. Hon Sir Winston Churchill）說，千萬不要浪費每一個危機。在趙錫成垂頭喪氣時，木蘭反而向他恭喜：「錫成，這次你得到了頂好的經驗，你想外行做內行，世界上哪會有這麼容易的事？還是靜下心來，想想你的本行吧。」

那是一九六〇年代初，一百萬美元不是小數目，趙錫成跌了一大跤，而這個價值一百萬美元的教訓是：徹悟買賣股票不是他的專長，決心回歸本業，從大起大落、難以掌握的股市及時抽身。

「自己闖了大禍，也只能自己受。我乖乖聽太太的話，從頭開始，」趙錫成強調，在人生很多時候他都是從頭開始的，不過，「天生我材必有用，千金散盡還復來」這話激勵著他，他相信如果把才能放在對的地方，即使千金散盡，必有再贏回之時；而木蘭始終在一旁陪伴，對他不離不棄。

「每次我從頭開始，太太都在身邊一直支持。因為我是白手起家，一生中都在摸索嘗試，木蘭總是給我很多鼓勵，相信有志者事竟成。我如果成功了，當然要感謝她；失敗了，也並不氣餒，因為我有這樣一位好太太，夫復何求？」趙錫成十分惜福。

預言成真

在一九六〇年代至一九七〇年代，因為航運市場非常景氣，福茂一直順風順水。一九七〇年代末期，趙小蘭首次和父母回中國，她對父親的預測印象十分深刻：「爸爸說不要看中國現在落後，將來一定會有非常好的發展。他總覺得中國人聰明而有智慧，只要不怕苦、肯努力，有正確的方向，中國的發展指日可待。」

一九八二年三月初春，趙錫成和趙小蘭同在哈佛大學和麻省理工學院聯合會議上發表演說。當時，兩校聯合主辦「航運論壇」，趙錫成在題為「國際航運之前瞻」

> 如果把才能放在對的地方，即使千金散盡，必有再贏回之時。 ——趙錫成

的演講中，向台下學者專家們深入分析國際航運的前景，而後國際航運持續八年之久的衰退，證實他當時所言不虛，預測正確。

趙錫成當時預告「國際航運業將整體泡沫化」，指的是基本工業所需的生產原料「乾貨」，如煤炭、礦石等大宗貨物的運載，並不牽涉普通散貨及貨櫃的運輸，那時國際貿易增加的主要項目是日常用品，而非乾貨。

這個航運論壇，素來只邀請在航運界有聲望且被看好的年輕俊彥演講。「我幸運的被選中了，因為我的資歷很淺，公司規模也較小，有此榮幸，我絕不放鬆，認真準備了一個多月，從所有的資料和數據裡，歸納出：由於國際經濟蕭條，美國的航運業已進入泡沫時代。我依據自己的觀察發表論點，在場聽眾都感到詫異：這個判斷與實際市場狀況似乎背道而馳，此為何許人也？」趙錫成回憶當時。

那時只有兩份報紙——當年廣受航運界歡迎及認可的美國《商業日報》（*Journal of Commerce*）及英國《勞埃德日報》（*Lloyd's List*），做了正面報導，不過結尾也都保守的加了一句：

「好多人都持異議，實際情況發展仍需拭目以待。」

結果，航運業隨之而來的低迷持續了八年之久，直到接近一九九〇年，市場才真的出現轉機。

在這段航運業一蹶不振的期間，趙錫成韜光養晦，開始研究外匯交易，因為他對日本的經濟比較熟悉，所以把所有的外匯交易投在日圓上，掙了不少錢。

做了三、四年的外匯交易，的確賺取了豐厚的利潤，但有次趙錫成到中國城吃飯，在餐廳聽到大家都在談論外匯交易，頓時感覺不妙，「我想這就過頭了，其中明顯存有賭博的性質在內，市場太過投機了，」因此他懸崖勒馬，等候機會，希望再把重心放回航運上。他判斷物極必反，航運業處於谷底一段時期，自會有反彈的時候。

物極必反

果不其然，世界航運和造船業經歷一陣子景氣低迷後，曙光乍現，又開始起飛了，趙錫成決定再造新船。日本素來是造船強國，技術先進可靠且精益求精，用不著客戶監工，不僅品質有保障，還能準時交船，是他的首選，唯一缺點是價錢比較

一九八八年，趙錫成與中國船舶工業總公司簽署協議，幫助中國打開出口美國市場的大門，此番決定也有朱木蘭的想法，夫妻倆皆有愛國心。同年，時任中國國家主席楊尚昆（右二），在人民大會堂會見趙錫成夫婦（左一、二）。

趙錫成移民美國超過六十載，早年在事業站穩腳步後就開始參與僑界活動，熱心分享自身經驗毫不藏私，很快就成為紐約僑界的意見領袖。

高。剛巧中國在改革開放初期，對外發展及推廣造船業，趙錫成一方面想支持中國造船工業，同時也想節省成本，就順應形勢，於一九八八年年底與中國船舶工業總公司簽署協議，向江南造船廠訂購兩艘巴拿馬型散裝貨輪，幫助中國打開出口美國市場的大門。

回顧這個決策，其中也有朱木蘭的想法。木蘭鼓勵先生以「愛國僑胞」的身分，拓展中國的造船工業，也希望中國船廠能以趙錫成在日本造船的豐富經驗，做為借鏡。

早在一九八八年初，中國造船工業總公司曾派專員到美國拓展業務，期待外商能去中國造船。當時是由中國工業總公司負責對外發展實際業務的第一副總經理潘曾錫帶隊至美國商訪，住在紐約中國領事館。而中國駐紐約總領事館的總領事湯興伯是趙錫成的好友，因此介紹兩人認識，並在餐聚後邀他們至總領事館的貴賓室繼續商談。雙方雖沒見過面，卻久聞對方之名，一見如故。由於中國造船跟交通兩部會的長官幾乎都是交大學長，所以聊起來格外親切。而潘曾錫的樸實作風及誠摯態度，給趙錫成非常良好的印象，彼此談得十分投契。

趙錫成實話實說：「國內造船經驗較少，所以招商困難很多，你們可以逐步克服，但這需要時間。買你們的船其實風險很大，我可以幫忙，因為我是華僑，我願意當先鋒。」

不過趙錫成有但書，「因為造船費用很高，沒有船東能夠一次全部付清，都是頭期支付兩成現金，剩下八成由船廠幫忙解決貸款。你們可以嗎？」

潘曾錫當然有備而來，他說：「可以設法貸款，關於造船的品質，我保證我們盡力而為，一定讓您滿意，」又說：「錫成兄，百聞不如一見，我請您到中國去看看，實際考察以後您就會明瞭了。」

為家鄉盡心

一九八八年底，趙錫成夫婦受邀從紐約出發，先經香港到廣州，這一路都由潘曾錫親自招待並陪同。潘曾錫同時請江南造船廠的幾位負責人到北京會合，跟總公司的招商負責人一起見面討論，希望當場能夠簽訂意向書。幾經磋商研議之後，終於拍板定案。

「我在中國開始造船，是美國航商到中國造船的首創之舉，同業認為我很有勇氣與膽識，」趙錫成說：「這純粹是一種對出生地的感情，我不談政治，完全是對家鄉的謝意與感恩。」

然而趙錫成在中國造船的初期吃盡苦頭，一方面是經驗不足，對中國船廠了解不夠深入；另一方面中國「文革」才結束不久，工作人員普遍存有「皇帝女兒不愁嫁」的心態，自恃有靠山而行事馬虎、怠惰，得過且過而不敬業，以致出廠的船品質不佳，發生引擎漏水、主機有裂縫等種種問題，讓趙錫成焦頭爛額，頭髮頓時白了不少。

他受夠折磨之後，鐵下心列其為「拒絕往來戶」，再也不想到中國造船了，寧可多花一點錢在日本造船，雖說船價高了些，至少可以少受點氣。況且那時正逢航運市場突然好轉，他在日本造的船都獲得很好的利潤。

日本造船固然品質優良，畢竟價錢較高，趙錫成在權衡之下，二〇〇二年打算在韓國訂造十七萬五千噸的好望角型乾貨輪。他在韓國巧遇江南造船廠的總工程師、也是交大校友龔建根，同在船廠考察。龔建根一聽趙錫成準備在韓國造船，馬上以「愛國心」及「同窗情」曉以大義：「學長，開玩笑，您怎麼能到韓國造船呢？我們現在有新廠，都配備了最新的現代化設備，您是愛國華僑，要造船還是應該來中國。也不要再考察了，明天我馬上陪您回中國。」

第二天，趙錫成就在龔建根的陪同下，一起到外高橋船廠參觀。他一看，的確是設備新穎、規模宏大，聽說中國政府斥資五億美元，建造了這個嶄新的船廠。當時船廠只收到兩組訂單，第一組訂單是由一位向來支持中國造船的香港商人所訂，後來雙方因故鬧得很不愉快，因此港商不願再到中國造船。第二組訂單是「2＋2」（客戶訂兩條船，但有權利再按同等價格造兩條或者放棄），原擬前後造四艘船的訂單，可是對方因故最終只造了兩艘條，放棄另外兩艘。臨時少了兩艘船的訂單，讓廠方非常緊張。

旁觀者清

朱木蘭平常不管公司的業務，這次卻建議福茂應該在中國而非韓國造船。「她有愛國心，而且是以旁觀者的立場協助我做決定，」趙錫成表示。

朱木蘭一向話不多，但觀察入微、見解精闢，雖然不管公事，在家中聽趙錫成跟人講電話談業務，很快就能融會貫通，了解事情的大概。平常小事和困擾，趙錫成不會告訴木蘭，免得她煩惱，但是遇到大的事情，就會找木蘭一起商量，聽聽她的意見。朱木蘭通常都能抓住重點，直指問題核心，幫趙錫成歸納幾種選擇，讓他自己做決定。

趙錫成深思熟慮之後，決定不去韓國造船。他向外高橋船廠表明願意接手先前被放棄的兩艘船，並說：「我也可以訂兩條再加兩條optional的船，不減價。不過，要把前面船東議定的『額外裝置』免費包括在內。」

這筆額外裝置不是小數目，但廠方別無選擇，只能答應，雙方就這樣簽字了。因此，趙錫成又再次到中國造船。不過基於前車之鑑，這回他增派監工人員，確保萬無一失。根據趙錫成的經驗，在日本造船，一位至多兩位已經足夠，但在中國他請了十多位專業人員支援，從頭到尾都派人監工。他還與船廠協商，所有的要求只要合情合理，船廠都必須接受。

趙錫成曾給龔建根取了個「精忠報國」的綽號，暗諷他處處只會為船廠設想，很少接受船東的要求，但他這一次卻完全配合，即使廠方需要增加成本，開價也非常合理，令人耳目一新。「這表示國內在思想上面與外界接軌很快，值得佩服，」趙錫成看到其中的轉變。

山不轉路轉

有一次趙錫成夫婦到上海洽公，一位表姪女熱情邀請他們吃晚飯，兩人準備一起去赴會。沒想到，外高橋船廠的廠長及總會計師突然想請趙錫成吃飯，盛情難卻之下，他於是改變計畫去參加餐會。他們說，因為造船成本變高了，趙錫成訂的船價漲了三成，雙方平分差價，所以要請他多付一五％費用以分擔成本。

一般合約簽訂以後，金額不能隨意更改。通常，船廠為了鼓勵船東繼續訂船，會在簽約時給下艘船較優惠的價格，但絕不能隨意漲價。

趙錫成馬上向外高橋造船廠代表交涉，卻徒勞無功。這狀況如同揮了一記重拳，把趙錫成氣得血壓衝到兩百五十、神色大變，木蘭本來應該回賓館休息的，一看情況不對就陪在他身邊，直到他冷靜下來、血壓恢復正常。

朱木蘭勸先生暫時忍耐一下，同時建議他轉向北京總公司溝通，這樣對船東及船廠都有好處。

朱木蘭說：「不用急，如果跟他們說不通，我們可以直接向北京總公司溝通，尋求合理解決的管道。」趙錫成鎮定後依計行事，跳過外高橋船廠，直接向總公司協商，總公司認為臨時加價有違誠信原則，建議外高橋船廠應當保持原價。夫妻同心，其利斷金，危機順利化解，這件事也就圓滿解決了。

北京總公司公正的決策，讓趙錫成感念在心頭。「那位當年主張漲價的總會計師，後來在外高橋十週年紀念時發表感言，三分之一的時間都用來讚揚福茂集團和我本人對船廠的貢獻。可見，公道自在人心。」

趙錫成不僅是中國造船業在美國的最大客戶，數十年來對中國造船技術的提升有極大助益，相當受到中國政府的重視。上圖為二〇〇八年時任中國主席胡錦濤（左三）接見趙錫成（右二）、趙小蘭（左一）與趙安吉（左二）。下圖為時任中國國家副主席習近平（中）在北京會見趙錫成與趙安吉。

實際上，這個公道也促使趙錫成日後繼續在該廠造新船，否則，他應該也會像之前的港商一樣忿忿然拂袖而去，轉往韓國造船了。

中國造船業的推手

有人以為，趙錫成寧冒風險，率先和中國船廠來往，也有助於中國船廠進步發展，與國際接軌。因為改革開放之初的中國船廠，並沒有和外商打交道的經驗，他們剛開始不習慣、也不了解應當依國際慣例遵守合約，趙錫成與他們合作，實際上也是在協助他們熟悉國際市場，對中國船廠而言，無疑是至關重要的學習機會。

而以趙錫成在日本造船的經驗，也實質幫助了中國造船廠修正、改進本身的技術和工作態度，因而飛快的成長。身為愛國華僑，趙錫成對中國改革開放初期經濟的發展貢獻良多。

早在一九九三年，趙錫成於美國紐約聖約翰大學發表「美國航運業及造船業之興衰」時，就已引用美國造船業興衰的前鑑，預測中國有望成為未來世界造船大國。二〇〇四年七月，趙錫成在德國漢堡舉辦的「國際造船工業貿易交流會」發表演講時，預測中國不久後將會成為世界造船大國，如今已應驗了他的預言。

「我認為日本、韓國、中國這三個國家，都是造船業極發達的國家，以質量來說，日本還是保持得很好，不過價格較高，因此韓國跟上來了，同時中國也成為後起之秀，成為目前世界上的造船大國，因為，中國的價格還是相對實惠，」趙錫成相信在不久的將來，中國也會成為世界造船強國。

無冕之王

無論公務或家事，趙錫成的諸多決策，幕後都有朱木蘭擔任「軍師」。在趙錫成眼中，木蘭喜歡閱讀、博學多聞，有宏觀的視野，總能看透事情的迷障，切中本質，常以她旁觀者清的敏銳觀察，提出建議。

實際上，趙錫成無論是何時造船、造何種船，朱木蘭都會提出建議，事實證明她的眼光犀利精準。

「媽媽即使不像爸爸一樣進辦公室，但他們實際上就是平起平坐的合作夥伴，是一個團隊，」趙安吉特別說明。

「木蘭總有過人的靈感與判斷力，協助我順利度過生活、工作等各方面的困難和挑戰，使我們的事業蒸蒸日上。我們家中共有五位知名學府的MBA，但她毫無

趙錫成夫婦在一九八〇年代就開始贊助海峽兩岸的海事學校獎學金，培養優秀的海事人才。

疑問是我們家MBA的無冕之王，」趙錫成說。

孩子長大之後，朱木蘭常陪趙錫成到中國出差，偶有機會去北京訪問高級領導，趙錫成認為也許是因為木蘭的談吐大方、氣質出眾讓領導者印象深刻，所以對兩人都安排高規格的接待和禮遇。

一九八八年的中國行，趙氏伉儷也參訪了大連海事學院，因為在學校設有獎學金，接受時任院長、也是趙錫成學長的陳祖慰頒獎，他更臨時邀請朱木蘭致詞。

突如其來的邀請，讓趙錫成替木蘭捏了一把冷汗，不確定她是否樂意上台？

「哪知道她風度翩翩、氣定神閒的上台，侃侃而談，十五分鐘致詞既無底稿，也無準備，不但講得言之有物、鏗鏘有聲，而且親和風趣，給學生極大的鼓勵，博得全場好幾次如雷的掌聲。」

趙錫成感覺那時中國學生都是只聽不互動的，能激起大家自動熱烈鼓掌實屬難得，他深以木蘭的表現為傲、為榮。

「我凡事時常與她商量，喜歡聽聽她的意見，再做決定。我們經常有講不完的話，並非閒話家常而已，而是對家庭及事業未來走向的討論。」

有一陣子，很多人建議趙錫成買一棟高樓層的辦公大樓，他也非常心動，看中這棟建築是以商業投資為主，也打算把公司辦公室搬過去。那棟樓本來有很多日商進駐，一九七〇年代以後，日本往美國的投資逐漸減少，大樓因日商的離去而空了出來。趙錫成在一九七〇年代房價低的時候，本想投資房地產，但因為訂了船，錢不夠所以沒有買成，他一直想補此不足，買棟大樓試試。

但是朱木蘭卻建議他不要衝動，她說：「隔行如隔山，你是做航運的，就專心航運事業吧，不要妄想旁的。」

結果，萬事以太座為尊的趙錫成沒有購買。十幾年後，那棟樓仍然閒置著，直到現在都還沒有賣出去。

二〇〇〇年後，福茂公司開始循序汰舊換新，每年再多造四、五艘新輪，特別注重船齡與品質，並加強節能的材質設備，領先業界。這前瞻的視野，必須伴隨執行力，且早在二〇〇四年，福茂就委託中國造船廠打造出第一艘取得美國驗船協會「綠色船舶護照」的「德梅號」。

什麼是「綠色環保船」呢？

「綠色環保」是指人類為了保護大自然而採行的特別作為及措施。造船相關行業為了符合其需求，不斷改進技術和設備，以減少對海洋生態、空氣、人類的汙染等等。

國際海事組織（International Maritime Organization, IMO）是聯合國負責海上

趙錫成（右一）、朱木蘭（左二）、趙安吉（左一）與時任中國國務院副總理吳儀（右二），參加上海外高橋船廠「安梅號」命名儀式時合影留念。

福茂如今已是世界散裝乾貨航運的領航者，與世界各地的政商學界名流皆維持良好關係，台灣也不例外。上圖為趙錫成（左一）、朱木蘭（左二）與女兒趙小蘭（右）會見總統李登輝（中）；下圖為趙小蘭（左）被任命為美國交通部部長前，與趙錫成（右）一同會見總統蔡英文（中）。

航行安全和防止船舶造成海洋汙染的專門機構，在二〇二〇年發布了新的燃油含硫量規定。船舶燃油最大含硫量擬從三．五％下降到〇．五％，預估可減少八成的硫汙染。含硫化物太高時，會產生酸雨，影響農作物的生長及危害人體健康。

「我父親學習航海，是有史以來最年輕的船長之一，更是將環保設計納入造船的先驅。我們現在擁有世界上最現代和環保的船隊，」繼承衣缽的趙安吉說。

舉例而言，福茂的船採用的新型引擎，可將燃油燃燒完全，大大減少硫排放，甚至降至為零。硫排放的減少，將有利於降低港口、沿海城市附近人口的呼吸、心血管疾病發生率。

此外，福茂也是採用環保油漆的前鋒，因為船在靠岸時經常會有藻類等海洋生物附著其上，船殼若漆上特殊油漆，海洋生物較不易攀附，船航行全世界時就不致造成防疫的破口。

「一開始採用環保設備，造船成本馬上提高。以油漆為例，成本增加一五％以上，所費不貲。而且油漆每五年就要重新漆一次，代價很高，」趙錫成說明，船用油漆是特殊油漆，全球只有三、四家供應商，因為油漆的研發費用龐大，售價自然變高，福茂必須與船廠及油漆商溝通，如何能夠降低價格、達到目的。

油漆類別很多，有專門漆在船底、船旁的，漆船旁的油漆又分進水的和不進水的，以及有時進水有時不進水的，而船體上則採用美觀油漆。必須根據各種用途，選擇不同的油漆，它們的價格也都不同。目前福茂有專人接受三到六個月的專業訓練，負責這項油漆業務。

真知灼見

二〇二一年七月二十一日，最新系列散貨船中的最後一艘——二十一萬噸紐卡斯爾型散貨船「騰梅號」，在上海舉行下水典禮。這艘船由外高橋造船廠自行研發、設計及建造，安裝了可減少硫化物排放的脫硫裝置，走在業界之先。

「船隻愈造愈大，我們希望在環保及減低成本方面下功夫，對社會和地球有貢獻。我們凡事都有計畫，通常一條船的船齡大概二十五年、大概四分之一世紀就要汰換了，早期我希望使用十年以後就把它賣掉，這十年內，如果看到未來對環境友善的裝備，就會陸續加入。現在福茂旗下船隻的平均船齡不到五年就會汰舊換新，我們更能因應潮流趨勢，採用最新型的環保設備，」趙錫成指出。

「福茂五十多年來，是美國唯一華裔背景的航運公司，經營成功，深受國際航運業界的敬重，」福茂集團紐約公司前總經理李明清讚道：「趙博士觀念新但人又念舊，是很惜情的企業家，難怪中國船業界尊稱他為『老朋友』，他對推動中國開拓國際造船市場居功厥偉。」

「現在有很多嶄新科技，包括『無人船』等先進技術，令人嘆為觀止，但父親總是提醒我：無論有多精采、多眩目的創新，永遠不能忘記人與人之間的關係，」趙安吉指出，科技再如何發展，都要回歸到人如何以智慧來抉擇取捨；而人與人之間的合作共享，才能共存共榮並不斷進步。

回首前塵往事，趙錫成感激木蘭在他人生的每個轉捩點，都扮演了非常重要的角色。她所有的鼓勵和決策，皆是福茂和他個人事業成功的關鍵。而趙氏伉儷的遠見與前瞻，也讓福茂扶搖直上，成為今日世界散裝乾貨航運的領航者。

09

在汪洋中探索人生

「大海有真能容之量，明月以不常滿為心。」這幅晚清的對聯，以海洋、明月譬喻做人要大度能容，虛懷若谷，不可自滿自大。

而海洋的遼闊深遠、氣勢磅礡，的確令人嚮往和想望，海上行船，似乎也充滿神祕、浪漫與挑戰。

一輩子生活、工作都與海洋息息相關的趙錫成，對這個行業，有話要說！

二〇一六年十月中旬，國立台灣海洋大學舉行隆重的儀式，頒授趙錫成與趙小蘭名譽博士學位，有多位嘉賓和數百名海大師生出席觀禮。

時任海洋大學校長張清風指出，二十一世紀是海洋的世紀，海洋成為國家發展上的重要優勢。台灣四面環海，海洋資源豐富，無論海洋、漁業、養殖與航運等事業，在國際上均占有一席之地。而海洋大學肩負培育海洋海事水產人才、永續利用海洋及發展海洋產業之責，成為海洋國家發展最關鍵的支撐。張校長承諾：「海大勇於承擔海洋時代的重任。」

張清風形容「船王」趙錫成胸懷「中國心、台灣情、美國夢」：「趙博士曾是台灣最年輕的『狀元船長』，歷盡艱辛、從基層做起，腳踏實地、為人謙沖有禮，在國際航運領域貢獻卓越，成立基金會幫助許多華裔學生，對兩岸和平發展的無私奉獻，在品德及事業上的傑出表現，足為學子的楷模。」

而他的女兒趙小蘭，是美國歷史上第一位進入內閣的華裔人士，同時也是內閣中的首位亞裔女性，被《華爾街日報》譽為全美企業界最希望爭取的十大董事之一。趙小蘭於美國勞工部部長任內推動工作權益法案，貢獻極大，並本於人道關懷的初衷，對故鄉無私付出，實為後進學習的典範。

趙錫成致詞時感謝海洋大學的肯定，並感念太太朱木蘭對家庭的付出，強調他

趙錫成學習航海，是有史以來最年輕的船長之一，他感念一路上親友貴人相助，讓他的船隊得以馳騁橫渡全球各大洋。且一艘艘船隻的命名別具深意：「心梅號」、「德梅號」、「吉梅號」……，「梅」是趙錫成父親的字號，也是中國的國花，不僅代表他對祖先、父母、家人的心心念念，更象徵對「根」的無限珍視與感恩。

的家庭教育是「以家為重、以孝為重、以社會為重、以服務為重」，希望大家也都能愛自己的家人，擁有美好的家庭。

在基隆起家

「我是趙小蘭！」趙小蘭自我介紹時這樣說道：「最重要的是，我是趙錫成博士的女兒。」

在任何場合皆以父母為尊的趙小蘭，描述父親與基隆的淵源：「基隆是我父親極其熟悉和懷念的都市，當年服務的輪船常停泊在基隆，他多次在中正路上來來往往，為的是到台北找他的意中人，也就是我的媽媽……」

趙家伉儷新婚後就在基隆定居，後來才搬遷到台北，基隆是他們在台灣的「起家」之處，所以對此地充滿感情和回憶。趙錫成對同樣研習海洋專業的海大莘莘學子，當然樂意照顧，除了設「木蘭教育獎學金」提供海大留美學生學費及實習機會之外，更捐資興建教學大樓。

二〇一九年十月底，海洋大學的「木蘭海洋海事教育大樓」舉行動土典禮，由張清風率校內一級主管與趙錫成、趙安吉等來賓一起動鏟。這棟地上七層、地下一層造價近兩億的建築物，基地面積約一千四百平方公尺，總樓地板面積約五千平方公尺，擬做為海洋海事教學研究空間。大樓從申請、設計到審查期間，因物價上漲導致總工程經費暴增數千萬元，幸獲趙錫成熱心捐資，才讓工程得以按計畫進行。

「台灣是我的幸運之地！」念舊的趙錫成這麼認為。當年他在風雨飄搖之際隨船抵達台灣基隆港，由於人生地不熟，心情本來低落不已，但因急於尋找意中人朱木蘭，轉移他初到陌生環境的不安，對未來仍心存樂觀和希望。

身為「海洋之子」，他對海洋航行的相關事業，始終心存感激，無怨無悔。

有人說：在深邃無垠的大海上，擁抱天空和日月星辰，乘風破浪，是何等浪漫！然而，驚濤駭浪、破風前進也是航行海洋的實相之一。恰如人生，有時風雨有時晴，無常才是恒常。

養家活口就靠它

回顧七十餘載的來時路，趙錫成以豁達的胸襟、處變不驚的膽識，闖出一片自己的天空。對他而言，接受航海教育、從事航運工作，是生涯中至關重要的抉擇。

「這是我一生的事業，我念了航海科以後，就是靠航海專業吃飯，養家育女，

“航海教育給我非常大的啟發，讓我有機會多方遊歷、觀察及學習，增加自己的見識，開拓寬廣的視野。 ——趙錫成”

都是靠航海，」趙錫成指出，航海教育是一個國家基本、重要且前瞻的教育，受此專業訓練者航行全球，四處遊歷，對於像他這樣清寒的農村青年來說，尤其助益匪淺。

趙錫成的叔叔趙以忠跟表舅都是資深船長，還有一位遠親秦錚如是上海沙船進港時負責引導停泊的引水人，非但薪資高，而且職位受人尊敬。

不能否認，海上生活非常孤獨寂寞，船員如果意志薄弱，船一到碼頭就容易花天酒地。可是趙錫成看叔叔生活非常自律，潔身自好，可見事在人為。

「航海教育給我非常大的啟發，讓我有機會多方遊歷、觀察及學習，增加自己的見識，開拓寬廣的視野，」此外，對趙錫成更深遠的影響是，航海教育在冥冥中牽引他在戰亂時橫跨海峽兩岸，從中國大陸航向台灣，成就了一樁烽火姻緣。

一九四六年，趙錫成在中國大陸就讀的交通大學駕駛科，與「國立吳淞商船專科學校」的航海科合併。吳淞商船專科學校素有「中國航海家搖籃」之譽，是航運界的主力學校，歷史悠久。在一九四三年，該校劃歸交通大學接辦。一九四六年，由交大代辦的航海、輪機兩科，又復歸國立吳淞商船專科學校辦理。而國立吳淞商船專科學校也是現今中國大陸的海事大學「上海海事大學」和「大連海事大學」的前身。

根據校方規定，學生修業三年再上船實習兩年就可畢業，獲得證書。一九四九年，「我剛巧三年修畢上船實習，因此離開中國大陸到了台灣，不然我很可能會一直留在那裡。那麼，我就無法在台灣找到心儀的女孩，更不可能與她結婚，我的人生軌道必定完全改變。」

一生的志業

自從抗戰勝利以後，中國從英國收回航權，商船學校培養的英才深受國家重用。當時，社會經濟蕭條，民眾就業普遍不易，大學生「畢業即失業」，但商船學校畢業生卻是例外，前途非常看好，年輕學子趨之若鶩。

趙錫成回憶當年：「當年我們畢業之後，可以當二副，因為船員薪水是按國際標準發放的，所以即使在當實習生時兼職三副，月薪也在五、六十美元左右。那時，小學教師月薪不過七、八美元。因此，商船學校入學競爭很激烈，大家以獲得

試筆

高雄字第 088 號

四十六年第二次特種考試

河海航行員考試

入場證

姓名 趙錫成

應考甲種船長級

入場應試須攜帶此證以置考桌上

便核對此證限於本次(屆)考試有效

趙錫成一輩子的生活、工作都與海洋息息相關，特別喜歡人家稱他Captain Chao，趙船長。從事航運工作，讓他心胸開闊、視野寬廣，放眼全世界。他所創辦的福茂集團，五十多年來，是美國唯一華裔背景的航運公司，經營成功，深受國際航業界的敬重。右圖為趙錫成一九五七年的河海航行員考試入場證（准考證），照片中的他英姿煥發。

錄取為榮。」

航海科系，乃以培養現代商船的一等船長為首要目標。廣義的航海人才，需負責執行航海、貨物作業、船舶操作及船員管理種種職務，且應具備船舶導航技術、港埠管理、海運管理等符合公約規定的專業技術及核心能力。

「假如時光倒流的話，我依然還會選航海，因為這個專業符合我歡喜多看、多學、多做、多分享的個性，」從擔任船長、功成身退，華麗轉身成為船東、經營航運，趙錫成一生的職涯與海洋息息相關，他是一九五〇年代末台灣的「狀元船長」，也是二十世紀的紐約船王，他堅持先以「小而美」的方式正派經營散貨船航運，爾後腳踏實地地逐步擴大，講求信用，一路孜孜矻矻，打造出如今的航運王國。他對航海教育與航運事業有深刻的體會與心得，也勾勒出未來的遠景。

國際間最佳運輸管道

趙錫成指出，「航運」（ocean shipping）是指透過海上運輸方式來運送大量旅客或貨物。十五世紀以來，航運業蓬勃發展，使人與貨物得以跨越國界往來和流通全世界。

「海洋占地球表面積約七成，連結了全球各個陸地，更是國際間最佳的運輸管道，」張清風表示，國際貿易總運量中的九成以上，都是透過海洋運輸送達。

海運所需時間較長、運費較為低廉，和空運、陸運等運輸方式各擅勝場。但海上運輸的運量大，則是空運和陸運無法比擬的。

海洋運輸所運載的大部分是生活最基本所需，如穀物、煤、礦砂、水泥等大宗貿易物品。隨著社會進步，人口增加，生活水準上升，各種建築材料（如鋼筋）、物產、民生日用品的消耗量更大，因此，對船運的需求也相對增加，進而促進航運的發展。

貨運船的種類繁多，其中，散貨船是一種具有容量大、安全、高效和耐久性等特徵的貨物商船。

根據國際海運總會（International Chamber of Shipping, ICS）的資料記載，一八五二年世界首見第一艘散貨船，依據其載重又可分為靈便型散貨船（一萬噸到三萬五千噸）、大靈便型散貨船（三萬五千噸到五萬九千噸）、巴拿馬型（六萬噸到八萬噸）、好望角型（八萬噸以上）等類別。散貨船約占世界商船隊的一五％至一七％。

一九五六年四月二十六日，「Ideal-X」輪自美國紐華克港（Newark Bay）運載五十三個約十公尺長的貨櫃啟航，為貨櫃運輸輪之始，掀開全球貨櫃海運的序幕。貨櫃船的優點是載量高，作業快速、安全性更高，但也因船型大、建造成本高，業者需上市以匯集龐大資金或得到國家支持，一般中小企業的航運公司仍以散貨船為主，這也是趙錫成一直以來的工作選項。

以海洋為師

當年趙錫成進入航海學校的考量是：工作穩定，按年資升級，每兩年經過考試即可升一級，當上船長就能有國際標準的待遇，有機會周遊各國，再加上工作性質相對單純，「這種職業完全靠本領，不用考慮太多人事關係和政治角力，」趙以仁如此鼓勵兒子，趙錫成因此投入航海這個專業領域。

「我不算苦讀的學生，但是我的考試成績非常優異，加上我喜歡與人分享，助人又不計回報，因此朋友比較多，在同學間頗有威信，」趙錫成語帶笑意的說：「我除了自己讀，還帶領了三位高中同學進航海學校。」

他們看到趙錫成身穿海軍軍官制服，頭戴大蓋帽，看上去非常神氣。其次，當時抗戰剛結束，內戰又開打，航海就業很緊俏，只是那時競爭也很激烈，因此有同

一九五四年，趙錫成服務的「慈雲輪」回航台灣，朱木蘭帶著趙小蘭來探班。當時他年紀輕輕就擔任大副，堪稱少年得志。

學嘗試了多年才成功。

趙錫成認為當年在大學裡學到的知識可學以致用。修業三年課程，奠定良好的基礎，除了專業知識之外，還有醫療常識、人生管理等科目，對年輕人相當有啟發和幫助。但那時學校因經濟困難，設備簡單，沒有實際的船隻儀器，一切完全依據書本理論，所以學習時頗為乏味。

「學科方面已經足夠，可是經驗還是要到船上實際學習、操作、體會，才能有所長進。直到畢業，還有好多同學連船頭船尾都沒見過。」

到船上實習，他剛開始感覺有些跟學校書本關聯不大，之後才慢慢發現所學有理論、根據和邏輯，都對工作很有助益，增加了不少信心。

到台灣之後，趙錫成正式展開他的航海人生，往事歷歷在目，如今他回顧船上生活的真實面貌，分享海洋人生的優點和困境，希望能提供年輕一代參考。

航海探險家

一九四九年趙錫成到台灣之後，在登陸艇「有慶輪」上服務。登陸艇是一種可進行兩棲作戰的大型艦艇之一，原屬軍方，負責運送機密文件。為了防止機密洩漏，所有文件都由船隻和飛機輸送，連電報密碼都是靠專人親自送達。「有慶輪」來往台灣、金門、馬祖前線，除了機密文件，也時常載運物資和軍火，因中途頻頻遭受戰砲攻擊，危險性高，若沒有冒險精神和膽識，絕對端不了這碗飯。

趙錫成第一次上「有慶輪」出任務，第二天就到了金門，登陸後四下環顧發現是個荒島，但島上有許多軍人、軍車。和過去截然不同的是，以前他看到的國軍都是垂頭喪氣，感覺不堪一擊，可是這次人人士氣高昂，神采飛揚。

原來，在一個月之前國軍剛剛打了一場勝仗，也就是「古寧頭戰役」，此役把金門保了下來，是歷史上重要的戰役，國軍士氣前後明顯的對比，讓趙錫成印象十分深刻。

「有慶輪」到金門登陸時，操作的正確性至關重要，而潮汐時間的準確性，攸關船艇登陸的時效和安全。那時，一般海岸潮汐表都是由美國、英國業務相關的政府及民間機構製作，對於像金門這種荒島上的潮汐，英美測量局怎麼可能精確計算？他們根本無從顧及，以致金門的潮汐表付之闕如。

由於「有慶輪」在金門有時一停泊就是一、兩個月，趙錫成就利用機會，根據在學校「水道測量」課程學到的知識，自製潮汐表。趙錫成做事仔細認真，他做的

一九四九年十二月，趙錫成任職「有慶輪」二副時攝於金門。這艘船來往台灣、金門、馬祖前線，除了機密文件，也時常載運物資和軍火，因中途頻遭戰砲攻擊，危險性高，若缺少冒險精神和膽識，絕對端不了這碗飯。

潮汐表非常精確，足以改正誤差，讓登陸時間的安排更為精準，船長沈志雄與金門當局對他非常滿意。

在登陸艇工作險象環生，時有意料不到的狀況。有次他們被指派到東山島載運一架失事飛機，好不容易運到船上之後，必須耐心等到下次張潮才能開動。

誰知因時間有所延遲，軍方誤會他們已經投共，所以派來兩架飛機轟炸輪船，第一次投下兩枚炸彈，盤旋一圈以後又投下兩枚，並以機關槍掃射，把船上人員嚇得魂飛魄散。

情勢緊張，卻無法及時跟對方溝通聯絡。趙錫成身為二副，站在船尾，馬上鑽進放在後甲板備用的螺旋槳裡面，等到飛機飛走了，他摸摸全身，感覺沒有血跡、沒有受傷，驚魂未定的匆匆跑進駕駛台找船長。

生死一線間，船長已經嚇得不知所措，趙錫成快速拖著他跳到海裡，再游向岸上有遮蔽物之處躲避。直到快天黑時，才回到船上。

明明飛機前後投下了四枚炸彈，他們卻只聽到三聲爆炸，原來三枚炸彈的彈片和沙灘砂礫裹挾在一起，還有一枚炸彈掉落在船上，但是並沒有當場爆炸，變成啞彈。

當時船上裝滿了軍火，一旦爆炸，三十多人性命必然不保，這真是上帝保佑。

此回大家毫髮無傷，躲過一劫，不禁互賀「大難不死，必有後福」。

膽大心細，凡事跑第一

「有慶輪」是第二次世界大戰期間建造的登陸艇，船上已經有「電羅經」的設備。電羅經是艦船上導航的主要儀器，用來確定航向和觀測物標方位。

「在我當船員的時代，船上如果有一台電羅經，那已經好得不得了了，尤其在四十年左右的老船上工作，完全是靠基本技術，譬如『測天』，必須在晨曦、中午及暮晚的時候才更能做出正確的船位判斷。」遠洋航運在海上的時間長，趙錫成在海路上面做了頗完整、可判斷船位的「測天報告」，就像一幅畫一樣漂亮。因為他做得比較正確，船長和其他船員看到以後，都嘆為觀止。

可是，當時「有慶輪」的電羅經已失靈，台灣也沒有修理的專職人員，所以設備荒廢在旁。

膽大心細、什麼活兒都一馬當先搶著做的趙錫成，爬到兩、三層樓的高處，就把這個電羅經加一點油，撥動一下，清潔一番，運用在學校時學到的知識，電羅經竟然恢復轉動了。本來大家對他這個連跳數級的二副非常「感冒」，「這下，同仁

趙錫成在金門最悠閒的時光，莫過於下船後到料羅灣的沙灘上休息，他和同事經常躺在沙灘等待台灣的飛機送來女朋友的情書。一週兩封，絕對準時也萬分寶貴，這是趙錫成唯一的消遣。這份工作的最大優點是回到台灣可以停泊一、兩個月，他就能與意中人朱木蘭盡情相聚。圖中為數枚沒有爆炸的啞彈。

們都認為我是『神手』，態度大改，我就成為眾人眼中優秀的一副了。」

在金門最悠閒的時光，莫過於下船後無所事事，到料羅灣的沙灘上休息，由於沙子非常柔細順滑，趙錫成和同事經常躺在沙灘等待台灣的飛機送來女朋友的情書。一週兩封，非常準時也萬分寶貴，這是趙錫成唯一的消遣。這份工作的好處是回到台灣也可以停泊一、兩個月，可以盡興跟意中人朱木蘭團聚。

後來趙錫成轉到遠洋輪船工作，船上載的貨物以礦產和穀糧為主，因為那時台灣盛產甘蔗，也時常裝載台灣的赤糖到日本。

那時他服務的公司，船隻都是四十年以上的，船齡高、船身老舊，是老闆從莫蘭（Mollan）公司以「廢船拆船」的價格購入的，船上設備也非常簡陋，有時機器年久失修頻出狀況，因此大家都叫它「老母雞」。

但那時工作機會少，有機會都該把握，不能嫌棄。開船前，工作人員第一要務就是備足水泥及沙土，萬一遇到大風浪、船體漏水，隨時可打成水泥箱來擋水堵漏。以現在的眼光來看，簡直是上船搏命。

因此，氣象資訊特別重要，船隻絕對不輕易冒險闖入風暴中心。有一次，趙錫成在「唐山輪」當大副，航程中，船離颱風中心尚有六百海里，只是掃到颱風的小小尾巴，船一個大艙的三十一根肋骨就斷了三十根，船艙幾乎被壓扁，整艘船已經快到沉沒邊緣。船長慌了，六神無主，想把船轉頭回航。

「我極力主張不能冒險改變方向，只能沉著應對，因為萬一轉向，船的重心會改變，沉沒的可能性很大，這樣連坐救生艇逃命的機會都沒有了。」當局者迷，旁觀者清，幸好船長把趙錫成的話聽進去了。

結果船在原地苦撐了一天一夜，幸虧天氣變好、風速降低，回程風平浪靜，安全回到基隆，結果進廠整修了兩、三個月。

船廠人員告訴趙錫成，大夥兒的命是撿回來的，因為看船的損壞程度，足見風浪之大。趙錫成告訴對方：「其實風浪並不太大，只是船太老舊了。」

趙錫成因禍得福，以苦難換喜樂，藉此機會跟新婚的太太歡聚了兩個多月。

爭取時效，使命必達

航運業的時間就是金錢，船在碼頭的時間愈短，就可以減少靠岸的費用。分秒必爭，乃是航運界的作業守則。

「當我在船上工作的時候，還沒有發達的高科技可以協助，多以人工為主。儘管如此，還是能愈快就愈好。」

由於人工卸貨作業比較耗時，所以船上工作人員還有休息的時候。每次船到港口，趁著裝卸貨物的幾天，船長總喜歡讓趙錫成陪著他到各個名勝景點參觀遊玩。

提起裝卸貨物，需要很多的智慧和經驗。例如裝大麥時，要平均的撒在大艙內，如果不平均，到了海上遇到風浪，大麥在艙內傾倒，可能會導致翻船。

「關於裝貨，花樣太多，我的老闆是以精打細算出名的，因此他拉來的貨，總是比較複雜，種類很多，處理的時間自然增加，」趙錫成時任大副，老闆常會跳過船長，逕下指令，叫他完成任務。

「那時我年紀輕，所謂初生之犢不畏虎，我願意嘗試，結果，也因此得到許多額外的經驗，」趙錫成表示。

船卸貨前，需算準貨物抵達港口的先後，先卸的貨要放在最上面，後抵達的貨要放在下面。因此在裝貨的時候，必須根據需要裝貨的數量及港口清單，然後安排裝載計畫圖表（storage plan），這是非常基本且重要的，如果必須移貨，那就會增加停靠港口的費用和時間。雖然移貨偶爾也會發生，但屬於人為過失，船運公司甚至會做出人事異動的處分。

趙錫成當大副時期，船載貨量不到一萬噸，裝卸貨就要五天到一個星期；現在的船裝貨量超過二十萬噸，裝卸貨只要十八個鐘頭，實際上還可以更快，不過為了保護船的安全，不能再加快了，否則船隻的承受力超過極限，容易發生安全問題。因為一條約三百公尺長的船，分成九個大艙，如果裝卸得太快，船體的張力過大，容易使船體受損。

大副相當於海軍艦艇上的副艦長，負責決定裝貨的方式和位置，但船長也會指手劃腳、表示意見。趙錫成身為大副，儘管認為船長有點過分，仍以和為貴。

「技術問題，各人的判斷可能不同，但我相信我的辦法更好，可是我不願意計較。不過船長心裡應該知道，我的決定是正確的，」幸好趙錫成和船長意見不同的次數並不太多，畢竟船上的紀律非常重要，他對船長還是非常尊重。

冷暖與辛酸

由於年輕，趙錫成總是逆來順受。有一次，哥倫布發生水災，運過去的貨不能卸下，勢必使船程延期，因為船還有下一程早已規定的任務，因此老闆發了電報給趙錫成，叫他轉到哥倫布島的北邊一個小港Jeffena。它是一個小漁港，船上也沒有它的海圖，趙錫成就以測量船的方式，逐步按照實際測量結果緩慢航行前進，終於達到目的。那時船速比較慢，平均時速只有八海里，開了兩天一夜才抵達，順利解決問題。

趙錫成為了鼓勵船員同舟共濟，一起度過難關，發獎金給他們以茲獎勵，沒想到事後跟老闆報帳，老闆只對他口頭嘉獎一番說：「一有機會，我馬上升你為船長。」但錢的事情絕口不提。有些船員為趙錫成抱不平，擬把獎金全退還給他。「我感謝他們的美意，我有能力發獎金就很值得感恩，希望大家一起繼續努力，」趙錫成暗忖，如真有機會當船長，也就心滿意足了。

另外一回，船長帶他到位於東京的公司見老闆，希望老闆能夠體諒下情，給船員發點獎金。那次航程因為船意外碰到風浪，在海上多航行了幾天，因此備煤不夠，想趁機請老闆多加三十噸燃煤。哪知道老闆聽了之後大發雷霆，把公司總經理以及下面的船員罵得狗血淋頭，大家都嚇得噤若寒蟬，不敢作聲，船長和趙錫成無法如願，只好失望而回。

這些互動，都成了日後他當老闆的殷鑑。待人溫暖厚道，其實只會增加員工的向心力，何樂而不為呢？

> 做為一個大副和船長，我特別重視安全問題，因為這攸關一船人的生命，不是一個人的事情。 ——趙錫成

也因趙錫成態度謙和、不露鋒芒，做事認真且勇於任事，讓船員心服口服，所以每當船上出現問題的時候，公司總是派趙錫成出面解決。

有一陣子，趙錫成雖然走近洋航線，一個航程仍需兩、三個月才回到母港。有次船回到高雄，他不能回台北，因此太太木蘭帶了大女兒小蘭坐了一整晚的夜車，從台北趕到高雄，希望能見到爸爸。誰知當朱木蘭趕到船邊，船公司才告訴她：「大副已經被調到另外一條船上應急了。」

那個年代，不要說手機，一般人就連家用電話都沒有，若有事打電話必須去電信局，或者到公司去詢問消息，船員家屬承受很長的等待及很大的煎熬。

全方位船長

一九五七年，趙錫成升官，成為代理船長。船長有一個重責大任——決定航海路線，找出速度快、省錢省油又安全的航海路線。

「而且你要懂得天氣，要有智慧才能判斷。」台灣海洋大學畢業的《世界日報》副總編輯魏碧洲指出，一年十二個月，航行時會碰到的風浪都不一樣，冬天航行北半球風浪很大，但愈往北極路程愈短，以日本神戶到美國紐約為例，如為了縮短航

一九五八年初，朱木蘭與大女兒趙小蘭在台灣高雄火車站前合影，由趙錫成為她們拍攝。沒過多久，趙錫成參加甲級船長特種考試，因成績破紀錄，經政府特准赴美留學深造，和妻女就此分隔兩地，長達三年之久。

程往北邊走，會遇到大風大浪，如果沿著赤道走又要繞得很遠，所以船長必須思考哪一條路線省油、最快、最安全。

航行時會碰到很多狀況，如天氣變化，也有小的颱風會把船打偏，需盡快找回原來的位置。早期沒有衛星導航，就要找月亮、星星，利用原有的舊式儀器找出方位，繪製海圖，才能知道和原來的航向偏離多少。一旦確定就要快馬加鞭，趕上延誤的航程，不能耽擱交貨時間。所以船長的壓力很大，當他們一接到任命，就要把何時進港、離港等資訊精算一遍。

「做為一個大副和船長，因為船老舊，而且當時並沒有任何高科技儀器來輔助，因此我特別重視安全問題，因為這攸關一船人的生命，不是一個人的事情。由於我以安全為優先，所以雖然年紀很輕，在船上當高職，還是得到很多船員的尊敬。在做事方面，也得到了許多方便，」趙錫成說。

趙錫成在因緣際會之下，拿到MBA學位後成立福茂公司，從昔日的船長轉型成船東，買船之後再租給客戶使用。

福茂公司剛開業的前幾年，船隊都是運載礦產及農作物。近年來，公司多採用租家（charter）承包的業務模式，海洋運輸最基本的貨運就是礦砂及農作物。福茂現在所運輸的貨物還是一樣，不過，隨著社會進步，生活水準上升，消耗量更大，因此，民眾對船運的需要也相對增加。

船長轉型船東

魏碧洲認為：「以趙博士的學經歷創辦福茂公司，是前無古人，後無來者。」

趙錫成分析，航運事業靠幾項元素：「第一資金，因為一條船投資很大，如果沒有那麼多現金，就要靠銀行。有了錢之後要找船廠，找個好的船廠，這是第二。船廠造出船，之後要有好的租家，而這個租家租了船之後，不會倒，這是第三，而這三點，我的公司都具備了。」

一般造船只造一條、兩條，福茂一次造六條，可以談到比較好的條件，同時將這條六艘船的引擎改良、船型改善，競爭力就比別人強。耗油比人家少，走得比人家快，負重愈多，這幾個長處他們也都掌握了。

這麼多年來，福茂沒有太多租家，現在有六、七個固定租家，每家都是老牌子，至少有半世紀的歷史。

「我們算是逆風發展，有時心裡還是有點怕怕的，不能說不怕，但都要想辦法解決，」趙錫成感嘆，事實上，航運事業和其他行業相比，風險只有高沒有低，上

一九八八年，趙錫成與朱木蘭在紐約參加福茂公司訂造的「心梅號」簽約儀式。這是福茂集團第一條自主打造的貨輪，意義非凡。

上下下，跌宕起伏，現在的循環週期愈來愈短，以前是三年小的、九年大的，現在可能是三個月小的，九個月大的，起伏很大。不過，還是有克服的辦法。

小心駛得萬年船

「中國有句話，小心駛得萬年船，我做生意比較保守，我不是商人，我是個很好的朋友。我到處去交朋友！」趙錫成非常強調夥伴關係的友誼與互信，所有事業上的往來，都堅信互信互利的原則，這也是為什麼公司有一句座右銘：「服務、可靠、正直」。

他認為，時代在變，現今在船上工作的人員素養比以前好得多，因為絕大多數高級船員都是經過專業學校培養的，基礎強、學習快，對工作很有幫助。現在的船愈來愈大，儀器設備也愈來愈新，因此沒早年那麼辛苦。當時跑船都靠人觀察星象來決定船行方向，現在一切都有GPS，以前必須花半個鐘頭算出結果，現在GPS一按鈕，瞬間就跑出資料來了，真是此一時，彼一時也。

福茂旗下的船，比趙錫成當時服務的船大了二十倍以上，「目前高科技設備裝卸貨只需要十多個鐘頭就可以完成，時間短，船員反而沒有機會上岸遊玩。不過也

我做生意比較保守，我不是商人，我是個很好的朋友。——趙錫成

有好處，工作合約以十個月一簽，集中火力工作，一年就可以休息兩、三個月。」

由於裝卸貨是航運的重頭戲，現在船上都使用高科技的自動化器材設備，因此在校期間的訓練就相形重要，趙錫成為此捐贈上海海事大學新穎的航運仿真中心，讓同學進行裝卸貨的模擬訓練；在台灣海洋大學捐款改善各式航運模擬訓練，其中也包括裝卸貨。

除了捐贈仿真大樓設備、設立獎學金培育航海人才，趙錫成一直思考如何為航海事業做進一步的貢獻？

所謂的貢獻，因航運占所有運輸事業的一半以上，對各國經濟生產和人們日常生活產生重大影響，如果航運產業能繼續突破創新，就能提高效率，降低成本，也就能減少消費者負擔。

「所以，我就考慮幾個問題。第一，怎樣能夠實現船隻管理自動化，減少依靠人力的需要，也就是所謂降低成本的方法之一，」趙錫成指出，這點在技術層面已能做到。福茂造的船，可以從紐約無人駕駛開到上海，不需要人工操控。不過，因為船隻的造價

投資太高，為了降低風險和降低保險費，公司還是按照規定，雇請最少但仍合乎例規要求的人數，在船上負責日常工作。

因此，他的第一個願景是「減少人力」：希望能夠減少船隻所需的船員人數，以降低成本。在技術上已可做到，可是在執行上，還需要更多準備以及訓練。

第二願景，「提高載重噸位」：趙錫成希望船隻載重噸位可以增加，這也是降低航運成本的途徑之一，但這牽涉到其他許多問題，譬如港口的設備、港口的水深等等。福茂的船隻大多是二十萬噸左右的好望角型乾貨輪，因為船身太長，吃水太深，目前已有許多港口無法停靠。

以美國來說，現在只有一、兩個港口，如美國東岸諾福克（Norfolk）海灣的港口可以接受，不過，也得在港外（遠海水深處）駁卸部分貨物，以減少水深及其衝擊力，才能靠碼頭。所以，日後仍需更多條件的配合才能達到目的。

第三點，「節省能源、減少汙染」：在現有情況下，福茂改良引擎，不只能減少硫氣的排放，也可減少所需要的燃油燃料量。例如，以前二十萬噸的船，航運一天的燃油消耗量在五十到六十噸之間，現在已經改良到三十噸左右，就是一例。

第四點，「使用環保油漆」：福茂船隻所用的油漆，尤其是船殼的油漆，都是經過特別研發設計的，價格要比普通船體油漆高上五〇％以上。「即使成本增加，

一九九一年，趙錫成夫婦邀請各界貴賓及親朋好友參加「月梅號」下水命名典禮，並與眾親友合影。其中，後排左五是福茂「三李」之一的李春煌，時任香港分公司總經理，他從創辦時期就加入團隊，為福茂工作了二十八年之久，認真負責，曾解決公司的許多疑難雜症。

左圖為二〇〇五年，趙錫成夫婦（左二、三）、女兒趙安吉（左一）與匯豐銀行首席執行長葛霖夫婦（右一、二）在上海參加「安梅號」命名儀式後合影。福茂最早是與匯豐銀行開始合作，一直長期往來，關係良好，至今匯豐仍是集團主要的往來銀行。右圖則為同日舉行的下水命名典禮，船員們列隊歡迎趙錫成夫婦登船巡訪。

我們還是堅持採用這種更為綠色環保的油漆，一方面因為有些港口對此要求非常嚴格，另一方面，我們對環保也有責任，應該群策群力，提高環保的條件及水準。」

福茂之所以能大幅減少船隻引擎耗油量，是由福茂的技術人員列出計畫，之後請全球航業專家策劃最新、最高的規格及要求，再責成造船廠執行。

「因此，我們的船到現在為止，哪裡都可以去，儘管某些港口要求特別高，但我們的船隻都能夠配合，這是我們公司非常重要的特色，」趙錫成指出，有好多船東雇用了福茂雙倍的人力，卻還是忙個不停，甚至出錯；而福茂人員精簡，效能卻高，他非常感謝同仁的共同合作及工作效率。

擇己所愛

「人家都說福茂公司是家庭公司，我說福茂是家庭式企業，因為我們同仁就像家人一樣。大家合作無間，非常愉快，」趙錫成開心笑道。

有人問他：會建議年輕人從事航海事業嗎？

「時代在改變，也在不斷進步，現在環境不同，在岸上可以找到更好的工作，因此航海事業不像以前那樣受到歡迎。可是，航海事業的許多優點還是存在，」趙錫成補充，畢竟船長地位受人尊重，待遇也較優渥，現在一位船長年薪可達十萬美元以上，並且每年都有兩到三個月的假期，因此，還是很具吸引力的。

「何況，當完船長以後，等有一定的年資後再轉去參加引水人考試做引水人；或是當過船長，再轉業到陸地上工作，成為船東，我就是一個例子。不過我發現，許多航海者，他們還是歡喜航海，終身為業，直到退休。」

他鼓勵年輕一代在選擇事業方向時不要一切向錢看，而是要選擇自己感興趣的事業。就如同他年輕時，船運業並不是可致富的行業，卻是他的興趣、能力和理想所在，而經營多年後，這份事業也給了他豐厚的回報。

終身榮譽，實至名歸

二〇一七年六月，趙錫成獲北美最大的海員服務機構「海員教會協會」（Seamen's Church Institute）頒發最高榮譽的「銀鐘獎」，表彰他多年在全球海事、慈善、教育方面的貢獻。九月，獲麻省海事學院（Massachusetts Maritime Academy）頒發「海軍上將傑出服務獎」（Inaugural Admirals Distinguished Service Award），表彰他對航運業及海事教育的奉獻。十月，獲美洲中國工程師學會（CIE-

USA）頒發「世紀獎章」，表彰他長期在全球領袖人才培育及打造全球最先進「綠色船隊」方面的努力。

二〇一八年五月一日，趙錫成和么女趙安吉同獲紐約州立大學海事學院頒發「終身成就獎」。五月二十三日，獲航運界久負盛名的《勞埃德日報》「美洲成就獎項」中的「終身成就獎」（Lifetime Achievement Award），為歷年來首位獲此榮譽的華人。

二〇一九年四月，趙錫成榮獲美國國際領袖基金會（International Leadership Foundation）與紐約青年企業家俱樂部（New York Young Entrepreneurs Roundtable）頒發「傑出導師獎」（Distinguished Mentor Award）。

種種至高的榮耀，趙錫成實至名歸！

10

打造精品級航運公司的經營之道

〈沒有人是一座孤島〉（No Man Is An Island）是十七世紀的英國詩人約翰．多恩（John Donne）所寫的一首短詩，強調眾生禍福相倚、共存共榮。人與人之間都相互牽繫與連結著，沒有任何人可以獨立生存。

深信中國哲思「天時、地利、人和」的趙錫成，對於「人和」特別有感，因為「天時」和「地利」雖然重要卻難以掌握，「人和」及「人脈」卻可憑藉個人的努力達成。而他在事業上的成功，「人和」正是關鍵因素之一。

> 你總是要準備好，拓展你的人脈，當下一個機會來臨時，就有成功的機會。
>
> ——趙錫成

「人生，失去了寶貴的機會怎麼辦？」常常有人向趙錫成如此大哉問。

「首先你要原諒自己！」趙錫成一語中的：「不要後悔，往前看，不要回頭。」

「你總是要準備好，拓展你的人脈，當下一個機會來臨時，就有成功的機會，」他相信生命中之所以能出現源源不斷的機會，「人和」是相當重要的因素。尤其在創業之後，對此有更深入的體會。

說來有意思，趙錫成沒有商業背景，爸爸是農村的小學校長，叔叔在船上當船長，自己也學航海，都是技術本位。趙錫成少年得志，不到三十歲就當上船長，眼見職位已經到頂了，再也無法打破厚實的玻璃天花板，所以才謀求轉型。他到美國留學，讀的是工商管理，可是一畢業就傷神：要管理什麼呢？

「我思前想後，覺得航運雖不是新創流行的事業，但它是基本、民生必需的行業，我既然有這個基礎，就可以在這行業深耕與發展，」趙錫成表示。

選擇天命，白手起家

他的「天命」正是散裝乾貨的航運！福茂的主要業務是運輸乾散貨商品，如小麥、煤炭、鐵礦石和穀物等生產材料，到全世界各地。趙錫成白手起家，手上並沒有資金，他找來五位香港、台灣的股東出資，自己當經理人，一九六四年在紐約曼哈頓一個小辦公室成立福茂航運公司。

創立之初，公司購買舊的散貨船載貨，一舉拿下為美國農業部運送大米的業務，贏得很好的利潤。福茂一九六八年在台灣買下第一艘新造船，一九七二年趙錫成取得福茂所有股份，成為獨立船東。隨著大環境改變，經營模式逐漸發展為：先找到有信用的租家，簽下長約，為他們量身打造大型散裝貨輪，同時承攬其航運載貨業務。

經營模式的轉變茲事體大，這要歸功於趙家大女兒小蘭初試啼聲所立下的汗馬功勞。一九七六年她大學畢業後在父親的公司實習，就幫福茂找到租家，是當年世界第二大糧商柯氏工業集團（Koch Industries），不但訂了五年以上的長期租約合

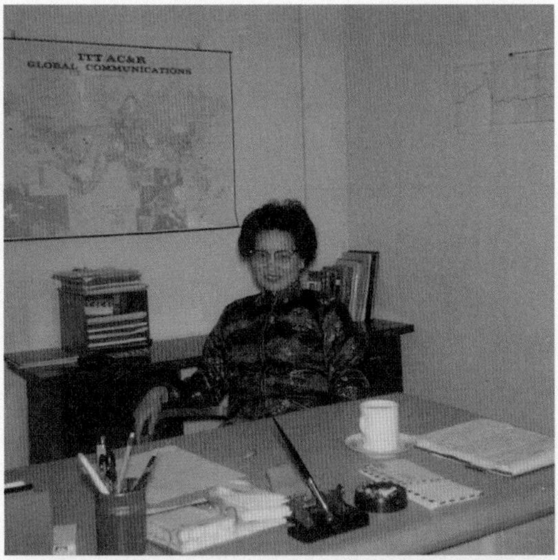

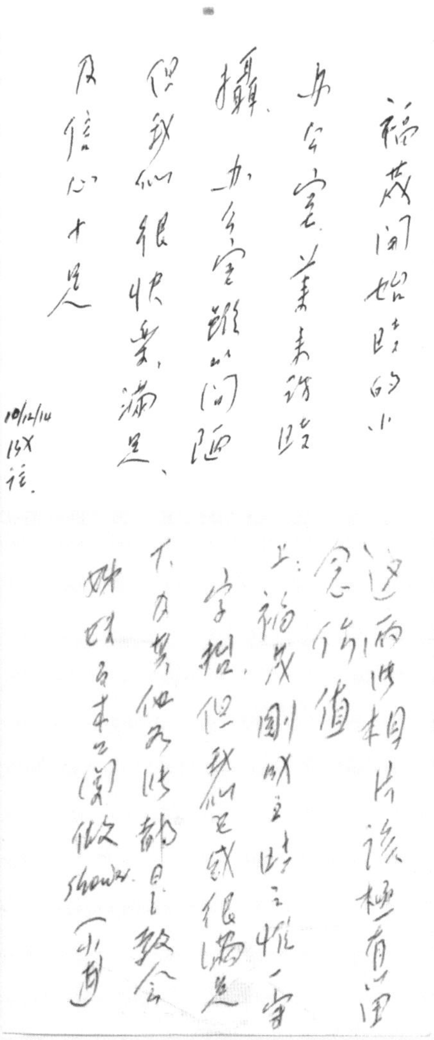

福茂開始時的小辦公室、業未訪時攝、辦公室雖簡陋、但我們很快樂滿足、及信心十足

10/12/14
15X
註.

這兩張相片很極有意思價值
上：福茂剛成立時之惟一寫字檯，但我們已感很滿足
大女兒其他及時都是一致會
姊姊為木蘭做 shower 小直

一九六四年福茂成立，趙錫成與朱木蘭不僅是在生活上相互陪伴，更攜手共創事業。趙錫成於照片背後題下：福茂開始時的小辦公室，木蘭來訪時攝，辦公室雖簡陋，但我們很快樂滿足及信心十足。

IN CELEBRATION OF TOMORROW'S CHRISTENING OF
HULL NO. 2577

趙小蘭（左一）在福茂實習時便闖出一番好成績，與日本當時最大的船廠石川島播磨重工業株式會社（現為株式會社IHI）簽訂了造三艘新船的合約。圖為一九七七年，「Spacious號」在IHI船廠下水典禮前，趙錫成（右一）與貴賓們合影。

同，同時和美國銀行（Bank of America）談妥貸款，還與日本當時最大的船廠石川島播磨重工業株式會社（現為株式會社IHI）簽訂了造三艘新船的合約，一條龍的垂直整合。由於工程計畫較大，最後找到香港船東吳仲亞一起合作經營，她都是一手包辦，為公司創下近千萬美元的營收。

「小蘭當時才二十出頭，能有這種表現，實在讓我驚訝，」趙錫成難掩驕傲的說。趙小蘭聰慧絕頂，表現令人驚豔，她簽建的第一艘散貨輪於一九七七年在日本四國交船，也從此奠立了福茂的經營模式。

日日波動的指標

「趙博士畢生從事航業，資歷十分完整，他是船長出身，從船東代表、代理行、經紀人、合夥人，進而成為獨立船東。他先經營舊船，然後開始訂購新船，因為了解市場變化的風險，以穩健保守的經營方式，建造性能好的船，佐以忠心優秀的船員，注重安全管理，加強維修，採計時方式出租給信譽可靠的租家經營，」福茂集團紐約公司前總經理李明清指出，這種模式或許享受不到市場「大起」的好處，卻能避免遭到市場「大落」的打擊和損失。

航運業有許多不可控制的因素，例如天候的變化、市場的起跌、國際經濟的盛衰、景氣的循環、戰爭或政治的動亂，以及人為的疏失等等，都可能造成經營的困難和嚴重的損失。

乾散貨航運業的風險在於：運費每天都在變動，租金必須根據「波羅的海綜合指數」（或稱「波羅的海乾散貨指數」，Baltic Dry Index, BDI）計算，而指數是由幾條主要航線的即期運費加權計算而成，天天上下浮動。

如果指數遽降，航運公司簽約所得的日租金可能不敷每天基本的人力開銷和營運成本，這就是航運業船東的最大風險所在。但福茂採長期租約的優點是，避免營運的空檔，相對降低了風險。

能簽下長期租約，憑的是什麼？看到福茂的企業標誌「榮譽、正直、責任」，就不難了解這家公司的核心價值。現任福茂集團董事長趙安吉說，這也是父母一生所奉行的價值觀。

「我們都被要求要很體貼，爸爸說他不想變成最大的公司，而想變成『最好的』！」有人以「精品旅館」的概念來形容福茂集團，服務品質可靠、精緻、細膩且富人情味，能留住常客。

公司部門大致分為營運、健康安全環境、財務、會計、船員、技術、補給供應、船廠監造等，各司其職，合作無間，打造成精品級的航運公司。

從小小經理人蛻變成縱橫全球的船王，綜觀趙錫成的經營之道，可歸納為「服務第一，雙贏為重」、「薄利長銷，穩扎穩打」、「知人善任，帶人帶心」、「汰舊換新，逆向操作」等大項。

服務第一，雙贏為重

福茂先後成立美國、亞洲據點，為的是能在不同時區提供二十四小時優質的船隊服務。

租家租下福茂的貨輪之後，經營不定期航線裝卸貨物，到遠東、歐美、非洲、南美、中東或紐澳全球的港口，因各地時差不同，岸上必須有專人二十四小時待命，與船上保持聯絡，及時提供支援和指導。以技術部門來說，就需要有人隨時能協助船上排除大大小小設備的故障問題。

除了紐約總公司，福茂早期在香港設有分公司，由台灣海洋大學輪機系畢業的總經理李春煌負責船員事宜、物料配件補給以及督導工務，同時與各船保持十二小時的聯絡，下班前將當天各船情況匯報紐約，以便交接。

福茂先後成立美國、亞洲據點，為的是能在不同時區提供二十四小時優質的船隊服務。圖為一九九五年，「嘉梅號」和「明梅號」在紐約舉行簽約儀式。

紐約公司也同樣在下班前將資訊彙整給香港，讓各船隨時可獲得支援，租家也有聯絡的窗口。由於船隊逐年擴大，加上卸貨港以中國港口為主，所以後來在上海成立公司以取代香港據點。

上海辦公室成立迄今，除了特請多組監工人員外，已建立五十人左右的專業團隊，這些專業人員都是科班出身，從最高學府培養、選拔而來，他們的業務包括船員管理、航務操作、物料配件管控、維修、工務等等，支援紐約總公司的船隊經營。

「父親認為做事不能只為錢，他的輪船公司會成功，關鍵在於他不以賺錢為優先，最重要的前提是以良好的服務和品質讓客戶滿意。對他而言，榮譽比什麼都要緊，」這是趙小蘭的深刻體會。

「父親有能力，也很注重誠信，重視長期的關係，不會只做一次生意。他把每筆訂單都當作是長期的關係，而且一定要對雙方都有利，不會只是單方面占人便宜，他甚至會犧牲自己的一些利益，最後讓雙方都受惠，」趙小蘭說明。

她進一步表示，父親一直很強調雙贏，也偏愛細水長流，所以經年累月和同樣的銀行、客戶、經銷商、廠商往來，五十年來都是同樣的對象，負責的人會變動，但公司總是一樣。

如何犧牲自己的利益？福茂員工花瓊雅舉例，福茂曾有一艘船到大連港，停靠岸時因風浪過大，船長告知塔台，希望能離港停到浪較小的外海，船才不致翻覆。

但經過聯絡，租家並不同意船離港，於是船員按照原定計畫卸貨，結果船上有六條纜繩必須更換，船殼也遭摩擦。福茂根據合約，提供數據和證據，如天氣的狀況、雙方往來的訊息等等，要求租家賠償補漆及六條纜繩約兩萬美元的費用。

趙安吉做事實事求是，看數字說話，對事不對人；趙錫成因和租家素有交情，遇到事情願意通融，最後依老先生的決定，沒有索賠。

「我的人生觀是以和為貴、和氣生財，彼此保持友好，促進友誼，何樂而不為？」趙錫成說。

薄利長銷，穩扎穩打

「有時吃虧就是占便宜，」趙錫成常跟同事這麼說。他做生意喜歡細水流深，培養長久深遠的關係。因為航運業市場迅速變化且不確定，如能找到信譽良好的租家，維持長期的合作關係，公司就能降低風險。

「我們造船都有精密計畫，擁有後盾才開始造船，謀定而後動，這樣就安全無

趙錫成因在商界有著傑出成就，加上長女小蘭之故，也與政界關係良好。一九九五年，趙錫成夫婦與趙小蘭，在華盛頓特區國會山莊與蔣介石夫人宋美齡（前排右一）合影。

比，」趙錫成所謂的後盾是：公司在造船之前，已與租家簽訂五年到七年的長期租約，當然，長期的利潤會比較低，賺不到額外厚利，可是薄利長銷，且能將風險控制到最低。

目前福茂長期合作的夥伴，都是第一流的租家，如幾家國際著名的穀物公司、鋼鐵公司，以及信譽良好的公司。趙錫成相信：「與租家長期合作，雖然一時簽訂的租金低於市場，但是租家受益會心裡有數，樂於下次再跟我們交易，成為長期夥伴。」

有時因市場迅速變化，所簽訂的租約很快就高於市場行情，福茂反而受益。

誰也看不準的市場

一九六〇年代左右，美國原本有許多家船運公司，幾十年後只剩下幾家，紐約州有破產、經過重整的公司，真正具規模的只剩下福茂。且因美國人工費用高，相關產業早已外移，在本土已經沒有造船業。沒有船舶製造業，航海學校變少，以致相關人才也減少，不過福茂的人才多來自亞洲及歐洲，彌補了這個缺點。

若從結果推論，可以證明福茂的經營策略確實禁得起時代的考驗，有人誇讚趙

“有時吃虧就是占便宜。

——趙錫成”

錫成：「您實在有眼光，看得很準。」

「實際上，市場誰也看不準的，我們無法掌握市場。但是如何應對市場，卻可由自己掌握，」趙錫成平心而論，公司長期處於起伏不定的市場，虧虧盈盈，在所難免：「但我絕對不會因一時得利而欣喜若狂，更不因一時的失利而垂頭喪氣。我把這個行業，當作我自己的企業，不求短利，而是做長久打算，注重合作分享。」

在市場景氣好時簽長約，如果租約到期了但市場低迷，就以短期租約出租，暫時忍受虧損，伺機而動，等待市場好轉時，就能即時接到條件較佳的租約。

「這是領導者的智慧，也是主其事者必備的專業判斷，」李明清指出，他在福茂服務期間，曾經歷過幾次航運市場的景氣循環，他也見證趙錫成的經營理念，在市場蕭條時克服困難並逆勢成長，在市場繁榮期間儲存實力，領導公司穩健發展。

在一九七三年至一九七四年，發生第一次全球性的石油危機，由於一九七三年十月中東戰爭爆發，「石油輸出國組織」

（Organization of the Petroleum Exporting Countries, OPEC）為了打擊對手以色列與支持以色列的國家，宣布石油禁運，暫停出口，造成油價上漲，從一九七三年每桶不到三美元漲到接近十二美元，對全世界產生很大的衝擊。

當時美國也在禁運國家之列，原油價格對福茂的影響也不小，不過這個危機很快就過去了，但許多體質脆弱的公司面臨經營危機，甚至倒閉。

「幸運的是，我們這種獨資的私營企業，因應危機較快，很快就平安度過了。以航運而論，因時局的變動，刺激市場需求，運費上漲，由於我們營運方式靈活，有問題時都能迎刃而解，反而還能多賺一點錢，」趙錫成回顧。

老牌子，老交情

在財務方面，福茂和匯豐銀行一直長期往來，關係良好。原來早期趙錫成曾幫紐約匯豐銀行介紹了一筆好交易，當時的經理感謝在心，之後他當上匯豐銀行的董事長，和福茂往來特別密切。

「匯豐銀行董事長對我非常信任。而且一般借款除了押款之外，必須私人擔保，我們福茂從來不需要給任何銀行提供私人擔保，相信這是絕無僅有的，」趙錫

“市場誰也看不準，我們無法掌握市場。
但如何應對市場，卻可由自己掌握。
——趙錫成”

成十分自豪。

福茂最早是跟匯豐銀行開始合作，至今匯豐仍是主要的往來銀行。不過，因應船隊擴編，貸款次數及數量也逐漸增多，因此福茂除與國外的數家銀行互動之外，也與台灣的銀行密切往來。

「以個人的經驗觀察，美國銀行除了少數幾家較能通融之外，我感覺台灣銀行更有人情味，」念舊的趙錫成指出。

外界曾傳言趙錫成得到中國的特殊待遇，獲得中國銀行的優惠貸款。「我們造船時按照國際慣例，船東只需付兩成現金，其他都由船廠協助貸款，在中國造第一條船的時候就依往例進行，並沒有什麼特別優惠，而且當時貸款是向中國進出口銀行借的，利率八分，實在太高，」趙錫成說明。

所以不到兩年，趙錫成獲得香港匯豐銀行利率較低的貸款，就趕緊還清了中國銀行的貸款，並沒有沾到任何特殊優惠的光。

最近才退休的福茂集團前高級副總裁張露西是負責財務

趙家與各界關係良好，二〇〇八年八月，時任勞工部部長的趙小蘭在北京帶領美國代表團參加奧運，之後隨同趙錫成在新加坡總統官邸會見時任新加坡總理李光耀。

的大將，「趙博士懂得輪船的運作、船員生活，在招商局的時候雖然職位低、薪水少，可是做了很多事、累積豐富的經驗，對於後來創業有很大幫助，很少人有他這樣豐富的資歷。」

她在二〇〇〇年加入福茂，回憶公司在前期的三十幾年間只有四艘船，二〇〇〇年加速發展，至今建造的新船已超過四十艘。公司主要往來銀行包括早期的英國匯豐銀行，後有歐洲多家著名銀行，以及近年往來最頻繁的香港和台灣各商業銀行等等。

「因為我們先找到信譽很好的大公司租家，簽好合約再找銀行，所以很容易貸款，」張露西說：「到目前為止，福茂用不著去找銀行，銀行會主動找上門。」

知人善任，帶人帶心

一個公司經營成功，人事是重要關鍵因素之一。

「人事問題非常複雜，既是技術，也是藝術。人事不好，寸步難行，人事一好，難事也能迎刃而解，」一向重視人和的趙錫成語重心長的強調。

而他的確有識人之明。

趙錫成稱許福茂的「三李」是公司的大柱子：「台灣海洋大學培養了許多優秀的校友，我們福茂也沾光不少，他們經驗豐富，做事牢靠，因此幫了我很多忙。」他們是福茂集團紐約公司前總經理李明清、香港分公司前總經理李春煌，以及造船監工組前總監李志宏，都是海洋大學畢業的傑出校友。

趙錫成前後邀請李明清三次，最後一次總算成功，因而形容這段過程為「三顧茅廬請孔明」，又因李明清學經歷完整，善於運籌帷幄，協助公司發展又能解決困難，所以稱他是「小諸葛」。

李明清指出，投資航運當船東，需要龐大資金，更需要一群專業的經營管理及技術人才。李明清加入福茂後，帶入重大政策：舉行「週五工作會報」以凝聚大家的共識，爾後成為公司的例行會議；倡議籌組遠東辦事處，服務亞太地區；組成陣容堅強的造船監工組，在技術層面奠下根基；聘請專家協助造船計畫，讓福茂成為業界翹楚。

「為了避免同事各自打拚，無法解決盲點，也避免重複工

> “人事問題非常複雜，既是技術，也是藝術。人事不好，寸步難行，人事一好，難事也能迎刃而解。 ——趙錫成”

作，事倍功半而浪費資源，所以內部要經常溝通。每週定期大家坐下來談話，分享工作心得，報告業務現況，或有需要支援的困難，也可以藉此機會加強協調，使事情更順利，」李明清表示，一小時的會議不但能溝通與交流，也是鼓勵與督導的機會，對公司業務推展幫助極大。為了讓氣氛較輕鬆愉快，他總會準備些糕點請大家品嘗，效果很好。李明清退休後，公司仍然繼續維持週五開會的慣例。

成立遠東據點，建立監工團隊

福茂集團香港分公司前總經理李春煌從創辦時就加入公司，由於主修輪機專業，一九八九年開始在遠東辦事處——香港分公司獨當一面，總攬船務工作，為福茂工作了二十八年之久，退休後仍繼續擔任福茂的高級顧問。由於早期船隻經常出事故，他堅守崗位，解決了許多疑難雜症。

回憶往事，他一一道來：「新船一開航就到處漏氣、漏水、漏油，原來是因為許多油管、水管、氣管，不是少了螺絲就是螺絲沒鎖緊，加上清潔工人懶得把垃圾吊上岸、反而把垃圾掃進排水道，連最簡單的排水都堵塞了，這些大大小小的問題都嚴重影響到船舶航行安全，讓船員及岸上管理人員疲於奔命。」他舉出兩次最嚴重的事故：有一次是船的主機支架燒焊有八〇％不合規格和標準，導致主機運轉時會震動無法全速航行，後來船在大連修了整整四十五天。

另一次是對船舶安全非常重要的「海底門螺絲」，不但不合規格且沒鎖緊，船在日本港卸貨時螺絲居然爆開，整個機艙淹水幾乎沉沒。如果是在航行中發生此事，後果將不堪設想，後來他安排拖船，將船拖到日本常石造船廠去大修，花了四十天的時間。

李春煌指出，船務部門的工作包括船員的調配與管理，船舶機械的維修保養管理及安排，物料的供應控制及管理等等，都是比較繁瑣的工作，「趙博士經常會鉅細靡遺的親自督導指點，這是他的行事風格。」

監工組負責人李志宏是造船系畢業，原在台灣高雄船廠服務，從廠長職務退休後，帶領他原來一班經驗豐富且態度負責的員工，組成早期陣容堅強的監工團隊。

二〇〇〇年間，福茂開始外高橋的造船計畫，當時因為船廠新成立，工藝尚不穩定，為了確保施工品質，福茂的監工組整裝上陣。二〇〇一年李志宏開始在上海外高橋造船廠監工，「我們嚴格監工，並提供許多設計及施工建議，『德梅號』與『安梅號』分別於二〇〇四年、二〇〇五年順利交船。廠方工作人員常說：感謝福茂監工隊初期的指導，讓造船廠很快受到國際的肯定。」

二○○○年間，福茂開始外高橋的造船計畫，與中國船廠展開密切合作關係。二○○八年，時任中國國務院副總理李克強（中）接見趙錫成（右）與趙安吉（左）時合影。

李志宏帶領的監工組，十五年間東征西討，先後為福茂建造二十艘新船。「在二〇一二年結束外高橋造船計畫前，我監工時不慎意外受傷住院，福茂趙博士、上海公司對我非常關心和照顧，讓我完全康復。」

打斷手骨顛倒勇，李志宏康復後功力不減，二〇一四年至到二〇一七年繼續帶領監工組前往青島，在青島造船廠完成三艘十八萬噸級的新型節能環保大型散貨輪。

「感謝同仁的合作，使監造的福茂船隊都順利完成，這是我畢生服務造船業最好的成績單，」二〇一七年李志宏功成身退，仍不忘感謝同仁的努力。

造船是門大學問

「造船實在不簡單，所幸我們有幾十年的經驗，並且有堅實的監工團隊支持。所以，我們造的船非但新穎，而且起了業界帶頭作用，」趙錫成表示。

新一代的生力軍潘亦舟生長於上海，在香港受中學教育，後至美國留學，因此上海話、廣東話、英文、華語都流利，由於他勤奮努力、聰明能幹，目前在上海分公司擔任總經理。

早期他在紐約福茂工作，有一次開會，會中要解決一艘船碰到的難題。當時潘亦舟剛進公司，聽不懂其他人在講什麼。突然聽到老闆說，某一條船前幾年也碰過類似情況，但是一下子想不起來是哪一條船。

那時他剛進公司一個月，負責整理公司文件，靈光乍現的問說是不是某艘船呢？其實他很害怕，擔心老闆認為他亂翻資料，沒想到趙錫成說：「對，就是這艘船，但是你剛來，怎麼會知道公司幾年前的事情？」

潘亦舟說明原委，因為在整理文件歸檔，正好看到這個資料夾。趙錫成覺得他很快就能夠進入情況，且能夠吸收消化，十分讚許。潘亦舟拿出文件夾，大家看了以後，決定按照以前的方式處理，很順利解決了問題。

「趙博士常常說，你就去做，不要怕做錯，有人會指導你；如果做錯，改了就是。或者說，真的錯了的話，責任是老闆的。他從來沒有對我們責備或叫罵，」潘亦舟指出，如此一來，大家做事就不會覺得動輒得咎，沒有犯錯的威脅感和壓力，敢勇於嘗試。

「我覺得中國人講求的『以和為貴，和氣生財』是千古不變的道理，由於我身邊有智囊團，幫忙做事的人很多，又有明確的目標，才能愈來愈順利。公司有今天，他們居功厥偉，」趙錫成說。

除了公司幹部，船員團隊也是航運公司的核心成員。趙錫成從船員出身，更能深刻體會航海生涯的辛勞。

人才庫的重要「活水源頭」之一，是來自木蘭教育基金會的獎學金得主。福茂的高級船員，原則上選拔各大海事學校優秀的航海相關科系學生，給予全額獎學金，畢業後到公司實習。

自行培育高級船員

李明清指出：「公司訂有實習生培訓辦法，鼓勵實習期滿願意留在福茂船隊服務的人，因此經過幾年後，果然慢慢儲備了數十名，甚至已經超過一百名忠心的船上幹部，對船上人事安定有很大的幫助。」

「我們都是從學生時代開始培養，給他們獎學金，完成學業後上船實習，或進公司做事，到現在為止，我們有不少同仁已經服務了二、三十年，他們有時被新創立的公司挖角，不過沒多久還是主動回歸，他們認為在福茂做事有原則、講道理，相當公平及公正，所以樂意回來繼續服務，」趙錫成甚感欣慰。

船員比較辛苦，必須長時間生活在船上，以船為家。「所以，我們公司對船員非常感謝及體貼，會把薪水直接發給他們家裡，免得他們擔心，因為現在海盜非常猖獗，把錢放在船上並非好事。其次，我們還有很規律的輪班上船、離船休假制度，讓大家得到適當的休息，」趙錫成表示。

早年普遍認為，有些人是在窮途末路才去跑船；或有些船員有流氓性格，有些是教育水準不高的人……，這是實情，當初趙錫成也經常遇到許多奇人異士。

有一次，有幾位個性頑劣的船員故意帶頭鬧事，把船上搞得烏煙瘴氣，趙錫成忍無可忍，當機立斷把他們送去巴西、阿根廷這些比較遠的港口，再遣送他們回家鄉。按照合約，因工作不力回歸，遣送費需自己買單，讓當事人付出極高的代價。結果他發現這招非常有效，再也沒有人敢搗蛋了。風氣端正後，士氣高昂，到後來，即使行為不端的船員也逐漸改變作風。

心懷感恩，飲水思源

船東當然可以自聘一般船員，但是，船員的雇用是非常複雜且繁重的工作，許多船東無法承擔，必須請代理公司徵選船員，不是光中國大陸和台灣，如今這已是國際通行的做法。

趙錫成雖在美國創立航海事業，對家鄉仍常懷感恩之情，為中國航運業貢獻心力。一九九三年，時任中國國務院副總理朱鎔基（中），在中南海紫光閣會見趙錫成夫婦。

「現在船員採用合約制，一般都簽十個月的合同。我們很鼓勵繼續簽約，所以有的船員在福茂從開始到退休做了將近三十年，這也是一般公司少有的，」趙錫成強調。

因為福茂船隻比較多，如果人事變動會增加營運成本，因此，公司至少有兩家以上的代理行，做基本的篩選。之後再由上海公司的負責團隊甄選，決定是否錄取及如何錄用。

「這是比較穩當及實惠的辦法，航運業起落很大，變化很多，許多公司都因為人事問題而遇到挫折，甚至一蹶不振。因此，我們很看重和關心船員，因為他們是我們最前線的工作人員，貢獻很大，」趙錫成表示。

至於船員的國籍，一般來自中國、菲律賓、印尼、印度、俄羅斯，以及歐洲許多其他國家。

儘管以國際標準來看，中國船員的薪資要比菲律賓、印尼、巴基斯坦、孟加拉等國家高，趙錫成還是優先選用中國船員。目前福茂集團包括船員在內，約有千名以上的工作人員。

「雇用中國船員，是我一生的心願，」趙錫成飲水思源：「我是中國出身的，也希望藉此表達我對中國的感謝。實際上，中國船員刻苦耐勞、智慧又高，所以他們的表現在國際上受到很高的評價。」

趙錫成補充，福茂對於服務超過十年、十五年、二十年、二十五年的同仁，會特別頒贈獎金和十四K白金或十八K金的榮譽徽章以茲鼓勵，希望大家以在福茂服務為傲、為榮。

福茂還有一個獨家制度，值得一提。

「訪船」文化很稀奇

「訪船」是福茂特別的傳統，早年趙錫成當船東的時候就開始親自訪船，且訂下鉅細靡遺的SOP。

「訪船是我創立的制度，因為船上的同仁需要公司的關心和支援。凡是公司船隻來美加港口，我們紐約公司必有員工前往慰問；船到中國港口，以前是香港公司，現在是上海公司，一定派駐埠工程師訪船，」趙錫成心思細膩，獨創此舉。

「我曾數次陪同趙博士和趙安吉小姐去紐奧良、巴爾的摩，甚至加拿大東岸的港口探訪到港的船，」李明清笑道，「這可不是普通的訪問，絕非say hi打聲招呼而已。」

一上船，趙錫成先迅速換上他的工作服，要讓員工知道他今天是來「工作」，不是來「指揮」的，接下來就整艘船仔細徹底的巡視一次。

「我們的船大，有九個大艙，我可以一口氣從第一艙爬到第九艙。我們的大副和水手長陪著我爬艙，有時船長年齡比較大，我就請他休息，他們看在眼裡，怎麼會對工作不經心呢？」趙錫成頗為得意。

李明清在文章中細述訪船的標準行程：一行人一起爬貨艙檢查以下技術問題：壓水艙的油漆及除鏽情況如何？看船頭的物料間和機艙內的工具間是否整齊定位？纜繩是否磨損？主機、發電機、淨油機、渦爐、緊急發電機及舵機是否運作良好？船速及燃油、滑油是否正常？……，此外，還要了解有無有管理上的困難，例如船員的工作情緒是否穩定？安全演習是否按時操練？是否有特別的港口設施或裝卸作業規定，應該讓其他船同仁也了解？船長需要多少現金，以便發放船上領薪、工作獎金、伙食費？……，再逐一討論或解決。

「勞軍團」此行當然不會忘記伴手禮，趙錫成特地請人挑選美味的甜點給船員們解解饞。通常他在船上過一、兩夜，當晚會照慣例加菜，並請大家在餐廳開會，除了鼓舞士氣，也當面了解同仁的問題和需求。

「訪船時，船上的船員都會列隊在船舷旁歡迎我們，像在迎接好萊塢的大明星。爸爸並未如此要求，但他們還是以這種方式向我們致敬。大家都知道爸爸是從基層做起，了解他的人生故事，知道他很認真，以及他是如何面臨挑戰然後一一克服的。他是自己人！」趙安吉透露，「爸爸是個多情的人，把船員當成自己的小孩，了解他們的辛苦且非常關心，常常噓寒問暖，也分享早年當菜鳥的故事。像暈船就很辛苦啊，爸爸之所以抽菸，就是以前會暈船，只好靠抽菸來紓解不適。」

濃濃人情味

趙錫成對自己的體能及平衡感一向信心十足。一九九七年左右，那時趙安吉剛加入公司沒多久，有一次父女到阿姆斯特丹看一艘船，這船是在海上放了錨，不是停在岸邊，所以要搭小船才能到達大船上，還需要爬引水梯。那日天候不佳，船不是很穩。

「當時爸爸七十歲了，一直都以他的平衡感為傲，他很關心而且稱讚我：所以妳還不錯嘛，妳沒失去平衡！」趙安吉眨了眨眼笑說：「但是那時候船並沒有在移動啊。」

在網路還沒發明的年代，老闆娘朱木蘭也很關懷船員，曾剪下中文書報的好文

“大事從小事開始做起，起步的時候若方向正確就能一帆風順，如果貪圖一時方便，不顧細節，就容易一敗塗地。
——趙錫成”

章貼到船上的大布告板，希望療癒同仁的心靈，文章主題囊括健康、運動等養生觀念和人生哲理，還有溫馨感人或幽默的小故事。

由於上船需要爬很多台階，趙錫成後來年紀大了就愈來愈少上船。趙錫成八十六歲以後，安吉堅持由她代表訪船，目前這個制度仍在持續中。

早期船上負責炊事的大師傅，很多是趙錫成的嘉定老鄉，只要老闆到船上，大師傅就特別燒他偏愛的家鄉菜和八寶飯。嘉定馬陸有一種味道特殊、非常出名的「油煎豆腐方塊頭」，普通餐廳找不著，師傅們還會另外準備一大包讓老闆帶回家。

「這種人情味讓我很感動，我非常珍惜這份情誼，」趙錫成認為，公司的方針不是避免危機，而是減少發生危險的可能性，防患於未然，這與人的特質息息相關。

「我們一向強調人性管理的重要性，尊重船上的同事的專業，並感謝他們的辛勞。他們多一分小心，可使公司少一分損失，他們注意船上安全，就可讓公司免去許多煩惱，」趙錫成表示。

那要求嚴格，算不算是「機車」呢？

在趙錫成眼中，特助張卉璇是非常靈巧能幹的孩子，但她剛進公司時也面臨「震撼教育」，比如說文件上訂書針訂錯了位置被嚴格糾正。

「我非常注重細節，這和我所受的教育有關。我覺得大家的時間都非常有限，為什麼有人成功、有人不成功？為什麼有的人做得非常順利、有的人總是處處難關？我相信大事從小事開始做起，起步的時候若方向正確就能一帆風順，如果貪圖一時方便，不顧細節，就容易一敗塗地。」

趙錫成坦承自己對小事看得非常仔細，這是從小就培養的，不知不覺已經成為習慣。同事也都看到了這一點，所以會自我調整，和老闆密切配合。

「我對自己女兒也是一視同仁，可能比對同仁還更嚴格，目的就是希望奠定她們的基礎，」趙錫成直言。

汰舊換新，逆向操作

不能否認，造船是一門大學問。在哪裡造船？何時造船？怎麼造？何時脱手？要下這些判斷皆需要前瞻的眼光和過人的膽識。

「我們船隊的船隻保持在平均船齡不到五歲，因此，每年都需建造五、六條新船，我們在日本及中國建造，也分別從中學習到他們的長處。爾後，建議船廠，改進及提高造船技術及設備。所以，我們船隊的設備是比較先進的。」

造新船如何必勝？這得靠造船監工組和造船專家的戮力「加持」。

提及往日的血淚史，趙錫成不勝感慨：「監工需要相當專業的技術，需要有專家主其事，而且非常辛苦。我在中國造最早的兩條船時公司規模還小，請不到頂級專家，再加上船廠也缺乏經驗，同時工作人員的做事態度不夠嚴謹，因此新船造出來後經常出事。」

比如，福茂要求船上所有鉚釘必須採用不鏽鋼，以免腐鏽。誰知廠方雖採用不鏽鋼鉚釘，卻用了普通鐵片墊底，以致不到兩個月船上所有打鉚釘之處都開始漏水。幸虧福茂的工程師親自督辦，帶領船員重頭翻新，最後一共換了一萬多個鉚釘。

第一條船「心梅號」一九九〇年交船，處女航到韓國卸貨，由於韓國工人失誤，把駕駛台打翻。事實上這也算因禍得福，得以趁機重建駕駛台，解決了許多原先潛在的問題。但因引擎仍常故障，所以順便也在韓國整修一番。

由於趙錫成眼光精準，很早就體認環保節能的重要，走在趨勢之先，打造綠色船舶，於二〇〇四年五月被紐約聯合國列入「國際航運名人堂」，實為華人之光，在美國政商界實有一席之地。二〇一五年，趙錫成與時任副總統拜登（Joe Biden）（左）在華府合影。

第二條船因船廠換了新的工作班隊，缺少經驗，一九九一年出廠的「月梅號」品質更差。處女航到德國漢堡，半途引擎爆炸，機艙進水變成游泳池，因此不得不把船拖到漢堡修理了快兩個月才整修完畢。一般修理費用都有保險，所以有理賠，只是導致日後保費增加。

「兩個月的船期損失，對當時開業不久的福茂來說是很大一筆負擔，因此我的頭髮又白了很多，」趙錫成嘆道：「我一心好意，希望對中國有所貢獻，結果卻不如預期。當時船廠有些工作人員自視甚高，認為讓我來中國造船是給我機會；有些交大校友甚至還會扯謊欺騙，被我抓到證據，問他們為何欺騙老同學，對方強辯：『這是我們的行政命令！』讓人無法接受。」

師法「匠人精神」

後來他毅然決然到日本造船。「日本是一個島國，航運是他們的基本且重要的企業，再加上日本人做事嚴謹務實而勤快，深富『匠人精神』，所以在國際造船界處於領先地位。迄今為止，最頂尖的造船技術，仍由日本船廠掌握，」趙錫成分析：「價錢較貴，但日本船廠的目標是希望像造汽車一樣，力保使用不出問題，他們的確也做到了這一點。雖然造船的價錢高，不過剛巧市場走上坡路，幫了我大忙，公司還是很順利的跟著市場的漲幅掙了不少利潤。」

一九九五年，趙錫成在日本造了兩條比較貴的巴拿馬型貨輪後，因市場變得低迷，導致船廠的訂單稀落，船廠特地來拜訪他，表示之前兩條船造價是兩千八百五十萬美元一條，價格比較高，這回他們願意降價，請他再造兩條船。結果，趙錫成以每條不到一千九百萬美元的價格又訂了兩條船。市場有起有落，他的運氣不壞，一九九〇年市場又開始上揚了，買賣之間，公司很快又獲得很好的收益。

直到二〇〇〇年後，市場再度走低，趙錫成察覺這又是造新船的機會，考慮了工藝和價格因素，加上韓國的船廠開始蓬勃發展，因此就到韓國船廠去實地考察，打算造當時開始盛行的十七萬五千噸的好望角型貨輪。碰巧遇到之前在江南造船廠服務的龔建根，經對方勸説，轉到中國大陸考察，他從日本造船廠做事的認真嚴謹，從中積累了許多經驗，也因此，第二次回到中國大陸造船的時候，已是有備而來。趙錫成後來下了訂單，這一簽字，成了此後福茂集團委託外高橋船廠前後打造近四十條船隻的契機，載重總噸位超過五百萬噸以上，是在中國大陸造船數量最多及載重噸位最高的歐美航商之一。

回顧二〇〇二年福茂展開與外高橋合作的造船計畫，公司組成監工組，從頭到

二〇〇五年，福茂在中國訂製的「安梅號」，是當時世界最大噸位的環保船。船廠在上海浦東交船時，舉行盛大的下水命名典禮。

｜ 二〇一四年十二月十九日，眾人齊聚一堂，歡慶福茂集團創業五十週年。

尾駐廠緊迫盯人，確保施工品質。趙錫成常說：「造船監工是良心工作，若不認真嚴格執行，也能混過去，但可能因這個疏忽而有瑕疵，影響新船性能，讓公司蒙受損失。」

「由於公司很禮遇監工組，讓大家更願意盡心盡力，而福茂前後訂造的三十幾艘新船，都很順利安全，」身為監工團隊大總管的李志宏表示。

專家談判，如虎添翼

聘請資深認真的專家協助造船，也可看出福茂的不凡眼光。

李明清指出，每次訂購新船，簽約前需進行技術談判，根據船廠設計，船東仔細研討是否需要改進，一一討論，雙方再協商。

「船東談判代表，必須具專業知識和經驗，在不需外加太多金額的情況下，爭取最好的設計。二〇〇一年，福茂第一次向外高橋造船廠訂購兩艘好望角型散貨船，廠方派十一人代表團到紐約討論技術問題，由於雙方立場不同，費時七天才下結論，」李明清舉例。

當時船東代表的關鍵人物，是一位來自香港的造船設計專家張錦生。張錦生由李春煌訪求並介紹給李明清，擁有三十多年造船的專業和經驗，不但了解各種優質功能的設計，而且熟悉國際海運法規及船級協會的各項安全規定，任何更改建議都一針見血，有憑有據，十分受到外高橋代表團敬重，從善如流的更改很多原先設計。

「其實這無形中提高了船廠的規格水平，而福茂也從此奠定了高水準造船的基礎，」李明清補充，另有兩項雙方必須同意的項目，一是設備供應商的選擇，二是施工前的圖紙審核。因為合約雖已簽訂，仍有很多細節在船舶規格上沒詳記，得協商選擇哪些機器及設備供應商的產品，施工圖也必須再三確認。

過去二十年間，福茂先後訂造四十三艘散裝船，經由中國及日本五家造船廠建造，九次不同噸位、不同船型的開發，幸有張錦生長期的專業協助，不僅代表技術談判時嚴格把關，而且負責施工圖的審閱，對福茂新造船隊的建造貢獻良多，備受福茂同仁讚賞及尊敬。

福禍相倚，逆向操作

所謂「危機入市」，趙錫成認為市場低迷的時候，正是拓展的好機會。因為市場不好，大家都不想造船，如趁此逆勢造船，船廠不趕時間，製作的船品質更好，

> 所謂的成功，定義因人而異，我覺得能夠助己、助人、幫助社會，就是成功。
> ——趙錫成

價錢也比較低。

「在市場不景氣的時候，我逆向操作，訂購了更多新船。不過這純粹是我的選擇，並非市場普遍的做法，」趙錫成表示，市場低迷時大家都變得保守緊縮，就不訂新船了，他卻認為中國人說的「物極必反」非常有道理，市場有上有下，上到高點後就會下滑，而下到谷底也會上揚，是一種自然循環。在市場走低時，以較低價格訂製精良的生財工具，養精蓄銳，增加實力，景氣反轉時才能充分掌握機會。

一般慣例，船在使用五年後就要進廠維修，因為福茂對船隻的保養非常重視及到位，因此五年以後的船隻狀態還是極為良好，出售也容易取得好價錢。一般出售船隻都需經過買方仔細的實地檢查，可是福茂有許多船，對方通常就是「as is where is」，照單全收，這也是很少見的案例。

由於趙錫成眼光精準，很早就體認環保節能的重要，走在趨勢之先。二〇〇四年福茂集團造出第一艘取得「美國驗船協會」綠色船舶護照的中國製造船舶「德梅號」，同年五月趙錫成在紐約聯合國被列入「國際航運名人堂」。

二〇〇五年一月，福茂旗下所訂製、當時世界最大噸位綠色環保型「安梅號」在上海浦東交船。二〇一一年，「蘭梅號」在上海舉行命名下水典禮，它也是當時全球最大的綠色環保型散貨船。

「維持高品質、高規格設計來符合最新環保規範及國際安全公約，一流租家願意簽訂長期租約，我們能收到較好的租金，船舶養護成本相對也小，」趙錫成認為，這些都是互為因果的良性循環。

態度和高度

李明清指出，福茂帶頭在中國造船，刺激中國造船的技術和管理不斷精進，造船工業因而開始蓬勃，發展快速。

「趙博士提升自己，成全他人。他帶了風向，促使許多歐美船東陸續前來訂船，如今中國成為世界最大造船國之一，他實在功不可沒，」李明清感嘆。

外界如此形容福茂集團：「它是乾散貨船行業的全球領導者，並以其卓越服務與表現贏得了全球聲譽，同時始終堅守最高的道德標準。」

種種表現，讓趙錫成獲獎無數，其實他的「船王」地位，並非因公司的歷史或規模，而在於他的態度與高度。

「所謂的成功，定義因人而異，我覺得能夠助己、助人、幫助社會，就是成功。有很多人做事非常努力，但並沒成功，這和努力的方法和目標是否正確息息相關。可是定好方向後，也不能一成不變，必須隨時調整，」趙錫成提醒：「不能好高騖遠，我不主張一開始就把成功目標訂得太高，寧可逐步前進。人家一次成功只有一次快樂，我分成四次、五次，所以快樂的次數也隨之增加。」

趙錫成自認另一個成功的祕訣，又回歸到人的因素：「中國人講『天時、地利、人和』，西方人講『慷慨大方、助人為樂』，我相信如果能把中西文化的兩種理念結合起來，無論到哪裡，沒有不勝利的。」

這款老派卻奏效的思維哲學，看在如今的年輕人眼裡，只能讚嘆一聲——「很有態度」！其實這是既有態度，又有高度及深度，有此「三度」，做事一定無往而不利。

11 愛與智慧的傳承

朱木蘭跟最小的女兒趙安吉確認：「所有姊姊都跑掉了，妳要考慮是不是也想離開，或是跟爸爸一起工作？如果真的喜歡做航運業的話，那就必須提早開始做準備。」

趙安吉不改接掌福茂的初衷，二〇〇一年取得哈佛MBA學位後回到公司，承繼父母的行事風格與價值觀，將福茂經營得愈加有聲有色。

二〇〇一年，朱木蘭證實罹癌，晴天霹靂般的消息讓全家頓時陷入愁雲慘霧。趙錫成夫妻經過深思熟慮，慎重決定：如果沒有女兒願意接下家族事業，就把福茂公司轉手賣掉。

對趙錫成和朱木蘭而言，福茂的意義非凡，它不但是無比重要的資產，更是他們證明自己努力奮鬥的一枚「勳章」——足以餵飽全家人，讓趙家成長茁壯。

「所以，我一直很想傳承父母的衣缽，把福茂延續下去，」么女趙安吉表明自己樂於接班：「我出生時媽媽已四十三歲，七、八歲的時候爸媽已經五十多歲了，身為老么，我從小就意識到他們非常辛苦忙碌。女兒們如能幫忙就盡量幫，父母就可以輕鬆一點。」

實際上，趙錫成超前部署，很早就安排女兒們接觸福茂的事業。每個女兒都在福茂工作至少兩年，了解爸爸在公司做些什麼。父親用心良苦，目的是藉此機會，磨練女兒工作上的基本技能，也是立足社會的本錢。

對於接班大事，他了解必須順其自然，才有機會開花結果，過分勉強則無法水到渠成。女兒們工作兩年之後，可以依照興趣自由發展，選擇留下或另謀出路，並不勉強。

趙錫成一直記得當年小女兒天真的童言童語：「爸爸做航運，我就做航運；爸

趙錫成超前部署，每個女兒都在福茂工作至少兩年，目的是藉此機會，磨練女兒工作上的基本技能，而這樣的做法也傳承至下一代，女兒和女婿們也相當注重子女的教育。

爸做飯店，我也要在飯店做事。」

欣喜有女繼承衣缽

其他五個姊姊因為自我實現離開家族企業，也都在自己的崗位上發光發熱，趙安吉有捨我其誰的決心。她就讀哈佛大學時，快馬加鞭以三年時間提前畢業，並獲高等榮譽。畢業後她曾在花旗銀行旗下的投資部門歷練，一九九六年回到家族企業。趙錫成夫婦勸她再去讀一個工商管理碩士學位，而不只是空降的富二代而已。

有趣的是，趙家女兒從小被要求勤儉務實、自己的事情自己做，沒有特權，她們從不覺得自己是生在有錢人家，遑論富二代。

「我根本不想念商學院呀，是爸媽說，如果想接公司必須要讀研究所，否則人家會覺得我只是老闆的女兒，我應該培養能夠服眾的實力，擁有自己的信譽，」趙安吉解釋父母的用心。

知識提供客觀視野，讓人得以抽離主觀感受，拉開時間與空間的距離，看待企業的當下處境與未來展望。而專業技能對企業的實際運作助益匪淺。

但趙安吉很猶豫，因為當初大學提早一年畢業，就是為了盡快加入公司，爸媽年紀愈來愈大，她在跟時間賽跑，不打算再離開兩年，想好好珍惜可以相處的時光。後來經父母勸說，還是在一九九九年前往哈佛大學進修。

哈佛商學院工商管理課程多採案例教學，不用教科書，趙安吉在一年級寫了一篇〈遠洋航運〉（Ocean Shipping）的財務研究個案，大放異采，至今仍被哈佛商學院列為新生必修案例，極為罕見。在研究所第一年暑假，趙安吉在一家科技公司打工，覺得刺激好玩，但仍想回到航運業。二〇〇一年畢業之前，媽媽鄭重問她：「妳要回公司嗎？妳確定要回來嗎？」如果她沒有意願，福茂就會轉讓掉，因為媽媽生病了。

朱木蘭再三確認，「如果妳不喜歡的話也沒關係，不會給妳太多壓力，但是妳要讓我們知道，因為這關係到我們何時處理公司。爸媽不想讓妳活得不快樂。」

「我要回來，我已經準備好了，」趙安吉不改初衷：「我非常喜歡和爸爸共事，姊姊們都在公司工作過，但是沒有人像我那麼喜愛。雖然爸媽非常有權威，但也給我們很大的自由，我相信如果爸爸知道沒有任何一個女兒喜愛家裡的事業，他還是會有點難過失望。終於有人感興趣，媽媽跟我說，這讓爸爸很開心。」

安吉因而隨著父母去亞洲訂購了兩艘新船，如果她當時不想接手，公司就不必再擴大規模了。

她大學時期的論文曾被《經濟心理學雜誌》（*Journal of Economic Psychology*）刊載，更在二〇〇一年取得MBA學位。一旦掌握商業管理的技能，她對航運業的財務、租船業務以及船隊管理和營運，便有了進一步的了解。

剛回到公司，趙安吉深感興奮又誠惶誠恐，很擔心自己做不好。「我哈佛商學院畢業了，所以父母不會覺得我是笨蛋，而是會對我有期待。但假如我是個笨蛋，什麼都做不好，那怎麼辦？也不是沒有可能啊。」趙安吉內心糾結拉扯，深知父親在這個產業是傳奇人物，贏得極大的尊重，她想讓他感到驕傲。她緊張極了，深怕做不好會影響親子的感情。

「爸爸常告訴我不要怕困難，也不要忘記企業應負的責任，我們應該發展科技，同時也要讓環境永續發展，並持續維持和客戶之間友好的結盟關係，」趙安吉十分認同父親的理念，下定決心全力以赴。

世代交替

回溯趙錫成創業的一九六〇年代，華僑在美國的人口還不到一%，當時他所處的大環境是：越南戰爭仍在持續進行中；石油輸出國組織成立（一九六〇年）；柏林圍牆建立（一九六一年）；古巴導彈危機爆發（一九六二年），是人類最接近全面核戰的時刻；人權主義者馬丁・路德・金恩（Martin Luther King, Jr.）發表「我有一個夢」演講（一九六三年八月）；美國總統約翰・甘迺迪（John F. Kennedy）遇刺身亡（一九六三年十一月）；美國總統林登・詹森（Lyndon B. Johnson）簽署《民權法案》（Civil Rights Act），立法禁止在就業及教育上的種族歧視和性別歧視（一九六四年）；中華人民共和國文化大革命爆發（一九六六年）；美國阿波羅十一號太空人登陸月球（一九六九年）……

幾十年後，趙安吉接手福茂的二〇〇〇年代迄今，美國的華裔人口已經超過七％，她置身的時代是：社群網站和分享網站蓬勃興起，逐漸席捲全世界；美國發生「九一一事件」（二〇〇一年）；歐元正式成為歐盟流通貨幣（二〇〇二年）；伊拉克戰爭爆發（二〇〇三年）；Facebook創立（二〇〇四年）；發生全球金融海嘯（二〇〇七年至二〇〇八年）；觸控手機開始普及（二〇〇八年）；美國總統選舉，巴拉克・歐巴馬（Barack Obama）成為史上首位非裔美國人總統（二〇〇八年）……

「我最喜歡航運的原因之一是我們在世界建立橋梁，在海洋上建造國與國之間、人與人之間的橋梁。世界貿易超過九成靠航運來運輸，如果沒有航運，人們的

趙安吉繼承父母衣缽進入航海事業，初試啼聲便有佳績，這一切都是
從小便開始布局的結果。

生活就會隨之停頓。通過貨物的運輸，我們將生產地的材料帶到有需求的地方，建造和餵養這個世界，」趙安吉以躋身此行業為榮，她指出：「航運也是第一個真正的國際產業，由於我們跨越了海洋運輸，所以航運是最先擁有國際法的產業，我們的行業有其悠久的歷史和傳統。」

老枝與新葉

時序推移，趙安吉如何在二十一世紀跨越時代的鴻溝，傳承父親的企業？

「安吉大學畢業後進入公司，就意外的完成了幾件比較困難的工作，例如牽涉船務、行政及法律的國際安全管理章程認證，她在半年之內就把它完成，被世界領先的檢驗識別集團之一的法國船級協會（Bureau Veritas, BV）列為示範案例，」趙錫成很欣慰的指出，過了兩年，她又回到商學院攻讀ＭＢＡ學位。

所謂「國際安全管理章程」（International Safety Management Code, ISM Code）是國際海事組織所制訂，於一九九四年納入《國際海上人命安全公約》（International Convention for the Safety of Life at Sea, SOLAS）章節中，是國際廣為認可的海上安全管理章程，旨在確保海上安全、防止人命傷亡、避免對環境和船舶造成損害等。所有符合SOLAS規範的船舶，只要申請進入締約國家港口，均須通過ISM Code認證。安吉在短時間內讓公司船隊皆通過這項認證。

趙安吉的漂亮一擊，獲得父親讚賞。而朱木蘭所說的「提早準備」，事實上在女兒幼時即已開始布局。

福茂辦公室有個特別的日子，在那天員工可以帶孩子一起上班，七、八歲的安吉也會跟隨父母一起上班。

在趙錫成眼中，安吉從小聰敏伶俐、人見人愛，很喜歡唱歌，嘴上總是哼唱：「I'm a happy girl and I'm a happy girl. Helping others to be happy too. Hallelujah.」他滿心喜悅看著這個掌上明珠，當時並未料到，這個年紀最小的女兒將來會成為他的接班人。

「我超級喜歡穿著洋裝，帶著小包包，和爸媽一起坐火車再轉地鐵，去爸爸位於曼哈頓的公司，」趙安吉記憶猶深。但上班不只是去玩的，趙錫成會給女兒一些「有產出和建設性」的任務。

安吉從小就知道：吃冰淇淋或穿上美麗的衣服都會讓你快樂，但是人生真正的快樂不僅僅是這些，人要追求的應是「可長可久的喜悅」。父親教導她，真正的快樂來自於腳踏實地工作。

媽媽為了讓她覺得有責任和參與感，不光坐在那邊發呆而已，派了任務給她：一是削鉛筆，其次要確保爸爸的茶杯都是滿的。「所以我會一直盯著爸爸的杯子，問他還要不要再來一點茶？」

安吉最嚮往的事情其實是接電話，但是遲遲沒被授權，因為她的聲音就是嬌嫩的娃娃音。雖然她一直想辦法壓低嗓門、讓聲音更像大人一點，追問爸爸這樣可不可以，趙錫成考慮了一下，通常會說：「再等一年！」

直到可以接電話時，這成了趙安吉生命中一個很重要的里程碑。接電話很無聊吧？爸爸說：「不會啊。這其實很有趣：誰打來的呢？打電話的人做什麼事？他的工作是什麼？他怎麼養家糊口？從哪裡打來的？新加坡打來的？從台灣？還是從紐奧良？」

電話打來，如果記下的資訊不全，會讓人十分困擾。趙錫成訓練孩子接電話，要求她們問清楚所有資訊，比如對方是誰？是哪個公司？什麼事情？需不需要回電？因為有了這

> “如果你有好奇心、願意培養興趣，會發現世界上很多事情都非常有趣，就會學到很多。
> ——趙錫成”

些訊息，才能進一步反應。

這件事情雖然很小，其實就是教孩子學習如何溝通，可應用在各方面。

不容許無聊

趙錫成從來不能接受小孩子說「很無聊」，「妳們要負責把事情變得有趣！如果妳有好奇心、願意培養興趣，會發現世界上很多事情都非常有趣，就會學到很多。把事情變得有趣，是妳的責任。」

會覺得很無聊，那是因為人們浪費了學習的機會，浪費了問對問題的機會，只停留在事物的表面上。

「媽媽常說，爸爸從來不會做任何很表面的事，他會很認真的投入每一件事，」趙安吉說這話是她後來才懂的，有段時間父親很喜歡中國明清時代的畫作，有心蒐集這時期的藝術品，便認真研讀它的歷史，深入理解這些藝術品的背景、特色和底蘊：時代背景是什麼？為什麼它們很重要？為什麼這是好的作品，好在哪裡？他的思考核心，不光是「這是一幅很美的畫」而已。

這種態度，看在孩子眼裡，就是一種身教。

趙安吉想起小學時，睡前媽媽會進她的房間，問她今天過得怎麼樣？「我會跟媽媽分享生活的細節，什麼都說，媽媽一直聽著一個小學六年級的孩子嘟嘟囔囔講這麼多瑣事，可能也會覺得很無趣吧。」

由於安吉常常跟在爸爸身邊修理東西，潛移默化之下，看久了也摩拳擦掌，想找機會大顯身手。一九八〇年代紐約有一季乾旱，政府發給家家戶戶一個省水裝置，讓住家可以少用一點水。趙家廁所的水龍頭因為年代久遠生鏽了，趙安吉逕自把省水裝置裝上後卡住了拿不下來，她換了三次扳手，已換到最大的扳手還是沒有辦法，水龍頭就被她弄壞了，只好低頭去向爸爸認錯。

爸爸去看她做了什麼好事，大驚失色：「妳怎麼會選這麼大的扳手？這樣力量會過大，妳做事要用頭腦啊，不應該勉強用力的！」

這是一個有價值的教訓，安吉到如今還謹記在心。爸爸當下不太高興，因為還要去收拾善後，但沒想到姊姊們居然也臉色一沉。

「我想這關妳們什麼事，為什麼妳們要對我不滿？原來爸媽質問姊姊們：怎麼可以讓妹妹用這麼大的扳手，妳們在哪裡？怎麼沒有看著她？她這麼小的孩子在廁所做這種事，居然沒有人看著她。姊姊有責任要去看妹妹發生了什麼事！」趙安吉覺得很抱歉，她雖然學到爸爸DIY自己動手做的精神，但還沒練出扎實的技術，

事業有成的船王趙錫成，和任職過美國勞工部和交通部部長的趙小蘭，在紐約華埠受到僑界盛大歡迎。趙家父女從困境中力爭上游，在主流社會出人頭地，是所有移民的楷模。

反而造成災難。她終於領悟到什麼叫「生命共同體」，原來這就是活生生的例子。不過，這也可以看出趙安吉從小就深具實驗精神。

養兵千日，用兵一時

趙家父母向來鼓勵女兒在公開場合演講或致詞，好好的展現自己和家庭。因為安吉外向活潑也善體人意，所以，父親一有機會就帶她一起參加活動或會議。

一九九〇年福茂在上海造船、接船，由於這是中國船廠首次對外出口新船，因此盛大舉行新船下水儀式，船廠特別請到上海市第一副市長、中國交通部部長親自出席，還有許多貴賓參加盛典，包括時任美國駐中國大使李潔明也來共襄盛舉。典禮最後輪到船東致詞，大家驚奇的發現致詞者不是趙錫成，只見朱木蘭引領穿著花洋裝的安吉上台致謝辭。她落落大方的侃侃而談，贏得大家熱烈的掌聲，那時安吉只是一個十六、七歲的小姑娘。

「我的演說重點是感謝，你知道一艘船完成任務需要多少人力？當船在海上航行，光是廚房就有十幾個人在那裡工作，每趟航程都是非常多人在貢獻心力，所以我們應該由衷感謝，這也是我父母一直教育我們的，對別人要心懷感激。」

安吉在上台前也曾擔心把事情給搞砸了，趙錫成為她打氣：「不要怕，如果這次做得不好，改進以後，下一次會做得更好！」

養兵千日，用兵一時。經年累月的調教，趙安吉深刻體會到父母在前面開路，她則像站在巨人——父親的肩膀上，在他們鋪設的路上前進，擔負著承先啟後的責任。

然而在迥異的背景下成長，父女的看法並不總是一致。趙安吉剛從哈佛畢業，對管理風格有滿腔的新想法，但趙錫成說自己「一直以來都是這樣處理」。朱木蘭安慰女兒：「妳跟爸爸差四十五歲，妳在美國出生，所以想法一定不同，妳要尊重這個差異。爸爸不是一步走到今天，如果沒有背後的邏輯，沒辦法達到現在的位置。他會做這樣的決定有其原因和歷史，妳有權反對，但要去想他為什麼這樣想？他有他的智慧。」

「我不會去挑戰爸爸，也不會直接說我覺得你錯了、你應該要怎麼做，這種方式非常不聰明，」不過，當趙安吉覺得有志難伸時，媽媽會建議她：也許不同意爸爸的想法，但要聽聽他怎麼說，必須要增加自己的表達技巧，跟他好好溝通、解釋，說服他。

比如景氣低迷的時候，趙錫成主張多造新船，因為這個時機點可以買到價錢較低、品質更精良的船。趙安吉則認為景氣不好時應該持盈保泰，審慎以對。趙錫成白手起家，有冒險家的膽識和勇氣，因為經驗老到、料事精準，敢在市場上逆向操作。趙安吉學院派出身，穩重理性，是凡事分析數據做決策的「新新人類」，比較謹慎保守，膽子反而沒爸爸大。

調和鼎鼐，居中協調

當趙錫成和趙安吉意見不一，女兒總是找媽媽傾訴。在醫院，朱木蘭常常會問她工作還好嗎？安吉說爸爸不同意某件事情，但她想讓媽媽專心養病，不想拿這些事煩媽媽。

朱木蘭說：「不行，妳還是應該跟我講，讓我想想別的事，轉移注意力，不要一直想自己的病情。」她在生病的後期，還在協助父女溝通。她總是告訴女兒會跟爸爸反應，但要女兒自己也想一想。

朱木蘭勸勉雙方，要站在對方的角度思考，也必須學會溝通並解釋自己的立場。她跟趙家爸爸說，「你知道安吉有自己的想法，還有她受的教育，你要讓她發揮所學所長，帶給公司好的影響。因為如果她未來要繼續做下去，需要讓她變成自

趙錫成夫婦樂觀正向的心態深深影響六位女兒，朱木蘭如春夏般不黏不滯的愛更是橫跨世代，即使在病中，只要身體允許，便會花時間與孫子、孫女們親近。

己的方法，不能只是蕭規曹隨、完全聽你的，她要做她應該做的。」

「媽媽會提醒我們，兩邊一起溝通。有時候爸爸是對的，有時候爸爸會被我説服，所以是雙向的，到現在還是。媽媽可以讓世界和平，她在背後當兩個當事人的橋梁，一直到她快過世，」趙安吉難忘母親病中的調和鼎鼐。

「安吉雖然很聰明，畢竟年齡還輕，經驗有限。但她聽從了母親的指導，彌補她的不足，也增快了自己的長進，」趙錫成直言，安吉年紀很輕就可以代表公司與銀行、船廠談判簽字，人家總以為她只是小小助理，想不到最後坐在桌上正式簽字的竟是她，在座者面面相覷、無不詫異。慢慢的，安吉愈來愈有實力與自信，形諸於外的就是女強人的氣場，沒人會懷疑她就是公司的領導者。

還有媒體好奇的問趙安吉：趙家六個女兒都如此傑出，莫非母親是「虎媽」？

「媽媽是極為優雅、堅毅、無私的女人，從不囉嗦，沒有廢話，一旦發言，就特別擲地有聲，」趙家所有女兒公認，媽媽有一種如春日的祥和寧靜，伴隨夏季豔陽般的強大力量，讓人感受到不黏不滯的愛。

「當我有疑惑，家人總是樂觀正向的鼓勵我。父母的教育方式很先進，但媽媽絕對不是『虎媽』，」趙安吉説：「我有非常好的家人，他們都有自己成功的事業和名望，但不會影響我。因為我是一個獨立的個體，雖然在家族公司工作，但我也在創造自己的想法和人生。」

原本公司的財務和會計都由福茂集團前高級副總裁張露西一人負責，她近日退休後，趙安吉將財務部門獨立出來，找來兩位新血，擬強化財務運作，進一步做公司資產購置、營運資金及利潤分配的整合管理。

鉅細靡遺，眼光遠大

「安吉是一個非常注意細節的人，和趙博士一樣，」特助張卉璇說，趙博士不看短利，一向注重長遠的發展。但航運市場瞬息萬變，本來以為公司只需針對近幾年的市場做預測即可，「沒想到安吉做的財務規劃都是五到十年以上，相當宏觀且具有格局，讓我十分驚訝。」

根據報導，國際海事組織於二〇二一年六月決議，二〇二三年起將強制規範航商的碳排放標準和船隻的效率，如果船太老舊、不符節能標準，可能就需要減速或改裝，甚至面臨淘汰的命運。

回顧航運界的環保規定，二〇一六年國際開始管制氮氧化物排放；二〇一七年，為了避免微生物汙染，船舶必須安裝壓艙水系統；二〇二〇年起管制硫化物的排放；二〇二一年則是挑戰減少碳排放。

震撼彈一出，航商無不人心惶惶，擔心客戶未來將依據規範拒絕使用不合格的船隻。航商如無法及時因應環保議題和節能規定，基本上難以生存下去。

很難想像，福茂集團早在二〇〇四年即造出第一艘環保船，遙遙走在國際趨勢之先。「他是將環保設計納入頂級船隊的先驅，我很榮幸能繼承父母在福茂的傳統，」趙安吉每次上船，總是穿得像父親一樣隆重正式，她期許自己也能跟父親一樣，具備領導者的特質和風範。

「現今科技日新月異，包括無人船等技術，但爸爸總是提醒我：不管創新有多炫多酷，永遠不能忘記人與人之間的關係。」

彈性管理，不因小失大

新冠肺炎疫情一爆發，就像所有行業一樣，福茂所有員工也都深受影響，「當務之急是確保我們全球員工和海員的安全。緊急建立安全的工作環境，讓業務持續進行，以便在家有效的工作，但很難把海員及時送回來，」趙安吉點出難題。

通常船員合約到期時，必須下船，再換另一批人員上船。因正值疫情期間，不

“你也許省了一分錢，但可能損失一塊錢。——趙錫成”

確定未來船要靠哪個港口，所以變數較多。比如中國船員原訂下船的中國港口，因疫情四起，檢疫規定日趨嚴謹或臨時封閉，必須換到日本下船，再由日本飛回中國返家。近日飛機班次減少、機票價格飛漲，除了交通費用，船員在日本等待班機期間的食宿、薪資等費用都須由船東支付，無形中增加很多成本。

管理船員的同事既想順利更換船員，又想為公司省錢，搞得焦頭爛額。趙錫成告訴他們：「You might save a penny, but you may lose a dollar.（你也許省了一分錢，但可能損失一塊錢。）」要大家千萬別因小失大，還是應優先考慮船員的安全和身心狀況，錢的考慮在其次。

「趙博士要我們在疫情之下彈性調整做法，做長遠的打算，不要考慮短期的損失，讓我感觸很深，」花瑱雅說，老先生平常很淡泊勤儉，這樣的考量，真是嚴以律己、寬以待人的典範。

然而同仁必須在家工作，立即產生資安的疑慮，趙安吉馬上讓同事設定安全裝置，另存備份，每人發一台筆電回家工作，財務會計部門習慣用桌上型電腦，她也請司機送電腦到同事家裡。

花璿雅指出，安吉董事長對女性特別有同理心，比如疫情無法當面見到本人，但在線上看到對方髮型變了，會立即察覺和關心，還透露自己幫老公剪了幾次頭髮，跟同事閒話家常。

另類富二代

二〇一八年獲得木蘭教育獎學金的花璿雅，當時一邊讀研究所，一邊在福茂實習，趙安吉注意到她每天都是最早來上班的人，資料整理得很整齊俐落，便加以鼓勵與肯定。

「本來以為她只是富二代，但是她凡事親力親為，比他人更努力認真，不清楚就問，她不會特別記住每一個條文，但是細節都會問同事，沒有架子，不恥下問，」花璿雅印象深刻。

李明清也對安吉的為人行事很有感：「安吉小姐天資聰穎，反應快。她與我兩個小孩年紀相似，我待她如自己的女兒，而她也以長輩禮數待我，很有禮貌。我們常一起到國內外出差，無論是去港口訪船，與造船廠洽談或拜訪租家，都合作愉快，彼此很有默契。有次去上海出差回來的前一天，我不小心扭傷腳踝，她在回紐約飛機上幫我提行李，一路細心照顧，到達機場後，她堅持讓她的司機送我回家，令人感動。」

除了女性特有的細膩心思，趙安吉也遺傳了父親的行事風格。「安吉董事長非常敏銳，洞察力很好，無論是能力或領導力都是一等一。任何事情她都能很快進入情況，能夠切中要害，一針見血。她有金融背景，對數字非常敏感，我們每週五都有工作討論，她的筆記上密密麻麻的，是一個極為仔細的人。她的記憶力十分驚人，有時不必看筆記，就能追蹤每一個細節，而且隨時能指出錯誤，我們都要繃緊神經，」花璿雅舉例，一艘船的船員如果超過四分之一的替換率，就必須重做安全培訓，有一次她在報告時因為說錯了換船人數，馬上被趙安吉善意糾正。

有一次，同事提到船用潤滑油的相關問題時，趙安吉清楚記得先前的數據，例如原油漲幅、各廠商的潤滑油漲幅、油品的年消耗量、潤滑油補給港的造訪次數與比例等等，進而討論如何選擇價格較優惠的廠商與加油港，以降低成本、避免損失。在每週五公司會議時，她都會追蹤每條船的大小事故、原因、處理進度，以及後續如何預防等等，鉅細靡遺，很少疏漏。

父女之間，風格又有什麼不同？

「趙博士記憶好，非常敏銳，現在每週五仍然跟我們一起開會，還會一一點名。兩代之間會有一些差異，安吉實事求是，就是看數字說話，對事不對人。趙博士比較會顧慮到人情，因為他和租家有長久的交情，遇到事情比較通融，」這是花瓊雅的觀察。

目前福茂持續以高品質、高規格的設計造船，以期符合最新環保規範及國際安全公約，並與一流租家簽訂長期租約（通常達五年以上），這些國際租家包括邦吉（Bunge）、嘉吉（Cargill）、商船三井（MOL）、日本郵船（NYK）、路易達孚（LDC）、奧登多夫（Oldendorff）及柯氏工業集團等大公司，長年與福茂續約。如此一來，營運效益佳，能收到水準以上的租金，船舶養護成本也小，形成良性循環。

傑出女船王

轉眼間，安吉從大學畢業進公司已經近二十五年了，中間雖然去讀研究所進修，基本上一直在家族企業裡耕耘。她回公司時，福茂只有四條七萬噸級的巴拿馬型貨輪，近兩、三年在日本及中國各建造十條新船，如今福茂旗下擁有三十二艘船，總載重噸位達五百萬噸以上，平均船齡為三．八四年，設備非但合乎最嚴格的

趙錫成（右）與朱木蘭（中）相信教育的重要性，兩人與女兒趙小蘭（左）均是紐約聖約翰大學校友，趙錫成同時擔任校董會董事，趙小蘭則獲得該校榮譽博士學位。

環保要求及規定，而且在行業內領先，也在全球業界備受矚目。目前，福茂已成為美國規模最大的船東，趙安吉被譽為傑出的「女船王」，她的貢獻有目共睹。

有女克紹箕裘，趙錫成十分寬慰，自認多年來和女兒一直高高興興的合作無間，兩人之間從來沒有不能溝通或無法解決的問題，總是想出辦法，開心的完成任務，遑論爭辯。

「現在安吉是我的老闆了，我也變成了一位很好的職員，乖乖的幫她做事。我有信心，我們都會好好享受在一起工作的機會，中國人講這就是『造化』，也是所謂祖上的積德庇蔭，我覺得特別感恩且格外珍惜，」趙錫成呵呵笑道。

趙安吉回想二十多年前，許多人為趙家沒生兒子而慨嘆惋惜，朱木蘭泰然的勸女兒別動怒，應該要證明那些人的想法錯誤，如今趙安吉可以理直氣壯的說：「他們錯了！」她不但傳承了父母的事業，而且努力突破，再上層樓。

「接手家族企業，對我的意義是將父母的產業發揚光大，我想以父母的行事風格為依據，來為他們爭光。不是為了在業務上掙利賺錢，而是要發揚他們的價值觀和產業價值，」趙安吉多次在公開場合表示。

而所謂的傳承，也不只是家族企業，還包括了父母心心念念的公益事業。

木蘭教育基金會獎學金得主、哈佛ＭＢＡ畢業生戴華，目前在上海、波士頓

一九九〇年，趙錫成與朱木蘭參加四女兒趙小甫的婚禮。女兒們已成家立業，夫妻倆臉上洋溢著滿足與幸福之情。

二〇一二年十月十二日，哈佛商學院院長諾里拉（中排右四）及哈佛大學校長福斯特（中排左三）在哈佛商學院趙朱木蘭中心舉行動土奠基儀式後，與趙錫成一家及親友合影，這是哈佛三百八十年歷史上第一座以女性命名、也是第一次以亞裔美國人命名的建築。

兩地開設生物科技公司，也積極參與慈善公益事業，希望將來事業有成可以做得更多。「我覺得趙博士和趙太太是中國企業家最好的模範，」戴華如此稱道。

除了中國大陸、台灣、美國的木蘭教育基金會之外，趙家女兒、甚至女婿也都各自成立了獎學金，且逐漸枝繁葉茂。

老五趙小婷和先生胡群思，在後者母校史丹佛大學提供兩份獎學金，分別給大學生及研究生。老四趙小甫說：「家庭和教育能讓人身心安頓，我跟先生受到父母很大的影響，先生以我媽媽的名字設立了一個獎學金，也以他父母的名字在高中設立另外的獎學金。此外，我和一些教育相關的組織合作，希望能產生影響。因為我們深信教育的重要，認為它可以轉變一切，如果沒有教育，什麼事都沒有辦法做。」

小甫在兒子小時候就告訴他，沒有任何事可以取代一個人的努力與認真，但努力認真也不一定每次都會成功，有時牽涉到毅力、時機或無法控制的變數，但沒有努力絕不可能成功。

「這樣的工作態度深植我心，雖不是每一天都被提醒，但是我們都很清楚，做事需要付出全部努力。如果可以全力以赴，我們就有機會成功。所以我也是這樣對待兒子，想要讀書學習我們一定支持，雖然兒子馬上說他的電動『很有教育價值』……，不過，他們也了解教育很重要，」趙小甫補充。

趙安吉在哈佛大學本科也設有獎學金，同時還在許多組織的董事會服務，並且深入參與慈善事業。二〇二一年三月，美國亞特蘭大發生多名亞裔被槍擊的恐怖事件，她把自己的慈善捐贈集中在亞裔和太平洋群島居民（Asian Americans and Pacific Islanders, AAPI）的相關事業上，希望致力「服務ＡＡＰＩ社群，追求歸屬和繁榮，免受歧視、誹謗和暴力」。

「我很幸運，因為我繼承了父母的思想和價值觀。他們教導我不斷學習，對所有事物保持好奇心。從事慈善工作也是一種學習，能為世界帶來正面的改變，我很樂於傳承薪火，」趙安吉說：「我以媽媽為師，雖然她在二〇〇七年去世，但是她的人格魅力至今還在影響我。而父親仍保持著與時俱進的開放心態，也是我的榜樣，例如，他正在學習使用微信。」

在助人的同時，趙家人獲得更大的喜悅。趙錫成之前收到外孫女——老五小婷的大女兒胡棨婷（Alexia）寄來的信和許多相片，如今她也成了哈佛大學的新鮮人。她到以外祖母命名的「趙朱木蘭中心」溫習功課，內心感到安定寧謐而深受啟發；看到外祖母莊嚴優雅的銅像時，更是興奮與動容。

「讓我體悟《聖經》裡所講的：一粒種子，落在好的泥土裡會長出百倍的果實，千真萬確啊，」趙錫成笑得很燦爛。

人生真正的財富

看到孫兒孫女心滿意足，老先生總喜歡報告親友：老四小甫的兩個兒子均已進入大學，她的二兒子十分擅長足球，曾是美國青少年足球代表隊的隊長，所以他放棄哈佛大學，選擇了具足球優勢的史丹福大學。

疫情之前，差不多每個週末，趙家女兒會分別請父親到俱樂部聚餐，往來十分密切。根據趙錫成的觀察，女兒和女婿們相當注重子女的教育，而女兒也都能兼顧事業和家庭，「我認為，木蘭的智慧和身教對女兒有很大的幫助和啟發。」

他向兒孫描述外婆在的時候如何隆重過節慶，希望趁此機會展現中國的國粹，不光為女兒們，也要為孫輩們傳承下去。

「木蘭總是說：中國文化裡好的事物太多了，我們應該留下來，基於實際的困難，美國人對中國文化認識不多，因此，我們有責任將這種文化分享出去。」

沒多久前，趙安吉如願當了媽媽。

「現在我有小孩了，媽媽沒機會見到我的小孩。但我三個姊姊都有小孩，媽媽見過他們。結婚後生活方式和型態會有很大的改變，媽媽給了姊姊們很多具體建議，現在她們會跟我分享媽媽沒有辦法跟我說的話，」趙安吉記得小時候，含蓄的父母沒說過「我愛你」，不會把這種話掛在嘴邊，但女兒們心裡都深刻領受到父母的愛。在美國生活多年之後，他們也都琅琅上口了。如今，母親的愛和人生智慧，透過姊姊源源不斷傳承給她。

最近美國疫情略為解封，老大趙小蘭迫不及待陪著父親到母親的墓室探訪，打算恢復一週一次的例行「會面」。

「問世間，情為何物，直教人生死相許？」趙錫成是個有情人，總覺得每週去探望心愛的木蘭，是他傳達思念最直接的方式；而女兒們明瞭父親對母親超越時空的款款深情，只要有時間，必定陪著他一起向母親致意。

「大家都知道我的老大是知名人士，卻很少有人知道，她是一個百依百順的女兒，」趙錫成表示：「老么應該是最容易被寵壞的，但她毫無嬌氣，認真踏實，甘願跟爸爸一起工作，這份心意，讓我很欣慰。」

從趙小蘭的角度看父親的成功，完全不以財富來衡量，而是在人生真正重要的面向上——有情有義，家人愛他敬他，朋友尊崇他，還有他幾十年來在業界所累積的口碑信譽，以及對社會的極大貢獻，這些才是人生真正的財富。

直至今日，趙家依然維繫著逢節必聚的傳統，圖為一九七三年聖誕節期間，趙錫成一家、趙錫成母親許月琴（坐者）與堂妹趙嘉儀（左一）團聚。

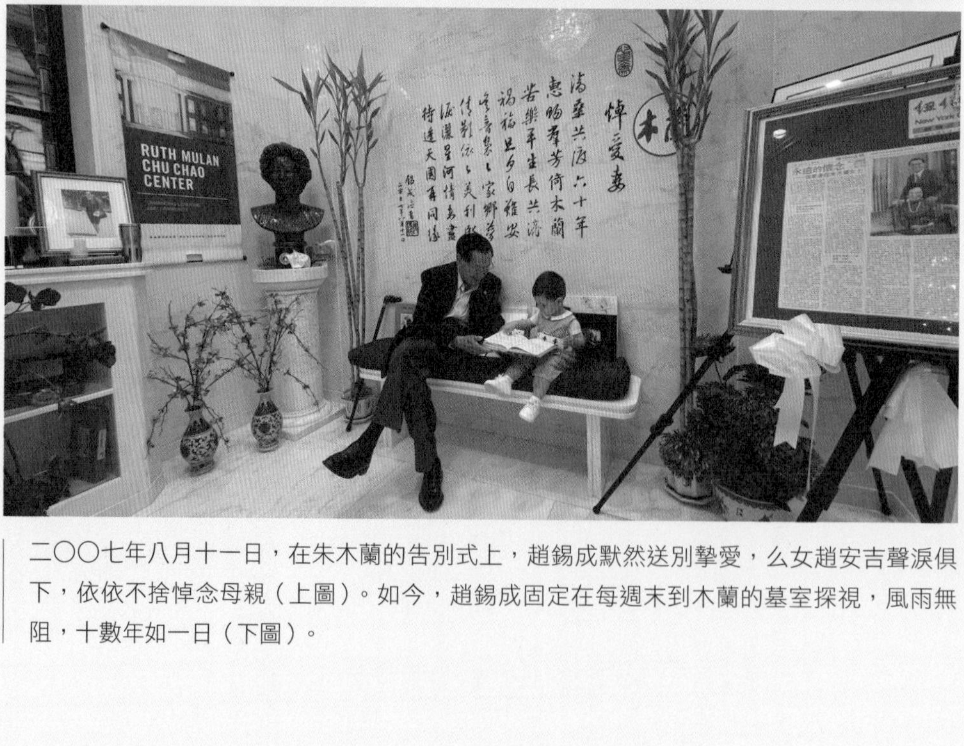

二〇〇七年八月十一日，在朱木蘭的告別式上，趙錫成默然送別摯愛，么女趙安吉聲淚俱下，依依不捨悼念母親（上圖）。如今，趙錫成固定在每週末到木蘭的墓室探視，風雨無阻，十數年如一日（下圖）。

行到水窮處，坐看雲起時。趙錫成如今豁達樂觀，怡然瀟灑的過日子。「我的年齡早已超過九十，但身體一直保持健康，心態平和，精神抖擻，內心只有感恩，沒有遺憾更無悔恨。現在蒙主的眷顧，身體依然不差，相信上帝是希望我多做一些貢獻，為社會服務。」

他自認是木蘭在這個世上充分授權的代理人，因此懷著喜樂的心，持續不斷的投入教育公益事業。「黃昏把酒祝東風，且從容」，也希望韶光緩緩前行，不要太過匆匆。

趙家的第三代、小甫的大兒子謝立（Ben）說：「我年紀愈長，就愈尊敬和崇拜外公，沒人比他過得更充實、更有意義了。從白手起家到現在，除了物質的豐裕與事業的成就，最令人欽佩的是他一直不改初衷，且擁有超凡的價值觀。」趙小甫認為這是非常精確的形容，也反映出全家人對爸爸的想法。

「積善之家，必有餘慶。」這句中國古諺，在趙家獲得十足的印證。

後記

破浪前行，臻至圓滿

文／周慧玲、蕭容慧

車子徐徐駛入趙家前院，遠遠已看到衣冠筆挺的趙博士，精神奕奕、笑容可掬的站在門口等候我們。

八個月來，我們居家避疫，在視訊上聆聽趙博士娓娓述說往事，一旦近身接觸，他的真摯熱情，頓時讓人如沐春風。

我們這次的重要行程之一，是和趙博士一起前往芬克里夫墓園（Ferncliff Cemetery and Mausoleum）探訪。趙博士每週六在這條大道來來回回，為的是到墓園陪伴太太，十二年來不曾間斷。四季更迭，流年暗中偷換，唯一不變的是趙博士對太太的愛與思念。很難想像，在二十一世紀的今天，仍有如此歷久彌新、刻骨銘心的愛情。愛情，真的比我們想像得還要偉大啊！

多年來，已返天家的朱木蘭女士，仍然是趙家最核心的靈魂人物。當大家聊天時，媽媽都是主角，且常以「現在式」來描述她，彷彿她就在身旁。

思念之情永不滅

芬克里夫墓園有室內、戶外之分，趙太太的墓室和許多近代名人為鄰，如蔣宋美齡女士、外交家顧維鈞、民初才子徐志摩等等，趙太太和這些風雲人物不同的是，她生前只是低調行善的家庭主婦，毫無知名度，但身後卻仍有絡繹不絕的親朋好友來訪，和其他名人墓室的冷冷清清，形成強烈對比。

趙太太的墓室素雅溫馨，鮮花常伴，室內陳設許多紀念文集、照片、政要和親朋好友的留言，彷彿是一座紀念館。疫情前，趙博士每週到墓室陪太太，一坐就是幾小時，並在留言簿寫著綿綿情話。疫情期間，女兒們不讓年逾九十高齡的父親出門，趙博士就請特助每週帶著情書「轉達」給趙太太。常陪著父親到墓室的趙小蘭部長，每回都會在留言簿向母親報告近況，她形容：「這一本本的留言簿，儼然已成為我的日記了。」

趙博士每週去墓室陪伴太太，也必定去父母長眠之處拜謁。我們陪他去墓地，看到九十多歲的老人家敬慎的在墳前行大禮，下跪叩頭，並仔細打掃墓地，他淚濕眼眶、思念甚篤的神情令人動容。

在多次訪談中，只要提到父母親，趙博士總是真情流露，語帶哽咽。由於他年少時和父母感情極為親密，一生感念他們的費心栽培。他苦無機會奉養早逝的父親，便極力孝敬母親和叔嬸。創業後最早製造的兩艘船「心梅號」、「月梅號」，也以父母之名命名追念，日後回到家鄉興學，更是延續教育家父親的義行。

仁者無敵的印證

趙博士的人生，是我們這一輩只能在書本或戲劇中窺見的大時代故事：家鄉在抗日期間遭受的迫害、租界生活、大戰結束後的重建、遷台後的變動、台北在五〇年代的發展、遠洋海運的變遷，以及早年移民到美國的奮鬥史……，這位近百歲的見證者將往事娓娓道來，並發揮他驚人的記憶力，詳細回答各種問題；無論時間、地點、人名，皆分門別類、有系統的存在腦海中。

年少時讀《論語》，總認為書中道理是現代人很難企及的境界。認識趙博士之後，深感他正是孔孟思想的實踐者。

趙博士親身遭受日本侵華的迫害，以戰爭倖存者的身分訴說日本侵略者的惡行。但他因工作隨船抵達日本後，目睹當地老百姓在戰後生活的困苦窘迫，不禁湧現悲憫之心——其實日本百姓也是戰爭的受害者啊！他胸懷的寬容與同情，遠遠超越了種族和國別，這不就是孟子所說的「惻隱之心，仁也」的境界？

趙博士心存善念，一生與人為善。他對於所有幫助過他的貴人念念不忘，更發願把貴人對他施予的善舉，再以自己的方式推己及人，和太太攜手慷慨布施，投身公益。許多人羨慕他家庭美滿、事業成功和人脈豐沛，殊不知這都是「仁者無敵」的印證。

從二副到船王

《世界日報》副總編輯魏碧洲是趙家的好友，畢業於國立台灣海洋大學，曾經在遠洋輪船工作，算是趙博士的「小老弟」。魏副總編指出，早年缺乏科技儀器的輔助，如無專業技能與智慧勇氣，船長一職絕對無法勝任愉快。

而趙博士大學畢業後從二副做起，一步一腳印踏實的當到船長，後來成為船東，他的膽識和遠見更打造了在全美排名第一的國際航運公司——福茂集團。

魏副總編透露，趙博士很歡喜別人稱呼他Captain，畢竟這是他黃金年代的傲人職銜。Captain Chao在八十多歲時還常常親自登船去探望子弟兵，穿上工作服、爬上數層樓高的纜繩梯，若不是女兒們苦苦阻止，恐怕Captain Chao還會繼續上船。疫情前，熱愛工作的趙博士仍每天到位於曼哈頓中城的福茂公司上班，風雨無阻。

我們這次採訪的寫作資料，光是有關趙家父母的教育方式和理念，整理出來的就有七、八萬字，足夠另外寫一本書了。我們忍痛刪減許多內容，只呈現精華部分。趙錫成夫婦的教育之方獨樹一格，值得讓人思考再三。趙家姊妹們提到，父母從來沒有爭執，常常在孩子面前讚美對方；若想法不同，他們會先關起門來溝通，打開門之後就是一致的觀點，孩子不會無所適從；趙太太話不多，卻一言九鼎，先生和孩子們都尊重她的意見。

成為女兒翱翔的推手

趙家有六個女兒，親友們常常嘆惜：「栽培六個女兒真賠本，除了教育基金，還得付六個婚禮的費用！真是的，趙家事業、家庭都圓滿，就是少一個兒子。」

只有中國親友這樣說嗎？安吉提高音量回道：「才不是！猶太人、愛爾蘭裔、義大利裔，還有其他族裔的美國朋友都這樣說呢。」

「所以我們姊妹更有動力，要證明女兒比兒子更強！」趙安吉直言。

趙家爸爸並無重男輕女的觀念，也不曾因為膝下無子感到遺憾，始終珍愛他家的「七仙女」，還安慰太太：「無論女兒或兒子，都是自己的孩子啊。」

兩人非常用心栽培孩子，開明豁達，尊重孩子們的意願，讓她們做自己喜歡的事，容許也鼓勵她們去探索生命的可能性和發展潛力。趙家父母不輕易下指導棋，但會在關鍵時刻當「推手」。

適時放手，適時訓練

老三小美在中學時期曾憧憬當模特兒，儘管夫妻倆內心有其他想法，趙爸爸仍帶著她去模特兒經紀公司試試機會；老四小甫想當律師，雖然有點出乎父母預料，趙博士仍費心安排她去律師事務所打工，讓小甫藉機觀察自己究竟喜不喜歡、合不合適；老五小婷寫博士論文時，需要遍訪事業有成的傑出人士，也是平日廣結善緣、人脈甚廣的父親出手相助，才能順利完成。

早年小甫申請大學不順利，內心挫折且自暴自棄。媽媽安慰她，她反而指媽媽是「富家女出身，全都是財富思想，一心想聚財」。這番重話激怒爸爸，然而趙太太一直勸先生冷靜，希望靜待時機再和女兒溝通。最終事情圓滿落幕，也彰顯趙家夫妻教育孩子的高明之處。後來小甫也坦承：自己是姊妹中最讓父母頭痛的一個。

老大小蘭明明是福茂公司的大將之材，卻因她嚮往「闖蕩江湖」，父親最後決定放手讓她自由飛。在華人社會，這絕對不是容易做到的事。

除了適才適性的教育，趙家父母更從女兒們小時就訓練她們待人接物之道。其實這帖妙方源自趙以仁先生的教育方法：多讓孩子見世面，就會懂得應對進退。

趙家女兒年幼時，每逢家宴，只站在一旁侍候客人用餐，不加入談話；年長後，父母鼓勵她們一邊招待客人一邊交談。趙家時常宴客，從謝師宴、交通大學校友會聯誼、親朋好友聚會到商務往來，客人來自不同年齡、背景和國家，女兒們藉機學習與各階層人士互動。直到趙家姊妹離家上大學了，家中有重要宴會，爸媽寧願付機票錢，也要請她們搭機回家幫忙招待家宴客人。這樣的教育方式，訓練女兒養成進退有節的禮儀、雍容大方的氣質，以及條理分明、侃侃而談的口才。

中學為體，西學為用

早年，不少移民美國的華人深怕子女無法融入當地社會，斷然切割與母國的關係，讓孩子全面接受英文和美式教育。趙家夫婦卻始終以中華文化為傲，堅持「中學為體，西學為用」的教育方式，成功栽培出六位傑出的女兒。趙小蘭部長自我剖析：「美國教育教我做事，中華文化思想教我做人。」

趙家大女兒趙小蘭是出類拔萃的亞裔領袖，是美國政治史上任職最久的部長，也是美國公職最高的華裔政務官。趙小蘭和妹妹們從小在家宴款待客人，很難想像即使擔任部長時，她也親自為客人一一倒水奉茶。她理所當然的說：「只要是爸媽的好朋友，就是我的朋友呀！」

數十年來，凡是重要活動，趙小蘭必定邀請父母、家人一同出席；媽媽赴天家之後，只要沒有公務，她每個週末從華府搭火車回紐約陪伴父親，這在美國是絕無僅有的例子。小蘭部長的成就是華人的驕傲，但我們更敬佩的是她的孝心。而趙家老么安吉大學畢業後明明在科技業有發展的大好機會，她最後仍選擇傳承父親的志業，也是她的孝心使然。其他姊妹始終團結一心，對家庭充滿凝聚力。趙錫成開啟事業的扉頁，趙安吉欣然寫下續篇，趙家的故事不啻是一則傳奇。

趙家夫婦移民美國後，並沒有躲在亞裔的小圈子裡，而是努力克服語言與文化衝擊，勇敢走進主流社會，這是第一代亞裔移民罕見的案例。趙博士創辦的福茂集團，在走過將近六十個年頭後，在全美散貨輪船界排名第一。女兒們追隨著父母的步伐，在各自的領域頭角崢嶸。趙家成功的典範值得新移民效法，也鼓舞了許多少數族裔，在美國出人頭地。

本書的完成，要感謝這段日子陪伴我們的趙家大管家桑妮女士、特助張卉璇和辦公室經理王英子小姐，她們及時翻譯趙博士的「上海國語」並提供種種協助，讓採訪與寫作得以順利進行。聆聽趙博士海闊天空述說往事的數百個小時期間，常令我們笑中帶淚，驚嘆連連。他帶領我們到達一個平日無法企及的時空，一個悲歡交織、聚散無常的年代，讓人感同身受。

也要謝謝趙家姊妹與親友們、趙太太小妹朱淮北女士與好友張正女士，在百忙中撥冗接受訪問，趙惠琴女士還特別居中牽線，帶我們一同回顧那閃閃發亮的流金歲月。還要感謝魏碧洲副總編、福茂集團的「三李」大將：李明清、李春煌、李志宏三位先生，以及潘亦舟總經理、前財務總監張露西、新一代生力軍花璿雅、交大美洲校友會前理事長陳亮潔先生、美東華人學術聯誼會前會長郭思平先生和夫人錢萍女士、獎學金得主戴華先生，知無不言，言無不盡。也謝謝遠見．天下文化出版的專業團隊，協助我們完成任務。

趙氏夫婦一生在大時代的狂瀾中乘風破浪，穩健前行——竭力修身齊家，慷慨奉獻社會，既體現了孔孟儒家思想，也活出了基督徒最好的榜樣，真可謂「功德圓滿」。我們衷心期盼讀者能從他們的人生智慧與哲學中，擷取吉光片羽，獲得靈感與啟發。

社會人文 BBP469

破浪者哲學

船王趙錫成與夫人朱木蘭的人生智慧

作者 — 蕭容慧、周慧玲

企劃出版部總編輯 — 李桂芬
主編 — 李桂芬
責任編輯 — 劉瑋
美術設計 — 高小茲
圖片提供 — 趙錫成、郭思平夫婦（P.243）

出版者 — 遠見天下文化出版股份有限公司
創辦人 — 高希均、王力行
遠見・天下文化　事業群董事長 — 高希均
事業群發行人／CEO — 王力行
天下文化社長 — 林天來
天下文化總經理 — 林芳燕
國際事務開發部兼版權中心總監 — 潘欣
法律顧問 — 理律法律事務所陳長文律師
著作權顧問 — 魏啟翔律師
社址 — 台北市 104 松江路 93 巷 1 號
讀者服務專線 —（02）2662-0012 ｜傳真 —（02）2662-0007；2662-0009
電子郵件信箱 — cwpc@cwgv.com.tw
直接郵撥帳號 — 1326703-6 號　遠見天下文化出版股份有限公司

電腦排版 — 立全電腦印前排版有限公司
製版廠 — 東豪印刷事業有限公司
印刷廠 — 立龍藝術印刷股份有限公司
裝訂廠 — 精益裝訂股份有限公司
登記證 — 局版台業字第 2517 號
總經銷 — 大和書報圖書股份有限公司｜電話 — (02)8990-2588
出版日期 — 2022 年 5 月 31 日第一版第 1 次印行
　　　　　2022 年 9 月 9 日第一版第 2 次印行

定 價 — NT 800 元
ISBN — 978-986-525-526-8
EISBN — 9789865255374（EPUB）；9789865255367（PDF）
書 號 — BBP469
天下文化官網 — bookzone.cwgv.com.tw

國家圖書館出版品預行編目(CIP)資料

破浪者哲學：船王趙錫成與夫人朱木蘭的人生智慧 / 蕭容慧, 周慧玲著. -- 第一版. -- 臺北市：遠見天下文化出版股份有限公司, 2022.05
面；　公分. -- (社會人文；BBP469)

ISBN 978-986-525-526-8(平裝)

1.CST: 趙錫成 2.CST: 航運業 3.CST: 傳記

783.3886　　111003142

天下文化

BELIEVE IN READING